Jürgen Raithel

Quantitative Forschung

Jürgen Raithel

Quantitative Forschung

Ein Praxiskurs

2., durchgesehene Auflage

VS VERLAG FÜR SOZIALWISSENSCHAFTEN

Bibliografische Information der Deutschen Nationalbibliothek
Die Deutsche Nationalbibliothek verzeichnet diese Publikation in der Deutschen Nationalbibliografie; detaillierte bibliografische Daten sind im Internet über <http://dnb.d-nb.de> abrufbar.

1. Auflage 2006
2. Auflage 2008

Lektorat: Stefanie Laux

VS Verlag für Sozialwissenschaften ist Teil der Fachverlagsgruppe Springer Science+Business Media.
www.vs-verlag.de

Umschlaggestaltung: KünkelLopka Medienentwicklung, Heidelberg
Satz: Anke Vogel, Ober-Olm
Druck und buchbinderische Verarbeitung: Krips b.v., Meppel
Gedruckt auf säurefreiem und chlorfrei gebleichtem Papier
Printed in the Netherlands

ISBN 978-3-531-16181-5

Inhalt

1 Einleitung 7

2 Grundlagen und -probleme empirischer Sozialforschung 11
2.1 Erkenntnisprogramme empirischer Wissenschaft 11
2.2 Hypothesen 14
2.3 Theorien 15
2.4 Wissenschaftliche Erklärungen 18
2.5 Wissenschaftsprobleme 21

3 Phasen des Forschungsprozesses im Überblick 25

4 Von der Forschungsfrage zur Datenerhebung 33
4.1 Theoriebildung, Hypothesenformulierung und -prüfung 33
4.2 Operationalisierung: Begriffe, Merkmale/Variablen, Indikatoren 35
4.3 Messen, Messinstrumente (Index, Skala) und Skalentypen 40
4.4 Gütekriterien der Messung: Objektivität, Reliabilität, Validität 44
4.5 Forschungsdesigns und Untersuchungsformen 50
4.6 Stichproben/Auswahlverfahren 54
4.7 Pretest und Pilot-Studie 63

5 Die Befragung als dominantes Datenerhebungsverfahren 65
5.1 Formen der Befragung (Befragungstypen) 66
5.2 Die standardisierte schriftliche Befragung: Fragebogenkonstruktion und Organisation 67
5.3 Methodologische Probleme: Sind Antworten Fakten oder Artefakten? 80

6 Datenaufbereitung und Datenmodifikation mit SPSS 83
6.1 Erstellung des Kodeplans und der Datenmatrix 83
6.2 Dateneingabe 91
6.3 Datenbereinigung 92
6.4 Umpolung und Gruppierung von Variablen („Umkodieren") 96
6.5 Kategorienreduzierung einer Variable („Bereichseinteiler") 99
6.6 Indexbildung („Berechnen") und Dimensionsanalyse (Faktoren-/Hauptkomponenten- und Reliabilitätsanalyse) 103

7 Datenauswertung mit SPSS 119
7.1 Statistische Grundbegriffe und Vorbemerkungen zur Datenauswertung 119
7.2 Univariate Methoden 127
7.3 Bivariate Methoden 137
7.4 Multivariate/multiple Methoden 164

8 Ergebnisbericht abfassen 187
8.1 Gesamt 190

9 Nützliches im Umgang mit SPSS 197
9.1 Optionen einstellen 197
9.2 Abspeichern von Analyseprozeduren 198

10 Tipps aus der Forschungspraxis 201

11 Beispiel-Itembatterien 203

12 Verwendete statistische Symbole 209

Literatur 211

1 Einleitung

Diese inhaltlich kompakte und anwendungsorientierte Einführung in empirisch-quantitative Forschungsmethoden wendet sich an Studierende sozialwissenschaftlicher Disziplinen. Der Idee eines Praxiskurses verpflichtet, wurde bewusst auf mathematische Formeln verzichtet. Rechenformeln sind zwar elegant und präzise, jedoch für den Statistikanfänger schwer, wenn überhaupt, zu verstehen. Der interessierte Leser kann dies in zahlreichen Statistikbüchern nachlesen. Vielmehr ist in anwendungsorientierter Hinsicht wichtig, die richtigen Statistikprozeduren zu wählen und die Ergebnisse korrekt zu interpretieren, denn das Statistikprogramm kennt ja die Formeln und produziert die Rechenergebnisse quasi automatisch. Bei den Berechnungen und Darstellungen von SPSS handelt es sich um die Version 12.

Ziel ist es, den Leser und die Leserin zu befähigen, eine eigene standardisierte Befragungsstudie durchzuführen, den Geltungsbereich und die Voraussetzungen wesentlicher statistischer Verfahren zu kennen und die Rechenergebnisse adäquat interpretieren zu können. Es geht darum, das forschungsmethodische Handwerkszeug in Form von Wissen über Techniken und Verfahren der quantifizierenden empirischen Forschung für die Untersuchung und Analyse der sozialen Wirklichkeit resp. Erziehungswirklichkeit bereitzustellen. Kenntnis und Anwendung quantifizierender empirischer Forschungsmethoden in der Erziehungswissenschaft gewinnen immer mehr an Bedeutung; dies zeigt sich gegenwärtig insbesondere in der sozialwissenschaftlichen Bildungs- und Sozialisationsforschung.

Forschung ist generell durch einen Entdeckungszusammenhang (Erkenntnisaspekt) und einen Verwertungszusammenhang gekennzeichnet: Sie gewinnt einerseits neue Erkenntnisse und ist andererseits auf die Umsetzung der Erkenntnisse in die Praxis ausgerichtet (Praxistransfer). *Forschungsmethoden* sind einzelne Verfahren und Techniken, um einen Erkenntnisgewinn zu erzielen und stellen den Begründungszusammenhang dar (vgl. Kap. 3). Unter Verwendung unterschiedlicher Forschungsmethoden versucht *Wissenschaft* rationale, nachvollziehbare, intersubjektive Erkenntnisse über Zusammenhänge, Abläufe, Ursachen und/oder Gesetzmäßigkeiten der (natürlichen, kulturellen/sozialen, historischen) Wirklichkeit mit Hilfe von Theorien und/oder Hypothesen aufzustellen.

Mit „*quantitativ*" ist in einer ersten Annäherung eine Abbildung des empirischen Relativs (Erfahrungstatsachen in der Erziehungswirklichkeit) auf ein numerisches Relativ (Zahlen) gemeint, mit der die komplexe Information unter Zuhilfenahme geeigneter mathematisch-statistischer Verfahren auf die „wesentlichen" Merkmale reduziert wird. „Quantifizierend" heißt demnach die Zuordnung eines numerischen Relativs zu einem empirischen Relativ. Quantitative bzw. quantifizierende Ansätze und Verfahren ermöglichen eine intersubjektiv nachvollziehbare Beschreibung komplexer Strukturen, indem sie soziale Gegebenheiten messbar machen und einer statistischen Analyse zuführen. Einer *quantitativ orientierten Forschung* geht es vor allem darum, Hypothesen über Zusammenhänge zwischen verschiedenen Variablen an der Realität zu überprüfen. Die forschungsleitenden – aus Theorie gespeisten – Hypothesen müssen operationalisiert werden, d.h. in messbare Dimensionen überführt werden, um sie dann in Form von Zahlen einer weiteren mathematischen Analyse zuzuführen. Das Etikett „quantitativ" bezieht sich also auf das „Messen, Zählen, Wiegen" und die ihm zugehörige Form der Ergebnispräsentation in Zahlenwerten.

Der Gegenbegriff „*qualitativ*" bedeutet den (relativen) Verzicht eines Transformationsprozesses von empirischen Objekten und ihren Relationen durch Zahlen und Rechensymbole. *Qualitativ orientierte Forschung* will die besonderen Eigenschaften und Merkmale (also die Qualität im Sinne der Beschaffenheit) eines sozialen Feldes möglichst genau, differenziert und gegenstandsnah erfassen. Sie will nicht „messen" und nicht erklären, sondern verstehen, was in ihrem jeweiligen Objektbereich geschieht. Zentral ist hierbei die Perspektive der Handelnden, die Untersuchungsgegenstand sind.

Empirisch-quantifizierendes wissenschaftliches Arbeiten setzt die Kenntnis und richtige Anwendung statistischer Verfahren sowie die Fähigkeit zur Interpretation statistischer Ergebnisse dringend voraus. Das gilt in allen Bereichen der Sozialwissenschaften, so auch in der Erziehungswissenschaft, aber auch in allen naturwissenschaftlichen Disziplinen, in denen experimentell gearbeitet wird. Beim Bewerten statistischer Ergebnisse muss man auch die Probleme, die bei der Ermittlung derartiger Statistiken auftreten können, kennen. Der Anwender muss wissen, welche statistischen Auswertungsmethoden bereitstehen, was man damit machen kann, wie sie eingesetzt werden, und welche Ergebnisse erzielt werden können.

Statistik beschränkt sich nicht nur auf die Zusammenstellung und Darstellung von Daten, was Aufgabe der *deskriptiven (beschreibenden) Statistik* ist, sondern sie ermöglicht allen empirischen Wissenschaften objektive Entscheidungen über die Brauchbarkeit der überprüften Hypothesen. Dieser Bereich der Statistik, der sich mit der Überprüfung von Hypothesen beschäftigt und Schlüsse bzw. Folgerungen auf der Basis von Stichprobendaten auf die Grundgesamtheit zulässt, wird als *schließende, induktive, analytische, beurteilende oder Inferenzstatistik* bezeichnet. Die Rückschlüsse auf die Grundgesamtheit führen zu wahrscheinlichkeitsbehafteten Aussagen, weshalb die Verfahren dieser Gruppe auch unter dem Begriff der *Wahrscheinlichkeitsstatistik* zusammengefasst werden.

Betrachtet man als *Hauptziel des wissenschaftlichen Arbeitens* die Verdichtung von Einzelinformationen zu allgemein gültigen theoretischen Aussagen, so leitet hierbei die deskriptive Statistik zu einer übersichtlichen und anschaulichen Informationsverarbeitung an, während die Inferenzstatistik eine Informationsbewertung im Lichte theoretischer Aussagen bzw. eine Überprüfung der theoretischen Aussagen ermöglicht.

Didaktik des Buchs

Als didaktisches Prinzip finden sich in diesem Buch verschiedene Formen hervorgehobener Textsegmente. Es gibt zum einen vier Typen von eingerahmten Texten: diese sind wichtige *Definitionen*, *Beispiele*, *Beachte!* sowie *SPSS-Anweisungen* (SPSS-Applikationen).

Wichtige Definition

Beispiel	

!	Hierbei handelt es sich um etwas besonders zu Beachtendes.

SPSS	Hier wird stichpunktartig die SPSS-Applikation beschrieben.

Zum anderen bestehen folgende Hervorhebungsarten:

- Graue Markierung von wichtigen Wörtern oder Sätzen sowie Hervorhebung von „Tipps“
- → Verweist auf konkrete, praktische Hinweise (z.B. Richtwerte)
- Beispiel (schattiert): Hinweis auf ein Beispiel
- *Kleinere Zeichengröße* bei weiterführenden Anmerkungen

Aufbau des Buchs

Das Buch ist in zehn Kapitel gegliedert, wobei die ersten vier Kapitel theoretische Grundlagen bilden und sich die beiden anschließenden Kapitel der statistischen Datenaufarbeitung und Auswertung unter Anwendung des Statistikprogramms SPSS widmen. Das (zweite) Kapitel verdeutlicht die Einbettung der empirischen Sozialforschung in den wissenschaftstheoretischen Hintergrund.

Anschließend werden die einzelnen Phasen des Forschungsprozesses überblickartig skizziert. Darauf aufbauend beschreibt das Folgekapitel Aspekte und Probleme, die bei der wissenschaftlichen Arbeit von der Entwicklung der Forschungsfrage bis hin zur Datenerhebung auftreten. Im Einzelnen werden hier die Theorie- und Hypothesenbildung wie -testung, der Operationalisierungsvorgang, Messinstrumente und die dafür notwendigen Gütekriterien, Forschungsdesigns, Stichprobenverfahren sowie der Pretest behandelt. Im Mittelpunkt des fünften Kapitels steht ausschließlich die Befragungsmethodik, da diese das vorherrschende Datenerhebungsverfahren darstellt. Das nachfolgende Kapitel beschreibt Verfahren und Schritte der Datenaufbereitung mit SPSS. Im siebten Kapitel werden ausgewählte uni-, bi- und multivariate/multiple Datenauswertungsverfahren unter Anwendung von SPSS vorgestellt. Bei dieser Auswahl ging es nicht darum, möglichst viele verschiedene Analyseverfahren darzustellen, sondern eher um die Vermittlung eines soliden Grundstocks, der sich auf basale Verfahren beschränkt. Kriterien zum Abfassen eines Ergebnisberichts werden in Kapitel 8 benannt. Im nächsten Kapitel werden in ergänzender Absicht nützliche Einstellungen und Optionen im Umgang mit SPSS zur Arbeitserleichterung erläutert. Ebenfalls zur Arbeitserleichterung und Prozessoptimierung sowie zum Vermeiden von Fehlern werden dem Leser einige Tipps aus der Forschungspraxis in Kapitel 10 auf dem Wege mitgegeben. Im elften Kapitel werden Beispiel-Itembatterien vorgestellt und exemplarisch beschrieben.

Meine in der ersten Auflage genannte Hoffnung, „dass dieses Buch dem Leser und der Leserin die (unbegründeten) Vorbehalte gegenüber empirisch quantitativer Forschung nimmt und zur Anwendung empirischer Methoden ermutigt, anregt und unterstützt“, sehe ich bestätigt, da Sie nun die zweite Auflage in den Händen halten. Ich hoffe auch weiterhin mit dieser zweiten, durchgesehenen Auflage das Bedürfnis der Leser und Leserinnen zu treffen und freue mich über Anregungen zur Weiterentwicklung des Bandes.

Frankfurt/M., Juli 2008

Jürgen Raithel

2 Grundlagen und -probleme empirischer Sozialforschung

2.1 Erkenntnisprogramme empirischer Wissenschaft

Um sich den Erkenntnisprogrammen empirischer Wissenschaft zu nähern, sei zunächst geklärt, was unter Wissenschaft überhaupt zu verstehen ist und welche „Wissenschaft(en)" es noch neben einer Empirischen gibt. Unter Wissenschaft kann das durch Forschung, Lehre und Literatur gebildete geordnete Wissen einer Zeit verstanden werden. Wissenschaft sollte rationale, nachvollziehbare Erkenntnisse über Zusammenhänge, Abläufe, Ursachen und/oder Gesetzesmäßigkeiten der natürlichen, historischen und kulturell/sozial geschaffenen Wirklichkeit bereitstellen. Die Bemühungen zur Gewinnung dieser Erkenntnisse werden als Forschung benannt (vgl. ABEL/MÖLLER/TREUMANN 1998, 9).

Die empirische Wissenschaft ist die Wissenschaft, die auf der Erfahrung durch die menschlichen Sinne beruht; *empirisches Vorgehen* ist „Ausgehen von Erfahrungstatsachen". Dabei ist empirische Wissenschaft durch bestimmte Forschungsmethoden und eine zugrundeliegende Methodologie gekennzeichnet, mit deren Hilfe ein Erkenntnisgewinn erzielt werden soll (vgl. Raithel et al. 2007, 179ff).

In der sozial-/kulturforschenden Wissenschaft lassen sich vor allem zwei paradigmatische Erkenntnis- und Forschungspositionen, mit einer jeweils ausdifferenzierten Theorietradition, unterscheiden:

- das qualitative Wissenschaftsparadigma
- das quantitative Wissenschaftsparadigma

Das **qualitative Paradigma** hat das Ziel des **Verstehens** menschlichen Verhaltens, und „Verstehen" ist nach diesem Ansatz nur möglich, wenn die Kontextabhängigkeit sozialen Handelns berücksichtigt wird. Dieses Forschungsparadigma wurzelt auf einem geisteswissenschaftlichen Paradigma. Die qualitativen Methoden nähern sich Daten mit interpretativen Verfahren, um den **Prozess** (z.B. einen Lebenslauf, eine Unterrichtsstunde) zu rekonstruieren. In der qualitativen Forschung werden hermeneutische, phänomenologische und dialektische Methoden angewandt.

Das Ziel des **quantitativen Paradigmas** ist das „**Erklären**" der kulturell/sozial geschaffenen Wirklichkeit. Mit Hilfe quantifizierender Methoden werden **Strukturen** über überindividuelle Zusammenhänge und Regeln zwischen Begebenheiten aufgedeckt, indem soziale Gegebenheiten über einen Operationalisierungsvorgang messbar gemacht werden, um dann statistische Analysen anzuwenden.

Innerhalb des quantitativen Wissenschaftsparadigmas lassen sich prinzipiell zwei Erkenntnisprogramme unterscheiden:

- Empirismus/Positivisums sowie logischer Empirismus/Neopositivismus
- Kritischer Rationalismus

Empirismus/Positivismus

Im Empirismus/Positivismus sowie im logischen Empirismus/Neopositivismus (Wiener Kreis) wird als erkenntnistheoretische Methode die Induktion angewandt. In Erfahrungswissenschaften sind nur induktive Schlüsse möglich.

Induktion ist das logische Schließen vom Besonderen (Einzelfall bzw. Protokollaussage) zum Allgemeinen (Allsatz, Gesetz, Theorie).

Der Schluss (Konklusion) auf Basis von Erfahrungen birgt allerdings immer das Problem der induktiven Logik (*Induktionsproblem*). Denn die Gewinnung von allgemeingültigen Aussagen aufgrund von Einzelerfahrungen unterliegt immer dem prinzipiellen Problem, dass nicht alle Einzelerfahrungen beobachtet werden können und eine dadurch nötige implizite Voraussage noch nicht beobachteter Einzelfälle nicht zuverlässig sein kann.

Beispiel	Das klassische Beispiel für die Unsicherheit induktiver Schlüsse ist das des *weißen Schwans*: Da Schwäne im Allgemeinen weiß sind, könnte man auf den Gedanken kommen, dass alle Schwäne weiß sind.

Doch birgt der *Induktionsschluss* nun die Gefahr, dass es möglicherweise auch nicht-weiße Schwäne gibt (und tatsächlich gibt es auch schwarze Schwäne), die man allerdings bisher noch nicht beobachtet hat, also wäre die Folgerung (der Allsatz) falsch. Bei induktiv-empirisch gewonnenen Sätzen muss stets damit gerechnet werden, dass sie nicht immer und überall gelten. Deshalb muss Erfahrungswissenschaft vorsichtiger formulieren und in diesem Fall sagen: „Bisher scheint es so, dass alle Schwäne weiß sind – aber es können ja jederzeit auch andersfarbige entdeckt werden“ (SEIFFERT 1996, 183).

Kritischer Rationalismus

Die Vertreter des kritischen Rationalismus (vor allem KARL R. POPPER, HANS ALBERT) sind der Meinung, dass ohne theoretische Vorarbeit, ohne systematische Sozialforschung, Ad-hoc-Erklärungen über tatsächliche Zusammenhänge meist vorwissenschaftliche Mutmaßungen bleiben. Die Gewinnung von Hypothesen aus Theorien (durch Deduktion) und die empirische Prüfung der Hypothesen und damit der Theorie ist der Normalfall theoretisch-empirischer Wissenschaften (deduktiv-empirisches Wissenschaftsmodell).

Deduktion ist das logische Schließen vom Allgemeinen (nomologisches Aussagensystem) zum Besonderen (Einzelfall bzw. Protokollaussage).

Der kritische Rationalismus geht davon aus, dass das Ziel empirischer Forschung nicht die **Verifikation** (Bestätigung), sondern die **Falsifikation** (Widerlegung) wissenschaftlicher Aussagen ist. POPPER (1976) hat aufgezeigt, dass zentrale Annahmen des Neopositivismus nicht haltbar sind. Er *kritisiert* vor allem das Induktionsprinzip (Induktionsproblem!) und die Verifikation, weil sie für die Weiterentwicklung der Wissenschaft nichts leistet. Vielmehr geht POPPER davon aus, dass am Anfang jeglicher Wissenschaft die Theorie steht und sich jede Beobachtung nur im Lichte der Theorie vollzieht (*Scheinwerfertheorie*). Auf reiner Erfahrungsgrundlage können keine neuen Erkenntnisse gewonnen werden, sondern nur durch Aufstellung von Theorien. Theorien beanspruchen unabdingbare Gültigkeit, sie sind allgemeingültig, d.h. unabhängig von allen situativen Bedingungen und von Raum und Zeit.

In diesem Sinne ist mit *Rationalismus* gemeint, dass Wirklichkeit nicht einfach nachgezeichnet werden kann, sondern dass die Wissenschaft rationale Konstrukte zur Erklärung dieser Wirklichkeit entwirft. *Kritik* heißt im kritischen Rationalismus, Theorien und Gesetze möglichst vielen *Falsifikationsversuchen* auszusetzen. Im Zentrum des Forschungsprozesses steht somit die Überprüfung von Hypothesen. Als vorläufig wahr kann gelten, was bisherigen Widerlegungsversuchen standgehalten hat. Hypothesen gehen somit wie die ihnen zugrundeliegenden neuen Theorien über den herkömmlichen Kenntnisstand hinaus. Die **zentrale Aufgabe der Wissenschaft** besteht in diesem Verständnis darin zu überprüfen, ob die Realität durch neue, hypothetisch formulierte Alternativen besser erklärt werden kann als durch bisherige Theorien.

Das Erkenntnisprogramm des kritischen Rationalismus ist das vorherrschende der wissenschaftlichen empirischen Sozialforschung. Im Bereich der kommerziellen Markt- und Meinungsforschung findet man hingegen nahezu ausschließlich eine empiristisch orientierte Forschungspraxis.

2.2 Hypothesen

Im allgemeinen Sinne ist eine Hypothese eine Vermutung über einen bestimmten Sachverhalt. Mit Hypothesen werden diejenigen Aussagen bezeichnet, die einen Zusammenhang zwischen mindestens zwei Variablen (z.B. soziale Merkmale) postulieren.

Es lassen sich mehrere *Arten von Hypothesen* unterscheiden (vgl. DIEKMANN 2005, 107ff):

- deterministische vs. probabilistische Hypothesen
- Wenn-dann-Hypothesen (als Implikation od. Äquivalenz)
- Je-desto-Hypothesen (monotone vs. nicht-monotone Zusammenhänge)
- Merkmalsassoziationen, Kausal- und Trend-/Entwicklungshypothesen
- Individual-, Kollektiv- und Kontexthypothesen

→ Alternativ- und Nullhypothesen werden in Kapitel 4.1 erläutert.

Deterministische Hypothesen gehen von Gesetzmäßigkeiten aus, wie beispielsweise das Fallgesetz in der Physik. In den Erziehungs- und Sozialwissenschaften dagegen hat man nahezu ausschließlich mit ***probabilistischen Hypothesen*** (Wahrscheinlichkeitshypothesen) zu tun, da soziales Verhalten nicht nach bestimmten Gesetzmäßigkeiten erfolgt. Weil in den Erziehungs- und Sozialwissenschaften fast alle Aussagen über Zusammenhänge nicht-deterministisch sind, kommt der Wahrscheinlichkeitsberechnung (Statistik) eine bedeutende Rolle zu.

Wenn-dann-Hypothesen (wenn A auftritt, dann wird B erwartet) können entweder als Implikation oder als Äquivalenz („Wenn-und-nur-wenn-dann-Beziehung") auftreten. Im deterministischen Falle würde das beispielsweise heißen:

Beispiel	„Wenn man Gase erhitzt, dann dehnen sie sich aus".

Mit Wenn-dann-Hypothesen wird ein Zusammenhang zwischen dichotomer abhängiger und dichotomer unabhängiger Variable formuliert.

Bei ***Je-desto-Hypothesen*** sind die Kategorien der unabhängigen und abhängigen Variablen (mindestens) als Rangfolge interpretierbar. Der in Je-desto-Hypothesen formulierte Zusammenhang kann entweder monoton (linear) oder nicht-monoton (z.B. u- oder s-förmiger-Zusammenhang) sein. Bei monotonen Zusammenhängen ist wiederum ein positiver (steigender) oder ein negativer (fallender) zu unterscheiden.

Ein Beispiel für einen monoton positiven Zusammenhang ist:

Beispiel	„Je häufiger Personen interagieren, desto sympathischer sind sie sich.“

Dagegen wird mit der Hypothese „Je höher der Zigarettenkonsum, desto geringer die Lebenserwartung“ ein monoton negativer Zusammenhang benannt.

Bei den bisherigen Beispielen handelt es sich um sogenannte *Kausalhypothesen.* So bezeichnet in Wenn-dann-Hypothesen die Wenn-Komponente eine Ursache oder Bedingung und die Dann-Komponente eine Wirkung. Hypothesen müssen aber nicht notwendigerweise Ursache-Wirkungs-Beziehungen zum Ausdruck bringen. Werden Zusammenhangshypothesen nicht kausal interpretiert, so handelt es sich um *Merkmalsassoziationen.* Nimmt den Platz der unabhängigen Variable die „Zeit“ ein, weshalb man diese nicht als Ursache interpretieren kann, spricht man von *Entwicklungs- oder Trendhypothesen.*

Eine letzte Differenzierung von Hypothesen ergibt sich nach der Merkmalsebene. Handelt es sich bei der unabhängigen und abhängigen Variable um Individualmerkmale, so sprechen wir von *Individualhypothesen.* Dagegen beziehen sich *Kollektivhypothesen* auf Zusammenhänge zwischen Kollektivmerkmalen.

!	Zu beachten ist hierbei, dass aus Kollektivhypothesen nicht logisch zwingend die korrespondierende Individualhypothese folgen muss.

Eine dritte Hypothesenart ist die *Kontexthypothese*, die quasi das Bindeglied zwischen der gesellschaftlichen und individuellen Ebene ist; denn die unabhängige Variable ist ein Kollektivmerkmal, während die abhängige Variable ein Individualmerkmal ist.

2.3 Theorien

Der Gebrauch des Begriffs „Theorie“ ist in den Sozialwissenschaften und so auch in der Erziehungswissenschaft ziemlich uneinheitlich. Die Aufgabe einer

Theorie ist die Erklärung einer Reihe von Sachverhalten unter übergeordneten Gesichtspunkten. Z.B. ist die Aufgabe einer Lerntheorie, einen Erklärungsansatz für den gesamten Bereich des Lernens bereitzustellen. Eine Lerntheorie darf sich dabei weder auf einen einzelnen Aspekt des Lernens noch auf eine einzelne Person beschränken.

Theorien sollen nicht die Wirklichkeit „verdoppeln“, sondern mit Blick auf das jeweilige Erklärungsziel die Hauptmerkmale erfassen. Eine Theorie sollte so einfach wie möglich, aber muss dennoch so komplex wie nötig sein. (In den Worten Albert Einsteins: „Alles sollte so einfach wie möglich gemacht werden, aber nicht einfacher!“)

Formal kann eine **Theorie** als ein System logisch miteinander verbundener, widerspruchsfreier Aussagen oder Sätze beschrieben werden, das mehrere Hypothesen und Gesetze umfasst.

In der empirischen Sozialforschung müssen sich Theorien auf Aussagen beschränken, die empirisch überprüfbar sind. Da diese Aussagen über singuläre Erscheinungen hinausweisen müssen, sind sie von der Wirklichkeit abstrahierte verbale Formulierungen.

Innerhalb einer Theorie unterscheidet man verschiedene Komponenten. Zentrale Bestandteile sind:

1) die Grundannahmen: a) zentrale Hypothese (z.B. Axiom), b) Definitionen der grundlegenden Begriffe,
2) die aus den Grundannahmen abgeleiteten Hypothesen sowie Regeln zur Messung der Variablen.

Eine Theorie enthält eine Reihe unabhängiger Aussagen (Axiome), aus denen weitere Aussagen (Gesetze und Theoreme) abgeleitet werden. Bestandteile einer Theorie sind zwei Klassen von Aussagen (Axiome und Gesetze) und weiterhin zwei Klassen von Begriffen (Grundbegriffe und definierte Begriffe) sowie Transformations- bzw. Ableitungsregeln. Unter *Axiomen* (oder Postulate, Prämissen) lassen sich solche Aussagen fassen, die als generelle Hypothesen einer Theorie zugrunde liegen und selbst nicht aus anderen Aussagen ableitbar sind (vgl. FRIEDRICHS 1990, 62f.). Axiome sind also Aussagen mit der höchsten Allgemeinheit. Die Richtigkeit der Axiome wird innerhalb eines theoretischen Systems als gegeben angesehen, sie werden als „selbstevident“ betrachtet. Aus den Axiomen werden zusammen mit den Definitionen Aussagen abgeleitet, die sogenannten Theoreme bzw. Propositionen.

Eine Theorie sollte folgenden Kriterien genügen (ABEL/MÖLLER/TREUMANN 1998, 19):

1) „Eine Theorie muss den Gesetzen der Logik entsprechen.
2) Eine Theorie muss in sich widerspruchsfrei sein.
3) Eine Theorie enthält Aussagen, die nicht aus der Theorie selbst herleitbar sind (Axiome).
4) Eine Theorie enthält Aussagen (Gesetzte oder Theoreme), die sich durch erlaubte Operationen, Ableitungsregeln, Relationen etc. von den Axiomen, anderen Gesetzen oder Theoremen ableiten lassen.“

Nach der „*Reichweite*“ lassen sich unterschiedliche Arten von Theorien unterscheiden. KÖNIG (1973) hat eine oft zitierte Einordnung vorgeschlagen, die er nach dem Grad des wachsenden Abstraktionsniveaus unterscheidet:

1) Beobachtung empirischer Regelmäßigkeiten (reiner Empirismus)
2) Entwicklung von Ad-hoc-Theorien
3) Theorien mittlerer Reichweite
4) Theorien höherer Komplexität

Als bloße ***Beobachtung empirischer Regelmäßigkeiten*** sind oft nur „theorielose“ deskriptive Feststellungen von Erscheinungen gemeint. ***Ad-hoc-Theorien*** erlauben eingegrenzte zeit-räumliche Aussagen (z.B. über das Verhalten einzelner Gruppenmitglieder in einer bestimmten Gruppe, zu bestimmter Zeit an einem bestimmten Ort). Aus Ad-hoc-Theorien sind ableitbare Erkenntnisse allgemeiner Art nicht möglich. Die Bezeichnung ***Theorien mittlerer „Reichweite“*** stammt von MERTON. Als Beispiel wird hier oft die Theorie der Gruppe von HOMANS angegeben, die Gruppenverhalten zumindest in vergleichbaren Kulturen zu erklären sucht. ***Theorien höherer Komplexität*** sind relativ selten – ein Beispiel wäre die Theorie von PARSONS.

In den überwiegenden Fällen begegnet man in der grundlagenorientierten Sozialforschung (Grundlagenforschung) Hypothesen in der Form von Theorien mittlerer Reichweite. In der Markt- und Meinungsforschung (Bedarfsforschung) liegen hingegen vornehmlich Hypothesen in Form von sogenannten Ad-hoc-Theorien vor – wenn dies überhaupt der Fall ist; ansonsten handelt es sich um reinen *Empirismus*. Je höher der Abstraktionsgrad, desto höher ist auch die Schwierigkeit der Hypothesenüberprüfung durch Methoden der empirischen Sozialforschung. Theorien höherer Komplexität entziehen sich weitgehend empirischer Forschung (vgl. ATTESLANDER 2003, 36ff).

2.4 Wissenschaftliche Erklärungen

Die Hauptaufgabe der empirischen Forschung ist neben der Beschreibung (Deskription) die Erklärung (Explikation) von sozialen Ereignissen und Tatsachen. Mit Erklärungen lassen sich Zusammenhänge nachvollziehen. Eine Erklärung im wissenschaftlichen Sinne muss bestimmten Standards genügen: Sie muss eine eindeutige Struktur der Argumentation aufweisen, logisch korrekt und empirisch begründet sein.

Es lassen sich zwei verschiedene Formen von wissenschaftlichen Kausalerklärungen unterscheiden:

- die deduktiv-nomologische Erklärung
- die induktiv-statistische Erklärung

Deduktiv-nomologische Erklärung (DN-Erklärung)

Die deduktiv-nomologische Erklärung erfolgt an Hand des HEMPEL-OPPENHEIM-Schemas (H-O-Schema) (s. Abb. 1). Das Ergebnis, das man erklären will, nennt man ***Explanandum*** („das zu Erklärende", z.B. der Einzelfall) und das, womit erklärt wird, heißt ***Explanans*** („das Erklärende" bzw. nomologisches Aussagensystem [Ursache-Wirkungs-Prinzip], z.B. Gesetz, Hypothese). Dazwischen stehen die Bedingungen des einzelnen Falls, die ***Antecedens-Bedingungen*** (Randbedingungen). Wir finden also zwei verschiedene Arten von Sätzen, die erst gemeinsam die vollständige kausale Erklärung liefern.

Erklären heißt in diesem Sinne, ein Ergebnis aus mindestens einem allgemeinen Gesetz und Randbedingung zu deduzieren.

Abbildung 1: HEMPEL-OPPENHEIM-Schema (DN-Erklärung)

(1)	**nomologisches Aussagensystem** *Ursache-Wirkungs-Prinzip* (z.B. „Wenn-dann-Hypothese" „wenn A, dann B")	} ***Explanans***
(2)	**Antecedensbedingung** *Vorliegende Ursache* (z.B. singulärer Satz: „Es gilt A")	
(3)	*Eingetretene Wirkung* Singulärer Satz, der das zu erklärende Ereignis beschreibt („Es gilt B")	***Explanandum***

Eine Hypothese gilt als geklärt, wenn sie aus einer allgemeineren Hypothese plus Randbedingung deduzierbar ist. Die Gültigkeit der Erklärung setzt allerdings die Gültigkeit der im Explanans verwendeten Hypothese voraus. Zur Verdeutlichung ein Beispiel zur langen Studiendauer an deutschen Unis:

Beispiel	(1) „Wenn die Lehre an der Hochschule schlecht ist, dann ist die bis zum erfolgreichen Studienabschluss erforderliche Studiendauer lang." Die im „Gesetz" beschriebene Situationskomponente, also der genannte Sachverhalt, ist die Randbedingung: „Die Lehre an deutschen Universitäten ist schlecht." Hieraus erschließt sich die eingetretene Wirkung: „Die Studiendauer an deutschen Universitäten ist lang." Damit aus dieser „Alltagserklärung" eine wissenschaftliche Erklärung wird, müssen einige ergänzende Bedingungen erfüllt sein: Zum einen muss es sich bei (1) um ein „empirisches Gesetz" handeln und des Weiteren müssen die Aussagen (2) und (3) empirisch „wahr" sein (vgl. KROMREY 2002, 83ff).

Notwendige Bedingungen für eine Erklärung sind zusammengefasst:

- Das Explanandum muss logisch korrekt und aus dem Explanans abgeleitet sein (deduzierbar).
- Im Explanans muss ein Gesetz enthalten sein.
- Das Explanans muss wahr sein.
- Das Explanans muss empirischen Gehalt haben.

Die DN-Erklärung erfordert also im Explanans mindestens eine empirisch zutreffende nomologische Hypothese bzw. ein Gesetz. Dabei ist das nomologische Aussagensystem *deterministisch*!

Induktiv-statistische Erklärung (IS-Erklärung)

Da allerdings in den Sozialwissenschaften diese Forderung äußert selten erfüllt wird – wenn überhaupt –, wird in der Forschungspraxis zumeist die sogenannte induktiv-statistische oder *probabilistische Erklärung* verwendet. Die Komponenten der IS-Erklärung sind denen der DN-Erklärung gleich, jedoch wird an Stelle einer deterministischen Aussage im Explanans eine probabilistische Aussage verwendet.

Im Vergleich zur DN-Erklärung ergeben sich folgende zwei Unterschiede:

- eine logische Deduktion von der probabilistischen Aussage auf das Explanandum ist ausgeschlossen (*keine Deduzierbarkeit* und daraus resultierend *Wahrscheinlichkeitscharakter* der Erklärung),
- falls verschiedene probabilistische Aussagen zur Erklärung desselben Sachverhaltes verwendet werden, können sich logische Widersprüche ergeben, da den Objekten dann mehrere *verschiedene Wahrscheinlichkeiten* gleichzeitig zugesprochen werden.

Die Erklärungskraft von IS-Erklärungen weist aus logischer Sicht deutliche Mängel auf. Da zu einer gegebenen und daher bekannten probabilistischen Aussage auch immer andere probabilistische Aussagen denkbar sind, kann das Explanandum immer nur relativ zu den bekannten probabilistischen Aussagen erklärt werden. Entsprechend wird in der Literatur für IS-Erklärung der Begriff „Erklärung" im Sinne eines logischen Schlusses häufig abgelehnt und stattdessen der Begriff der „Begründung" vorgeschlagen. Trotz der Mängel können IS-Erklärungen bzw. statistische Begründungen jedoch schon aus pragmatischen Gründen nicht (gänzlich) abgelehnt werden (vgl. SCHNELL/HILL/ESSER 2005, 66ff). IS-Erklärungen können auch als Ausdruck einer noch nicht hinreichend genauen Messtechnik verstanden werden. So gründet möglicherweise die Annahme eines „Indeterminismus" der Sozialwissenschaften und die Tatsache, dass bisher kaum deterministische Hypothesen bestätigt werden konnten, auf der Verwendung untauglicher Theorien und auf dem Entwicklungsstand der angewandten Methoden (vgl. STEGMÜLLER 1974).

Erklärung und Prognose

Mit Hilfe des HEMPEL-OPPENHEIM-Schemas können allerdings nicht nur wissenschaftliche Erklärungen sondern auch *Prognosen* präzisiert werden. Bei Prognosen ist die Randbedingung gegeben und mit Hilfe einer Hypothese kann dann das Auftreten des Explanandums prognostiziert werden. Erklärung und Prognose unterscheiden sich nicht in ihrer logischen Struktur, sondern darin, welcher Teil des H-O-Schemas jeweils bekannt ist und welcher gesucht wird (s. Abb. 2). Die strukturelle Gleichheit von Erklärung und Prognose spielt eine entscheidende Rolle bei der Überprüfung von Theorien.

Abbildung 2: Erklärung und Prognose

	Gesetz	**Randbedingung**	**Explanandum**
Erklärung	gesucht	gesucht	gegeben
Prognose	gegeben	gegeben	gesucht

2.5 Wissenschaftsprobleme

Das Ziel des Findens oder Aufdeckens der „Wahrheit" ist mit vielen erkenntnistheoretischen Problemen verbunden. Zwei zentrale wissenschaftstheoretische Aspekte stellen das **Basissatz- und Korrespondenzproblem** dar. Diese beiden Probleme resultieren aus der unüberbrückbaren Differenz zwischen Theorie und Realität. Ein weiteres Problem stellt der sogenannte **Werturteilsstreit** dar.

Das Basissatzproblem

Auf der einen Seite steht die Theorie, die in einer ihr eigenen Theoriesprache Aussagen über die Strukturen und Gesetzmäßigkeiten der Realität oder – häufiger – eines Realitätsausschnitts macht. Auf der anderen Seite steht die Realität mit ihren Fakten, die grundsätzlich einer direkten Beobachtung nicht zugänglich sind, über die aber im Rahmen der Theorie Aussagen gemacht werden sollen. Zwischen diesen beiden Polen vermittelt die Beobachtungssprache. In der Beobachtungssprache werden Sätze über die Realität in Form von Basissätzen formuliert. *Basissätze* sind singuläre Aussagen, die raum-zeitlich fixierte Beobachtungen beschreiben. Die Beobachtungssprache ist jedoch (leider) kein Spiegel, der unverzerrt und unvoreingenommen die Realität darstellt. Vielmehr ist sie ein Zerrspiegel, dessen Bild aufgrund der Vorannahmen (*Scheinwerfertheorie*! vgl. Kap. 2.1) des Beobachters sowie der angewandten Erhebungsmethoden, mit denen bestimmte Aspekte überbetont oder andere gar nicht gezeigt werden, entsteht. So liefert die Beobachtungssprache nie ein vollständiges oder aber sogar falsches Bild der Realität. Zudem ist davon auszugehen, dass sich die Beobachtung immer nur auf eine Facette der Wirklichkeit bezieht; es sich also um unterschiedliche Wirklichkeitsfacetten handelt. Aber dennoch liefert die Beobachtungssprache das einzige Bild, das in den Wissenschaftsprozess eingebracht werden kann.

Lange Zeit ging man von einer völlig unproblematischen Tatsachenfeststellung aus. Der klassische Empirismus zweifelte keinesfalls an der vermeintlichen Intersubjektivität der Beobachtung. Doch bereits der logische Empirismus (WIENER KREIS) stellte die zentrale Rolle der Sprache heraus und konstatierte, dass das Beobachtete selbst nicht mit Theorien verglichen werden könne. Schließlich hob POPPER hervor, das Protokollsätze bzw. Basissätze keineswegs unproblematische Tatsachen- oder Realitätsbeschreibungen sind. In der Tat sind Zweifel an der naiven Vorstellung, Basissätze seien immer wahr, angebracht. Bei der Erhebung von Daten können sich vielfältige Fehlermöglichkeiten ergeben (vgl. SCHNELL/HILL/ESSER 2005, 80f.).

Mit dem **Basissatzproblem** wird die Unmöglichkeit der unmittelbaren Realitätsbeobachtung, also das Verhältnis zwischen Realität und Beobachtung thematisiert.

POPPER schlägt zur Lösung die Anerkennung von Basissätzen per Beschluß vor. Die Basissätze wären dann vorläufig gültig und könnten als Prüfungsinstanz dienen. Dabei müssen Basissätze allerdings die Kriterien: (1) Bezug auf intersubjektiv nachprüfbare Ereignisse, (2) keinen logischen Widerspruch mit anderen Basissätzen und (3) unter Berücksichtigung allen Fachwissens einer wissenschaftlichen Disziplin gewonnen, erfüllen.

Das Korrespondenzproblem

Auf der anderen Seite muss aber auch die Theorie, soll sie denn an der Realität überprüft werden, in die Beobachtungssprache übersetzt werden – was allerdings nur bedingt möglich ist. Dies erfolgt durch sogenannte *Korrespondenzregeln*, mit deren Hilfe theoretische Konstrukte so beschrieben werden sollen, dass sie einer Beobachtung zugänglich sind. Die Beobachtungssprache fungiert somit als Vermittler zwischen der Realität und der Theorie. Aus diesen Konflikten resultiert das Basissatz- und Korrespondenzproblem (s. Abb. 3) (vgl. ABEL/ MÖLLER/TREUMANN 1998, 22f.).

Das **Korrespondenzproblem** bezieht sich darauf, dass die Überführung bzw. Transformation einer Theorie in ein Beobachtungsinstrument per se mangelhaft ist. Das Korrespondenzproblem betrifft die Zuordnung empirischer Indikatoren zu den theoretischen Konstrukten.

Zur Lösung des Korrespondenzproblems werden *Korrespondenzregeln* aufgestellt. Hierbei handelt es sich um „Vorschriften", wie theoretische Konstrukte empirisch erfasst werden können (Operationalisierung). Ein Konstrukt kann aber nicht nur mit einem Indikator korrespondieren, sondern mit einer im Prinzip beliebig großen Zahl von Indikatoren. (In der Forschungspraxis werden einen Konstrukt häufig ganze Fragebatterien zugeordnet.) Es können aber grundsätzlich nie alle denkbaren Indikatoren Anwendung finden, da diese Menge prinzipiell unendlich ist (vgl. SCHNELL/HILL/ESSER 2005, 78).

Abbildung 3: Das Basissatz- und Korrespondenzproblem

Realität	Beobachtungssprache	Theoriesprache
Basissatzproblem		**Korrespondenzproblem**

***Der Werturteilsstreit* (Weiterführung im *Positivismusstreit*)**

Hierbei geht es um die Frage, welchen Einfluß Werte (persönliche Meinungen, politische Anschauungen, ideologische Ziele) auf die wissenschaftliche Arbeit und welche Relevanz sie für die Begründung von Theorien haben (sollten).

Die Forderung nach Werturteilsfreiheit (Objektivität) wissenschaftlicher Forschung und Begriffsbildung geht auf MAX WEBER zurück, welcher sich für eine klare Trennung zwischen „empirischer Tatsachenfeststellung“ und „praktischer Wertung sozialer Tatsachen" aussprach. WEBER forderte, dass der Wissenschaftler die Fakten analysiere (wozu Werturteile Anderer durchaus gehören können) und dabei seine eigene moralische Wertung unterlasse. Fakten müssen wissenschaftlich, „empirisch“ intersubjektiv überprüfbar seien. WEBER stellt aber klar, dass zwar Fakten und Werte getrennt werden müssten, dass aber beide Gegenstände der Forschung und Lehre seien.

Mit den gesellschaftstheoretischen Auseinandersetzungen der 1960er-Jahre über Methoden und Werturteile (2. Werturteilsstreit) in den Sozialwissenschaften im sogenannten Positivismusstreit kritisierten die Vertreter der *Kritischen Theorie* der *Frankfurter Schule* (ADORNO; HABERMAS) die des *Kritischen Rationalismus* (POPPER; ALBERT) als positivistisch, da sich diese unter der Leitidee der Wertfreiheit an normativen oder realitätskritischen Erkenntnisabsichten enthalte. ALBERT wies das zurück und zeigte, dass auch in den Wissenschaften Werte eine große Rolle spielen und dass Werte, wo immer sie eine Rolle spielen, einer kritisch-rationalen Beurteilung unterzogen werden können.

Die These der Wertfreiheit wird in der Wissenschaftstheorie aus verschiedenen Perspektiven kritisiert. So wird unter Bezug auf die Wissenschaftsgeschichte und Wissenssoziologie häufig argumentiert, dass die Wissenschaften nicht nur de facto von Werturteilen durchzogen seien, sondern dass sich Wissenschaften gar nicht anders als wertgeladen denken lassen. Die Standards wissenschaftlicher Bewertung und die wissenschaftlichen Methoden seien immer von einem kulturellen Kontext geformt, der selbst wiederum Werturteile enthalte. Außerdem sind sprachphilosophisch gesehen viele unverzichtbare Begriffe der Wissenschaften gleichermaßen beschreibend und bewertend.

3 Phasen des Forschungsprozesses im Überblick

Zu Beginn eines Forschungsprojekts sind nach FRIEDRICHS (1990, 50ff) drei Zusammenhangsbereiche zu unterscheiden, dies sind:

- Entdeckungszusammenhang
- Begründungszusammenhang
- Verwertungszusammenhang

Für jeden dieser Bereiche lässt sich eine spezifische Frage stellen. Beim Entdeckungszusammenhang dreht es sich um die Frage: *„**Was** soll erforscht werden?“*, der Begründungszusammenhang ist durch die Frage: *„**Wie** soll etwas erforscht werden?“* charakterisiert und den Verwertungszusammenhang kennzeichnet die Frage: *„Was geschieht mit den Ergebnissen?“* bzw. *„**Warum**, zu welchem Zweck?“*

Unter ***Entdeckungszusammenhang*** ist der Anlass zu verstehen, der zu einem Forschungsprojekt geführt hat, mit dem generellen Ziel Erkenntnisse zu generieren. Im Wesentlichen gibt es drei (Erkenntnis-)Gründe:

1) *Klärung sozialer Probleme*: In der sozialen Praxis tritt ein aktuelles oder generelles Problem auf, das einer systematischen (wissenschaftlichen) Analyse bedarf.
2) *Theoriebildung*: Zu einer Fragestellung liegen einige Studien vor, die allerdings von unterschiedlichen Theorieansätzen ausgehen. Ziel ist es nun, den der Fragestellung angemessensten Theorieansatz zu eruieren.
3) *Auftragsforschung*: Ein soziales Problem, welches zunächst aus der Perspektive des Auftraggebers definiert wurde, soll untersucht werden, um Handlungs- und Lösungsperspektiven im Sinne anwendungsorientierter Forschung zu generieren.

Warum gerade die einen und nicht die anderen Probleme erforscht werden, ist schwer zu erklären. Im Allgemeinen dürfen dafür zwei Gründe ausschlaggebend sein: zum einen das Interesse des Forschers und zum anderen seine Spezialisierung, seine Tendenz, kontinuierlich in bestimmten Gebieten zu arbeiten. Letztendlich muss entschieden werden, welches Problem bzw. welcher Teil des Problems mit den zur Verfügung stehenden Mitteln sich sinnvoll, exakt und angemessen untersuchen lässt.

Unter ***Begründungszusammenhang*** sind die methodologischen und methodischen Schritte zu verstehen, mit deren Hilfe das Problem untersucht werden soll. *Ziel* dabei ist eine möglichst exakte, nachprüfbare (interindividuelle) und objektive Prüfung von Hypothesen. Hierzu ist es notwendig, die Problemstellung in ihre einzelnen Dimensionen zu transformieren. Die Transformation in eine wissenschaftliche Untersuchung beginnt mit der Analyse der Interessen und Aussagen. Es gilt zu prüfen, ob und wenn ja welche Studien und Erkenntnisse zu dem Problem bereits vorliegen und ob es Theorien oder Hypothesen gibt, die herangezogen werden können. Aus den vorliegenden Theorien und Hypothesen sowie einer möglicherweise notwendigen Exploration des Problems werden Hypothesen formuliert, was die Definition von relevanten Begriffen und Variablen erfordert. Nachdem die geeignete Methode (oder Methoden) bestimmt wurde(n), lassen sich entsprechende Operationalisierungen der Variablen vornehmen und eine Entscheidung über die Stichprobe treffen.

Unter ***Verwertungs- bzw. Wirkungszusammenhang*** werden die Effekte einer Untersuchung sowie ihr Beitrag zur Lösung des gestellten Problems verstanden. Jede Untersuchung hat eine erkenntnistheoretische Funktion, da das Wissen über das erforschte Problem und seine Zusammenhänge erweitert wurde. Hier stellt sich auch die Frage, was mit den Befunden geschehen soll, ob sie gegebenenfalls in der Praxis umgesetzt werden oder zumindest in Empfehlungen für eine praktische Umsetzung münden. An dieser Stelle ist anzumerken, dass bereits die Form der Ergebnisdarstellung über die Zugänglichkeit der Studie (bzgl. der intendierten Rezipientengruppen) entscheidet. Damit verbunden gehört zum Verwertungszusammenhang die Publikation, die sich je nach Diktion und Darstellungsform entweder an die (engere) „scientific community“ oder an einen größeren und allgemeineren Kreis von Lesern richtet.

Forschungsablauf

Es gibt divers differenzierte Schemata zum Forschungsablauf (vgl. z.B. ATTESLANDER 2003, 22; BAUR/FROMM 2004, 14; BAUR/LÜCK 2004; DIEKMANN 2005, 166-167; FRIEDRICHS 1990, 119; SCHNELL/HILL/ESSER 2005, 8; SCHÖNECK/ VOß 2005, 17). Vor dem Hintergrund der vorgenannten drei Zusammenhangsbereiche (Entdeckungszusammenhang [I], Begründungszusammenhang [II], Verwertungszusammenhang [III]) lassen sich sieben Phasen aufeinander aufbauender Einzelschritte des forschungslogischen Ablaufs – nach dem deduktiv-empirischen Wissenschaftsmodell POPPERS – einer empirischen Untersuchung kennzeichnen (s. Abb. 4).

In jeder einzelnen Phase sind eine Reihe von Entscheidungen zu treffen, da jeder Schritt mit Optionen verbunden ist. Welche Optionen gewählt werden, hängt (a) vom Forschungsziel, (b) von den Forschungsressourcen und (c) von der eigenen Einschätzung der mit Blick auf das Forschungsziel bestgeeignetsten Methode ab (vgl. DIEKMANN 2005, 165).

Abbildung 4: Phasen des Forschungsablaufs

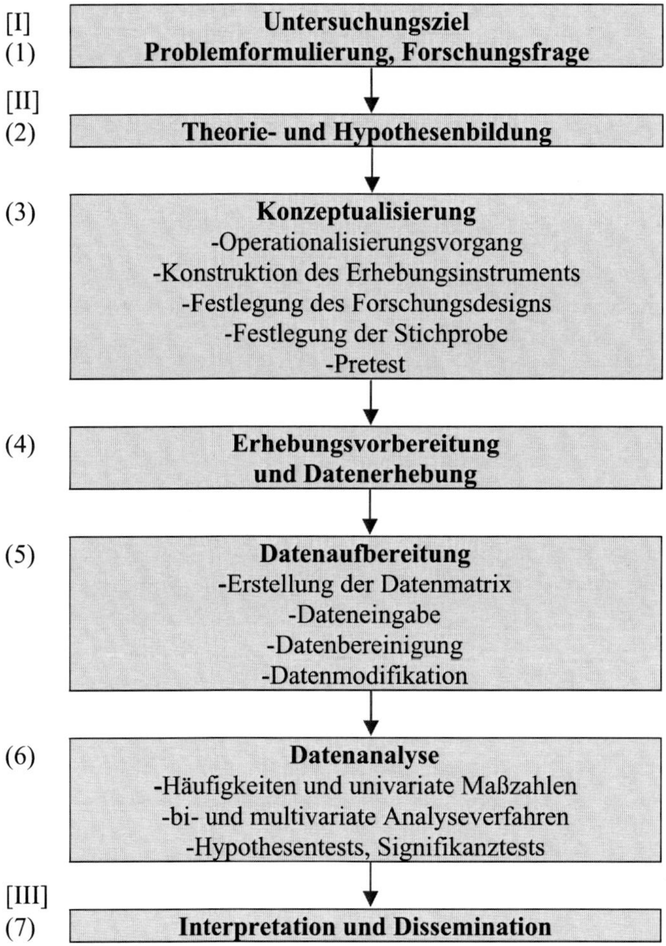

Nun zu den einzelnen Phasen des Forschungsablaufs:

1. Schritt: Untersuchungsziel – Problemformulierung, Forschungsfrage
Das Untersuchungsziel (explorativ, deskriptiv oder explikativ) wird durch die Problemformulierung und die daraus abgeleitete Forschungsfrage konkretisiert und anschließend (Schritt 2) durch Hypothesen vor einem Theoriehintergrund präzisiert. Das Problem soll dabei möglichst *klar und eindeutig* definiert bzw. benannt werden. Soziale Probleme werden in Form von wissenschaftlichen Fragestellungen beschrieben. Es wird hier bewusst von Forschungsfragen im Plural gesprochen, da sich in der Regel ein Problem nicht auf eine einzige Forschungsfrage reduzieren lässt. Wenn auch die Problemformulierung zunächst weitgehend unabhängig von Theorie- und Erhebungsansätzen erfolgen kann, so ist sie in Hinsicht auf eine klare Definition hypothesenprüfend zu präzisieren, was einer entsprechenden theoretischen Rahmung bedarf.

2. Schritt: Theorie- und Hypothesenbildung
Es muss bei zusammenhangsprüfenden Untersuchungen (z.B. auch Prädiktorenstudien (Ursache-Wirkungs-Zusammenhänge)) – im Gegensatz zu explorativen Studien – klar sein, in welchen theoretischen Zusammenhängen die soziale Wirklichkeit untersucht werden soll. Eine allgemeine Idee genügt nicht, sondern die Fragestellung muss nach bestimmten logischen Erfordernissen als Aussage, sprich: Hypothese formuliert werden, die wiederum vor dem Hintergrund eines theoretischen Modells generiert werden (vgl. Kap. 4.1). An Hand von Hypothesen kann dann systematisch soziale Wirklichkeit operationalisiert werden.

3. Schritt: Konzeptualisierungsphase
Im Anschluss an die konkrete Formulierung des Forschungsproblems und der Forschungshypothesen gilt es nun die in den Hypothesen auftretenden Begriffe zu definieren und zu operationalisieren. Es geht hier um die empirische „Übersetzung“ des Forschungsproblems. Handelt es sich um komplexe, mehrdimensionale Begriffe, ist zunächst eine Konzeptspezifizierung notwendig, bei der die einzelnen Dimensionen des Begriffs herausgearbeitet werden. Ziel ist es, konkret erfassbare Merkmale des theoretischen Begriffs bzw. Konzepts (z.B. Aggressivität, Anomie, Angst, Gesundheitsverhalten) hinreichend zu beschreiben. Zur Messung der Einzeldimensionen oder Variablen bieten sich verschiedene Mess- und Skalierungsmethoden an. Die geeignete Zusammenstellung der Messoperationen für sämtliche Variablen, die in die Datenerhebung einbezogen werden sollen, bildet das Erhebungsinstrument. Bei der Konstruktion des Erhebungsinstruments muss allerdings schon bekannt sein, mit welcher Methode die Daten später erhoben werden sollen.

Mit der Festlegung der Merkmale und der Erstellung des Erhebungsinstruments, welche von dem gewählten Erhebungsverfahren abhängt, geht die Bestimmung der Merkmalsträger für die zu untersuchenden Merkmale einher. Dies steht wiederum mit der Festlegung des Forschungsdesigns in Zusammenhang. Abhängig von der Hypothese bzw. dem Typ der Variablen (Individual- oder Kollektivmerkmale) stell sich die Frage nach der Untersuchungsebene. Bei Aggregat- bzw. Kollektivhypothesen sind die Untersuchungseinheiten Kollektive, bei Kontexthypothesen Kollektive oder Individuen (Mehrebenenuntersuchung) und bei Individualhypothesen – wohl der häufigste Fall – sind die Untersuchungseinheiten Individuen. Das bedeutet, dass Personen, Personengruppen oder Institutionen festzulegen sind, die im Rahmen der Untersuchung befragt (beobachtet oder getestet) werden sollen. Eine weitere Designentscheidung bezieht sich auf den zeitlichen Aspekt der Datenerhebung. Die dominanten Optionen sind hier: Querschnitt- oder Längsschnittdesign, letztere mit den Varianten Trend- oder Panelstudie. Bei der Wahl des Untersuchungsdesigns ist auch zu bedenken, ob eine Vergleichs- oder Kontrollgruppe berücksichtigt werden soll. Im Gegensatz zu nicht-experimentellen Survey-Studien (etwa einer repräsentativen Querschnitterhebung) zerfällt die Stichprobe bei experimentellen oder quasi-experi-mentellen Designs in mindestens zwei Gruppen.

In der Konzeptualisierungsphase hat auch die Bestimmung von Typ und Größe der Stichprobe zu erfolgen. Haupttypen der Stichprobenformen sind: Zufallsstichprobe (mit zahlreichen Untervariationen), Quotensample und „willkürliche“ Stichproben (vgl. Kap. 4.6). Daneben kann zwischen Totalerhebung, Repräsentativerhebung und Zufallserhebung unterschieden werden. Repräsentative Erhebungen werden vor allem mit deskriptiven Forschungszielen gewählt, womit Merkmale einer Population geschätzt werden. Für hypothesenprüfende Untersuchungen können allerdings auch „willkürliche“ Stichproben herangezogen werden – was bei experimentellen Untersuchungen fast immer der Fall ist. Denn das Kennzeichen eines Experiments ist nicht die Zufallsstichprobe sondern die Zufallsaufteilung auf die Experimental- und Kontrollgruppe. Welche Sichtprobenart und -größe zu wählen ist, hängt wesentlich von den Forschungszielen und auch letztlich von dem Forschungsetat ab. Nach der vorläufigen Fertigstellung des Erhebungsinstruments sollte ein Pretest (Vortest) durchgeführt werden, um das Instrument auf seine Anwendbarkeit, Vollständigkeit, Verstehbarkeit und die Qualität (Gütekriterien) zu überprüfen. Nicht selten ist ein mehrmaliger Pretest mit einer jeweils entsprechenden Instrumentüberarbeitung notwendig.

4. Schritt: Erhebungsvorbereitung und Datenerhebung

Zur Vorbereitung der Feldphase gehören alle Arbeiten, die eine reibungslose Durchführung der Untersuchung gewährleisten. Hierunter fällt die Interviewerrekrutierung, die Anleitung des Erhebungspersonals (z.B. Interviewerschulung), die Terminplanung, das Einholen von Genehmigungen sowie die Einwilligung der Untersuchungspersonen bzw. die der Erziehungsberechtigten bei Minderjährigen. Gegebenenfalls sind auch Pressemitteilungen, Ankündigungen und Informationsveranstaltungen sinnvoll, um das Interesse der Untersuchungspersonen zu steigern und die Mitarbeitsbereitschaft zu erhöhen.

Die konkrete Durchführung sollte in möglichst kurzer Zeit erfolgen, um Entwicklungseffekte zu vermeiden und die Wahrscheinlichkeit einschneidender äußerer Ereignisse, deren Einfluss die Ergebnisse der Untersuchung beeinträchtigen können, möglichst gering zu halten. Die Feldphase sollte dokumentiert werden (Erhebungsdokumentation).

5. Schritt: Datenaufbereitung

Die erhobenen Daten müssen gespeichert, niedergeschrieben oder auf andere Art festgehalten und aufbereitet werden. Im digitalen Zeitalter werden die Daten meist in eine Datei übertragen. Der Dateiaufbau richtet sich nach den Vorgaben des verwendeten Analyseprogramms. Die Datensammlung muss auf bestimmte Art und Weise strukturiert werden, bevor eine Auswertung möglich ist. Dafür werden die Rohdaten vercodet, das heißt, dass jeder Antwort (Merkmalsausprägung) ein bestimmter Code (beispielsweise eine Zahl) zugeordnet wird. Nur mit Hilfe dieser (meist numerischen) Verkodung ist eine Analyse der Daten mit computergestützten Statistikprogrammen (z.B. SPSS) möglich. Um den so generierten Datensatz (Datenmatrix) endgültig zu analysieren, bedarf es einer Fehlerkontrolle und – soweit möglich – einer Fehler-/Datenbereinigung. Die einzelnen Daten werden auf Konsistenz, Vollständigkeit und Plausibilität („Augenscheinvalidität") überprüft. Mit Konsistenz ist gemeint, dass kein Wert auftauchen darf, der nicht durch die Codierung festgelegt ist. Taucht so ein Fall auf, ist der entsprechende Fall zu überprüfen und die Datenmatrix zu korrigieren.

Sehr unvollständige Fragebögen und/oder Fragebögen in sehr schlechter Ausfüllqualität (z.B. Antwortkreuze wurden als Muster gesetzt, viele Verschmierungen und unsachliche Kommentare) sollten teilweise oder gänzlich aus dem gesamten Datensatz eliminiert werden oder aber zumindest für die Analyse gesperrt werden. Was letztlich als vollständig oder unvollständig gilt, ist im Rahmen des jeweiligen Erhebungsinstruments festzulegen. Die Datenbereinigung soll ausschließlich technisch motiviert sein. Es ist nicht zulässig, Datensätze um Fälle zu eliminieren oder zu verändern, weil die Ergebnisse nicht den Erwartungen des Forschers oder Auftraggebers entsprechen.

6. Schritt: Datenanalyse

Als nächster Schritt kann jetzt mit der (eigentlichen) Datenanalyse begonnen werden. Der Umfang hängt von der Komplexität der Fragestellungen ab, von der Art der Daten und letztlich auch vom statistischen Know-how. Einfache deskriptive Auswertungen erfordern weniger Aufwand als umfangreiche multivariate Analysen und Hypothesentests. Auch die Konstruktion von Indizes und Skalen – alles Arbeiten, die der statistischen Prüfung von Zusammenhangshypothesen vorausgehen – kann einige Zeit in Anspruch nehmen. Welche statistischen Verfahren geeignet sind, ergibt sich u.a. aus dem Messniveau der Variablen. Deshalb sind bereits bei der Konstruktion des Erhebungsbogens die in Frage kommenden Analysemethoden mitzubedenken.

Der üblicherweise erste Analyseschritt ist die Anwendung deskriptiver Verfahren. Die Daten werden hierbei an Hand ihrer Häufigkeitsverteilung, den Maßen der zentralen Tendenz und der Dispersionsmaße beschrieben (univariate Verfahren). Hiernach kommen nach dem statistischen Anspruchsniveau bivariate Verfahren zur Prüfung von Zusammenhängen (z.B. Kreuztabelle, Korrelationen). Multivariate Verfahren (z.B. Regressionsanalyse, Varianzanalyse, Faktorenanalyse, Pfadanalyse) sind die komplexesten statistischen Analysemethoden und bilden die sogenannte Inferenzstatistik (Schließende Statistik).

7. Schritt: Disseminationsphase

Die Disseminationsphase ist durch die schriftliche Fixierung der Ergebnisse und der Interpretation bestimmt. Zunächst wird ein Forschungsbericht erstellt und im Anschluss erfolgt die Publikation und damit die Verbreitung der Befunde als Monographien, Buch- oder Zeitschriftenbeiträge zur Dokumentation des Erkenntnisgewinns und als Grundlage weiterer Forschung und möglicher Praxisanwendungen (Verwertung). Die Ergebnisinterpretation beschreibt FRIEDRICHS (1990, 120) als intellektuell aufregend und besonders herausfordernd. Die Befunde werden mit den Fragestellungen und Hypothesen konfrontiert und aufgrund des Vergleichs interpretiert.

!	Dabei ist anzumerken, dass je präziser die Fragestellungen und Hypothesen formuliert sind, desto eindeutiger kann die Interpretation erfolgen.

ATTESLANDER (2003, 72ff) fordert aufgrund (seiner Meinung nach) oft mangelnder Qualität der Interpretationen oder schlichter Fehlinterpretationen eine „systematische Interpretation“: *„Bei der systematischen Interpretation geht es darum, den gesamten Forschungsvorgang nachvollziehbar zu gestalten, mithin Dritten ein Urteil darüber zu erlauben, was die erhobenen Daten aussagen, welche Bedeutung ihnen allenfalls nicht beigemessen werden darf“* (ebd., 73).

Der Forschungsbericht sollte also nicht nur die Resultate zur Diskussion stellen, sondern auch die einzelnen methodischen Schritte in nachvollziehbarer Weise dokumentieren. So wird man in der Regel das Erhebungsinstrument im Anhang des Forschungsberichts aufführen. Auch die z.B. auf eine EDV-Anlage übertragenen Daten sollten in anonymisierter und gut dokumentierter Form für eventuelle Replikationen und Sekundäranalysen archiviert werden. Nur unter diesen Bedingungen ist eine Fehlerkontrolle und sachgerechte Auseinandersetzung über die zur Diskussion gestellten empirischen Befunde möglich (vgl. DIEKMANN 2005, 170). In der Diskussion sind die Befunde „selbstkritisch“ bzw. methodenkritisch zu bewerten und Einschränkungen bezüglich der Interpretation und Übertragbarkeit der Erkenntnisse zu berücksichtigen.

4 Von der Forschungsfrage zur Datenerhebung

4.1 Theoriebildung, Hypothesenformulierung und –prüfung

Nach der Entscheidung, was untersucht werden soll und der entsprechenden Problemformulierung/-benennung, beginnt die Phase der Theorie- und Hypothesenbildung. Entweder liegen für einen bestimmten Gegenstandsbereich bereits ausgearbeitete Theorien in der Literatur vor, oder eine neue Theorie zur Erklärung des ausgewählten Gegenstandsbereich muss entwickelt werden. Liegt keine explizite Theorie für den Untersuchungsgegenstand vor, lässt sich häufig eine Übertragung (Adaption) von Theorien verwandter Gegenstandsbereiche vornehmen oder lassen sich zumindest Ansatzpunkte finden.

Auf der Basis eines Theoriemodells müssen Forschungsfragen in spezifische Fragestellungen und Hypothesen überführt werden. Hierbei handelt es sich nicht um allgemeine theoretische Aussagen, sondern um eine Spezifizierung, was erforscht werden soll. Hypothesen sind als Erklärungsversuche von unerklärten bzw. ungeklärten Problemzusammenhängen zu verstehen. Mit Hypothesen werden auch die zu untersuchenden Merkmale festgelegt und die Relation zwischen ihnen beschrieben. Dies ist in erster Linie die Bestimmung der abhängigen und unabhängigen Variablen. Die *abhängigen Variablen* sind dabei jene, die untersucht bzw. erklärt werden sollen. Von welchen Einflussfaktoren diese abhängig sind, wird mit Hilfe von *unabhängigen Variablen* erklärt, die die Randbedingungen beschreiben. Von den unabhängigen Variablen wird angenommen, dass sie die Ausprägungen der abhängigen Variablen variieren. Unabhängige Variablen sind hinreichend zu dokumentieren; vor allem muss ihr möglicher Einfluss plausibel erklärt werden.

Grundlage der Theorie- und somit auch Hypothesenbildung ist eine Literaturanalyse, um so einen Überblick über den aktuellen Wissens- und Forschungsstand zu erlangen (Sichtung und Bewertung der zum Thema existierenden Fachliteratur). Eine wichtige Quelle für aktuelle Forschungsergebnisse sind Zeitschriften resp. -aufsätze, die vom neuesten Jahrgang aus rückwärts recherchiert werden sollten. Weitere Informationsquellen sind Monographien zu speziellen Problemen, Forschungsberichte sowie Habilitationen, Dissertationen und gegebenenfalls auch Diplom-/Examensarbeiten, soweit sie jedermann zugänglich sind. Aus der Befundlage muss dann ein theoretischer Bezugsrahmen gewählt werden, wobei dies eine relativ willkürliche Entscheidung ist und vom Interesse bzw. der paradigmatischen Orientierung des Forschers oder aber von den Vorgaben der Auftraggebers abhängt. Um die Entscheidung transparent zu machen, ist der aufgestellte theoretische Bezugsrahmen genau zu dokumentieren (vgl. ABEL/ MÖLLER/TREUMANN 1998, 27ff).

Da die Theorie-/Hypothesenprüfung bzw. Falsifikation zentraler Bestandteil des deduktiven Forschungsprogramms im Sinne des Kritischen Rationalismus (POPPER) ist (vgl. Kap. 2.1), muss grundsätzlich vor Beginn eines empirischen Forschungsprojekts das Vorliegen von Theorien (mittlerer Reichweite) abgeklärt werden. Soweit in einem Forschungsbereich Theorien zur Verfügung stehen und sich Hypothesen formulieren lassen, ist eine empirische Überprüfung/Testung möglich (s. Abb. 5: A). Allerdings gibt es auch Forschungsbereiche in denen ein theoretischer Ansatz nur teilweise vorhanden ist (B). Und schließlich gibt es auch die Fälle, dass für den Untersuchungsgegenstand keine angemessenen Theorien bekannt sind (C). Hier kann sich die empirische Forschung in einer explorativen Studie möglicherweise erschöpfen, wenn keine Hypothesen entwickelt werden können. Präzise Fragestellungen bzw. Hypothesen ergeben sich im Idealfall als Resultat der Studie. Doch im Extremfall ist nicht einmal die Durchführung einer explorativen Studie möglich, wenn der Feldzugang verwehrt bleibt.

Abbildung 5: Theorien- und Hypothesenbildung (vgl. ATTESLANDER 2003, 39)

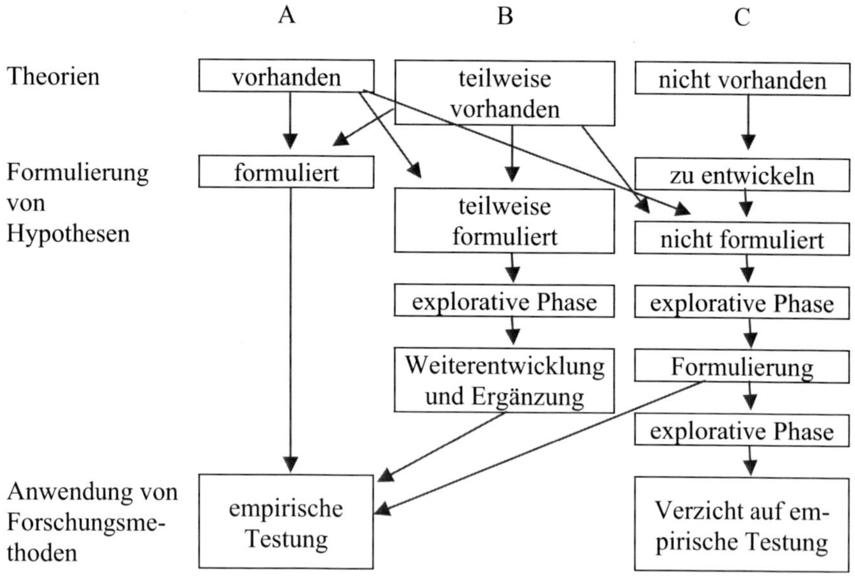

Wie bereits ausgeführt, ist die Brauchbarkeit einer Theorie davon abhängig, wie sie sich in Untersuchungen bewährt und die Überprüfung der Theorie erfolgt über Hypothesen. Die formulierte Hypothese, die in der Untersuchung getestet werden soll, wird als ***Alternativ- oder Gegenhypothese*** (H_1) bezeichnet. „Alternativ" deshalb, weil die aufgestellte Hypothese eine zu bisherigen Aussagen alternative bzw. innovative Erkenntnis beinhaltet und den Wissensstand zu ergänzen versucht. Der wissenschaftliche Status quo wird hingegen an Hand der ***Nullhypothese*** (H_0) repräsentiert. Die Nullhypothese stellt die Basis der Hypothesenprüfung dar. Die inhaltliche Aussage ist bei gegebener Alternativhypothese genaugenommen informationslos. Sie beinhaltet nur, dass der in der Alternativhypothese formulierte Sachverhalt nicht zutrifft, also sozusagen „null und nichtig" ist. Wird die Nullhypothese aufgrund der Stichprobe abgelehnt, kann die Alternativhypothese akzeptiert werden.

Nachdem die Null- und Alternativhypothese formuliert (und in statistische Hypothesen überführt) sind, kann die Prüfung der Tragfähigkeit der beiden Hypothesen im Rahmen einer Untersuchung ermittelt werden. Wie aber wird angesichts der in den erhobenen Daten erfassten Realität entschieden, welche der beiden Hypothesen die richtige ist? Die Entscheidung hierüber wird dadurch erschwert, dass sich das Untersuchungsergebnis nur auf die erhobene Stichprobe bezieht, während die Hypothesen für die definierte Gesamtpopulation gelten. Damit geht die Unsicherheit einher, dass die Untersuchungsbefunde aufgrund der Stichprobenauswahl zufällig die *Alternativhypothese* (H_1) bestätigt, wenngleich „in Wahrheit" – bezogen auf die Gesamtpopulation – die Nullhypothese zutrifft; diese Fehlentscheidung wird als *α-Fehler* (Fehler erster Art) bezeichnet. Wird umgekehrt eine fälschliche Entscheidung zugunsten der *Nullhypothese* (H_0) getroffen, so handelt es sich um den *β-Fehler* (Fehler zweiter Art) (s. Abb. 6).

Abbildung 6: α- und β-Fehler bei statistischen Entscheidungen

		In der Population gilt die:	
		H_0	H_1
Entscheidung auf Grundlage der Stichprobe zugunsten der:	H_0	richtige Entscheidung	β-Fehler
	H_1	α-Fehler	richtige Entscheidung

Für die Einschätzung des möglichen Ausmaßes von α- oder β-Fehler können entsprechende Fehlerwahrscheinlichkeiten (Irrtumswahrscheinlichkeit bei α-Fehlerwahrscheinlichkeit) in Form von Signifikanzaussagen bestimmt werden (vgl. Bortz 1993, 107ff).

4.2 Operationalisierung: Begriffe, Merkmale/Variablen, Indikatoren

Theoretische Begriffe sind nicht direkt beobachtbar oder erfahrbar, sie sind Konstrukte (z.B. Risikobereitschaft). Das Problem besteht nun darin, solche theoretischen Begriffe in eine Form zu bringen, die es ermöglicht, sie empirisch zu erfassen und zu überprüfen. Dies ist die Aufgabe der Operationalisierung.

> Mit **Operationalisierung** wird die Überführung von theoretischen Begriffen in messbare Merkmale (Objekte mit Eigenschaften) gemeint.

Es handelt sich dabei um eine schrittweise Zuordnung von empirisch erfassbaren, zu beobachtenden oder zu erfragenden Indikatoren zu einem theoretischen Begriff. Hinter dem Vorgehen steht die Frage: Welche messbaren Merkmale beschreiben die theoretischen Begriffe plausibel? Bevor der Operationalisierungsvorgang näher beschrieben wird, seien zunächst einige bedeutsame Grundbegriffe erläutert.

4.2.1 Begriff

Prinzipiell muss für den „wissenschaftlichen Gebrauch" jeder *Begriff* definiert werden. Eine notwendige Voraussetzung zur Beschreibung und Erklärung eines sozialen Zustands (Struktur) oder Ereignisses (Prozess) ist seine begriffliche Präzisierung. Da in der Wissenschaft immer mit in Sprache gefasster Realität operiert wird, muss bei der Verwendung von Begriffen ganz klar sein, was damit gemeint ist: Man muss wissen, worüber geredet wird. Begriffe erlauben Ordnung durch Sprache.

> Ein **Begriff** enthält eine offen gelegte Zuordnung bestimmter Merkmale zu Objekten.

Ein *theoretischer Begriff* behauptet die Existenz (mindestens) einer Dimension, auf der Objekte unterschieden werden können. Die am Kommunikationsprozess Beteiligten sollten dem verwendeten Begriff die gleichen Bedeutungen und Vorstellungsinhalte zuschreiben. Begriffe in der empirischen Sozialforschung gründen auf einer Übereinkunft der Forscher, die in jedem einzelnen Fall darüber befinden müssen, ob diese Begriffe theoretisch sinnvoll und empirisch praktikabel sind. Deshalb ist Vorsicht bei vermeintlich klaren Begriffen angebracht. Oft wird leichtfertig davon ausgegangen, dass die verwendeten Begriffe Grundbegriffe sind, die keiner weiteren Explikation bedürfen, doch ist jeder Begriff in Bezug auf die Forschungsfrage zu hinterfragen und meist im jeweiligen Forschungszusammenhang neu zu definieren.

Kriterien der Begriffskritik sind:

- *Nichtzirkularität*
- *Konsistenz*
- *Präzision*
- *Empirische Relevanz*
- *Theoretische Relevanz*
- *Problemrelevanz*

4.2.2 Merkmal/Variable

Die Operationalisierungen theoretischer Konstrukte definieren eine Reihe messbarer Merkmale. Jedes *Merkmal* besitzt eine oder mehrere *Merkmalsausprägungen. Merkmalsträger* können Personen, Gruppen oder Organisationen sein. Merkmale mit mindestens zwei Ausprägungen heißen *Variable* (vgl. ABEL/MÖLLER/TREUMANN 1998, 41).

Systematisch sind voneinander zu unterscheiden:

- **Merkmalsträger**, Untersuchungseinheit (z.B. eine Person)
- **Merkmal**, Merkmalsdimension bzw. Variable (z.B. das Geschlecht)
- **Merkmalsausprägungen**, Merkmalswerte, Ausprägungen von Variablen bzw. Kategorien (z.B. männlich-weiblich)

! *Die Merkmalsausprägungen der Messung (Quantifizierung oder Qualifizierung) müssen eindeutig, ausschließlich (disjunkt) und vollständig sein.*

Eindeutig sind sie, wenn jedem Merkmalsträger genau eine Merkmalsausprägung zugeschrieben werden kann. Ausschließlich bedeutet, dass eine und nur eine Ausprägung eines Merkmals für einen bestimmten Merkmalsträger zutrifft. Die Merkmalsausprägungen müssen in disjunkte Klassen eingeteilt und jeder Klasse eine Zahl zugeordnet werden. Vollständig meint schließlich, dass jedem Merkmalsträger eine Merkmalsausprägung zugeordnet werden kann.

Eine Differenzierungsart von Merkmalen kann nach *quantitativen* und *qualitativen Merkmalen* erfolgen: ***Quantitative Merkmale*** sind beispielsweise das Alter, Noten, Einkommen (metrisches Skalenniveau, vgl. Kap. 4.3). Hingegen fast man unter ***qualitative Merkmale*** etwa das Geschlecht oder den Beruf (Nominal- oder Ordinalskala).

Nach ihrer Ausprägung lassen sich Merkmale weiterhin differenzieren in:

- stetige (kontinuierliche) Merkmale und
- **diskrete (diskontinuierliche) Merkmale**, mit der Unterteilung dichotom und polytom.

Bei *stetigen Merkmalen* kann jeder beliebige Wert aus einer Menge von reellen Zahlen unterschieden werden. Ein Merkmal ist dann stetig, wenn die Menge seiner Ausprägungen ein Kontinuum ist, d.h. wenn überabzählbar viele Ausprägungen vorhanden sind (z.B. Geschwindigkeit). Dagegen unterscheiden *dichotome (diskrete) Variablen* nur zwischen zwei Kategorien (z.B. Geschlecht, Ja-Nein) und *polytom diskrete Variablen* zwischen endlichen, abzählbaren Werten (z.B. Familienstand, Bildungsstand, Konfession).

4.2.3 Indikator

Direkt beobachtbare Variablen werden als *manifeste*, nicht beobachtbare als *latente* Variablen bezeichnet. Direkt beobachtbare (manifeste) Variablen werden als *Indikatoren* benannt. Beispielsweise wird häufig die Variable „Höhe des Schulabschlusses“ als Indikator für den Begriff „formale Bildung“ verwendet. In der Forschungspraxis muss entschieden werden, welche Indikatoren praktikabel sind und welche nicht.

Bei der Aufstellung von Indikatoren müssen einige grundsätzliche Bedingungen erfüllt sein (vgl. ATTESLANDER 2003, 254):

1) Jeder Indikator soll eindeutig (präzise) definiert sein, damit er weder vom Forscher noch von den Befragten missverstanden werden kann.
2) Indikatoren müssen so beschaffen sein, dass sie die relevanten Aspekte des untersuchenden „Gegenstands“ beinhalten; diese Bedingung setzt vorherigen Analysen voraus.
3) Indikatoren sollen die befragten Personen gut ansprechen, indem sie möglichst einen hohen „Aktualitätsgrad“ haben: Denn je weniger aktuell die Indikatoren für die Befragten sind, desto mehr „neutrale“ Antworten werden gegeben.

Im Zusammenhang mit den Indikatoren besteht das zentrale Problem der Operationalisierung darin, wie die Zuordnung eines Indikators zu einem theoretischen Begriff gerechtfertigt werden kann. Hierzu können drei Ansätze unterschieden werden (vgl. SCHNELL/HILL/ESSER 2005, 131ff):

- Die *operationalistische Lösung* besteht in der definitorischen Gleichsetzung des Indikators mit dem theoretischen Konstrukt. Der theoretische Begriff wird erst durch die Messanweisung definiert.
- Die *typologisch-induktive Lösung* geht davon aus, dass die beobachtbaren Zusammenhänge zwischen verschiedenen Indikatoren durch die Annahme latenter Variablen erklärt werden können. Das theoretische Konzept wird soweit spezifiziert, dass die Dimensionen des Begriffs angebbar werden. Für jede Dimension wird eine Menge von Indikatoren bestimmt, von der eine Teilmenge zur tatsächlichen Messung ausgewählt wird.
- Die *kausal-analytische Lösung* basiert ebenfalls auf der Annahme latenter Variablen. Indikatoren werden in diesem Ansatz aber als beobachtbare „Folgen" der latenten Variablen aufgefasst. Theorien werden als Aussagen über die kausalen Wirkungen latenter Variablen aufeinander interpretiert. Hierfür ist allerdings eine Spezifizierung einer „Hilfstheorie" zur eigentlich zu testenden Theorie („Kerntheorie") erforderlich.

4.2.4 Operationalisierungsvorgang

Einige Begriffe wie beispielsweise Alter oder Geschlecht können recht einfach operationalisiert werden. Hingegen müssen komplexe *theoretische Konstrukte* aufwendig erarbeitet werden. Ihre Operationalisierung erfolgt schrittweise durch eine immer konkreter werdende Ausformulierung von *Begriffen* (Konzept, Konstrukt) bis hin zu *messbaren Merkmalen* wie *Indikatoren.* Es gibt grundsätzlich keine für alle Forschungsvorhaben gültigen Schemata. Wie viele Schritte benötigt werden kann unterschiedlich sein, da dies von der Abstraktion der verwendeten Begriffe abhängt. Im Folgenden seien als Beispiel in Abbildung 7 die möglichen Operationalisierungsschritte (nach der typologisch-induktiven Lösung) des Konzepts „Studienerfolg" dargestellt.

Abbildung 7: Operationalisierungsschema von „Studienerfolg" (vgl. ATTESLANDER 2003, 52)

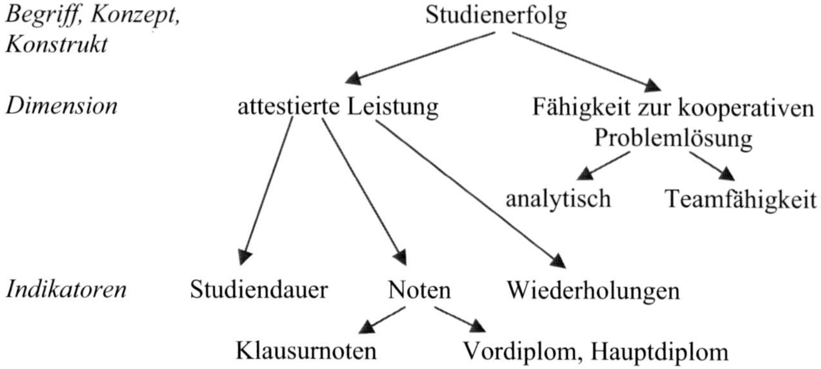

4.3 Messen, Messinstrumente (Index, Skala) und Skalentypen

Die den Forscher interessierenden Merkmalsausprägungen (Kategorien) eines jeden Merkmalsträgers werden mittels Instrumenten, z.B. Fragebögen gemessen. Hierfür wird, wie bei jedem Messen, ein einheitlicher Maßstab benötigt. Dieser wird meist aus Zahlen gebildet und erfolgt nach vorgegebenen Regeln. Die jeweils individuell gemessenen Merkmalsausprägungen werden auch als Messwerte oder Daten bezeichnet.

Unter **Messen** ist die systematische Zuordnung von Zahlen (Messwerten) zu Objekten resp. den Merkmalsausprägungen gemäß festgelegten Regeln zu verstehen.

! Hierbei ist zu beachten, dass die Relationen zwischen den Zahlen, die Relationen zwischen den Merkmalsauprägungen widerspiegeln. So wird z.B. für eine sinnvolle Längenmessung gefordert, dass der größte Messwert dem längsten Objekt und der kleinste Messwert dem kürzesten Objekt entspricht. Eine Messung in diesem Sinne ist eine *strukturtreue Abbildung (Morphismen)*.

Eine Menge von Objekten, über die eine Relation definiert wurde, bezeichnet mal als *empirisches Relativ*, und eine Menge von Zahlen, über die eine Relation definiert wurde, als *numerisches Relativ*. Das Problem der Messung besteht nun darin, eine Zuordnung der Zahlen zu den Objekten zu finden, so dass die Ordnung im numerischen Relativ jener im empirischen Relativ entspricht. Weiterhin sind auch nicht alle Relationen, die zwischen Zahlen zulässig sind, zwischen den Ausprägungen der Merkmale sinnvoll.

Ein **Messinstrument** ist ein standardisiertes Instrument (Werkzeug, Mittel) zur systematischen Zuordnung von Zahlen zu Objekten und wird aus mehreren Indikatoren gebildet.

Sozialwissenschaftliche Messinstrumente, die in Form von Itembatterien dargeboten werden, dienen der Erfassung komplexer Konstrukte, die alle interessierenden Dimensionen und Facetten des Konstrukts berücksichtigen (Mehrdimensionalität der Begriffsoperationalisierung; vgl. Kap. 4.2). In Abbildung 8 wird die Kette der Ableitungen hin zu einem Instrument veranschaulicht.

Um allerdings dann in der Datenanalysephase die jeweilige Ausprägung des gesamten Konstrukts/Konzepts bei einem Merkmalsträger zu erhalten, muss hierfür die Fülle der Informationen reduziert werden (Reduzierung des Merkmalsraums). Dies erfolgt über die Bildung von ***Indizes*** oder ***Skalen***. Mit ihnen werden die einzelnen Items so gebündelt, dass ein einziger Wert das Konstrukt oder Teile bzw. Aspekte des Konstrukts repräsentiert. *Aus den Items wird eine „neue" Variable gebildet, die einen Index oder eine Skala darstellt* (vgl. ABEL/MÖLLER/TREUMANN 1998, 43ff).

Abbildung 8: Vom „theoretischen" Begriff zum Messinstrument (FRIEDRICHS 1990, 164)

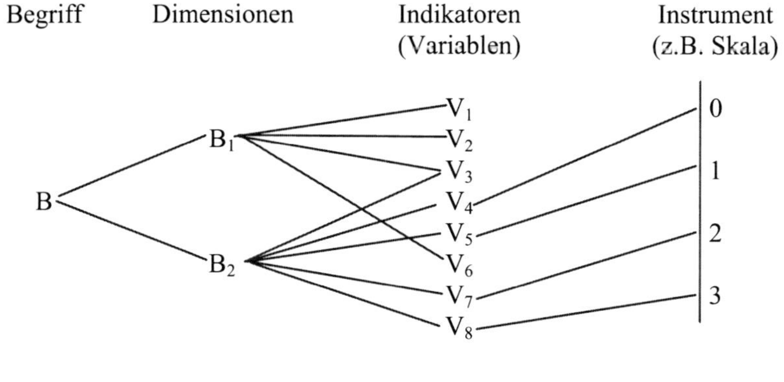

Indizes werden vor allem gebildet, wenn ein Konstrukt als Ganzes, ohne Rücksicht auf seine Dimensionen, durch einen einzigen Wert einer „neuen" Variable repräsentiert werden soll. Ein bekannter Index ist der Schichtindex, der sich primär aus dem Einkommen, dem Berufsstatus und dem höchsten Bildungsabschluss des Familienvorstands zusammensetzt.

> Ein **Index** ist eine rein inhaltliche Zusammenfassung mehrerer Variablen, ohne dabei auf die zugrundeliegende Dimensionalität zu achten.

Skalen erfassen im Unterschied zu Indizes mehrere Items einer Dimension eines Konstrukts (Eindimensionalität). „Skalen sind Messinstrumente, mit denen die (relative) Größe, Position, das Vorhanden- bzw. Nichtvorhandensein einer wissenschaftlich relevanten Einheit (Dimension) auf einem Kontinuum numerisch, d.h. zahlenmäßig bestimmt werden kann" (ATTESLANDER 2003, 253-254).

> Unter einer **Skala** wird eine bestimmte Anzahl von Items verstanden, die entlang einer Dimension eine Eigenschaft erfasst.

Um eine Skala zu bilden, muss die Eindimensionalität empirisch gesichert werden (ABEL/MÖLLER/TREUMANN 1998, 44). In Anlehnung an HOLM (1976, 256) können Skalen als Spezialfälle von Indizes angesehen werden. Im Gegensatz zur Indexbildung bestehen für Skalierungsverfahren Kriterien zur Beurteilung, ob ein gegebener Indikator zu einer Skala gehört oder nicht (vgl. SCHNELL/HILL/ESSER 2005, 179ff).

Skalentypen

An Hand der möglichen Relationen zwischen den Merkmalsausprägungen werden in der Regel vier Mess- bzw. Skalenniveaus (Nominal-, Ordinal-, Intervall- und Ratioskala) unterschieden (s. Abb. 9) (vgl. SCHNELL/HILL/ESSER 2005, 144; VOGEL 2005, 9; ATTESLANDER 2003, 259; KRIZ/LISCH 1988, 233):

Abbildung 9: Skalentypen

Skalentyp	**Nominalskala**	**Ordinalskala**	**Intervallskala**	**Verhältnis-/ Ratioskala**
andere Bezeichnungen	Topologische Skalen Homograde Statistik („qualitativ")		Metrische Skalen, Kardinalskalen Heterograde Statistik („quantitativ")	
Merkmalstyp	nominal bzw. klassifikatorisch (Symbole, Nominalzahlen)	ordinal bzw. komperativ (Symbole, Ordinalzahlen)	metrisch (reele Zahlen)	metrisch (positive reele Zahlen)
Interpretation	gleich – ungleich	kleiner – größer	Differenzen	Verhältnisse
	Klassifizierung qualitativer Eigenschaftsausprägungen	Rangwert mit Ordinalzahlen	gleichgroße Abschnitte ohne natürlichen Nullpunkt	gleichgroße Abschnitte und natürlicher Nullpunkt
Rechnerische Handhabung	Bildung von Häufigkeiten	Median, Quantile	Addition, Subtraktion, Mittelwert	Addition, Subtraktion, Division, Multiplikation
Statistische Messzahlen	absolute und relative Häufigkeiten, Modus (Mo), Entropie	zusätzlich: kumulierte Häufigkeiten, Quantile, Quartile, Median (Md), Streuung	zusätzlich: arithmetisches Mittel (M), Standardabweichung (s), Varianz (S^2)	zusätzlich: geometrisches Mittel, Variationskoeffizient
Zusammenhangsmaße	Kontingenzkoeffizient (C), Vierfelderkoeffizient (Phi)	zusätzlich: Rangkorrelation (Spearmans, Rho, Kendalls Tau)	zusätzlich: Korrelation nach Pearson (r), Regressionskoeffizient	-
Zulässige Transformationen	Umbenennung	nur: monoton steigende Transformation	nur: lineare Transformation	nur: Ähnlichkeitstransformation
Beispiele für Skalentyp	Familienstand, Geschlecht, Konfession	Sozialer Status, Schulnoten, Zufriedenheit	Temperatur in °C oder °F	Gewicht, Länge, Zeit, Temperatur in °K

Bei ***Nominalskalen*** werden diskontinuierliche Folgen von Tatbeständen zahlenmäßig bezeichnet. Es geht um die Erstellung einer einfachen Klasseneinteilung, die jedes Objekt einer Klasse zuordnet. Die Zuordnung der Zahlen stellt lediglich eine Benennung dar. Die Zahlenwerte machen keine quantitative Aussage, sondern dienen der Bezeichnung sich gegenseitig ausschließender Kategorien.

Mit ***Ordinalskalen*** werden numerische Aussagen über die Abfolge (Rangordnung) von Merkmalsausprägungen eines Merkmalsträgers gemacht. Die entsprechend zugeordneten Zahlen müssen diese Rangordnung wiedergeben, jedoch müssen die zahlenmäßigen Abstände nicht den Abständen der Stärke der gemessenen Objekte entsprechen.

Bei ***Intervallskalen*** sind die Abstände der aufeinanderfolgenden numerischen Werte gleich groß. Die Intervalle besitzen die gleiche Größe und dementsprechend besteht zwischen den Zahlen stets dieselbe Differenz. Die Verhältnisse der Werte zueinander sind jedoch nicht gleich den Verhältnissen der Stärke der Eigenschaften.

Beispiel für eine Intervallskala: Likert-Skala mit Vercodungsbeispiel

	trifft gar nicht zu	trifft eher nicht zu	teils/teils	trifft eher zu	trifft voll zu
„Item“	①	②	③	④	⑤

Ratio-, Verhältnis- bzw. Relationsskalen besitzen einen absoluten (natürlichen) Nullpunkt (der Messwert „Null“ entspricht der tatsächlichen Abwesenheit des gemessenen Merkmals) und bieten die Möglichkeit, Abstandswerte quantitativ in Beziehung zu setzen, d.h. die Relationen zwischen den Zahlen entsprechen den Relationen in der Stärke der Merkmalsausprägungen.

Je höher das Skalenniveau ist, desto größer ist auch der Informationsgehalt der betreffenden Daten und desto mehr mathematische Verfahren können angewendet werden. Deshalb wird zumeist ein möglichst hohes Messniveau angestrebt.

4.4 Gütekriterien der Messung: Objektivität, Reliabilität, Validität

Das Ziel eines Messvorgangs besteht in der Erhebung möglichst exakter und fehlerfreier Messwerte. Allerdings sei bereits an dieser Stelle angemerkt, dass dieses Ziel in der Forschungspraxis kaum vollständig erreicht wird. Die tatsächlichen Messwerte geben meist nicht nur die Ausprägung eines Merkmals wieder, sondern enthalten auch Messfehler. Um trotz der Messfehler die erhobenen Daten sinnvoll interpretieren zu können, wird eine statistische Theorie der Entstehung von Messwerten benötigt: Grundlage hierfür bietet die sogenannte „klassische Testtheorie“. Die Axiome der klassischen Testtheorie gestatten sehr einfache Definitionen von Gütekriterien für die Messung. Messungen sollen möglichst *objektiv, zuverlässig* und *gültig* sowie des Weiteren für die praktische

Durchführung *ökonomisch, vergleichbar* und *nützlich* sein (vgl. LIENERT 1969, 12-21; LIENERT/RAATZ 1998). Ein Überblick über Haupt- und Nebengütekriterien ermöglicht Abbildung 10 (BÜHNER 2004, 35).

Abbildung 10: Haupt- und Nebengütekriterien

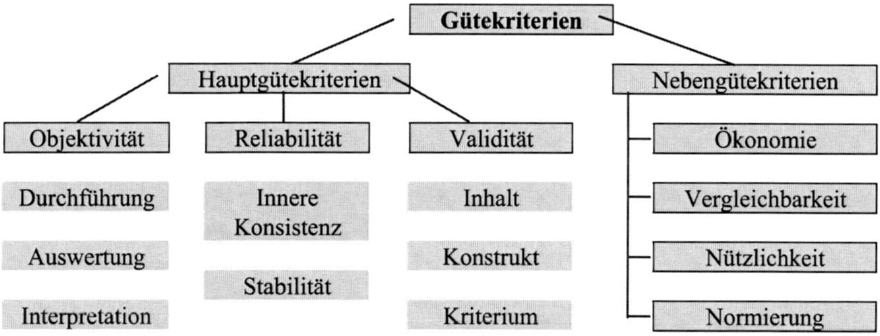

4.4.1 Objektivität

Der Grad der Objektivität eines Messinstruments bringt zum Ausdruck, in welchem Ausmaß die Befunde intersubjektiv sind, also unabhängig von der jeweiligen Person, die das Messinstrument anwendet. Vollständige Objektivität liegt vor, wenn zwei Anwender mit dem gleichen Messinstrument jeweils übereinstimmende Ergebnisse erzielen. Analog den Forschungsphasen lassen sich unterscheiden (vgl. LIENERT 1969):

- Durchführungsobjektivität
- Auswertungsobjektivität
- Interpretationsobjektivität

Würde beispielsweise Interviewer A beim Befragten X ein wesentlich anderes Antwortverhalten auslösen als Interviewer B, dann wäre die *Durchführungsobjektivität* als niedrig zu beurteilen. Würden dann die Auswerter A und B bei gleichem Antwortverhalten von X unterschiedliche Messergebnisse berichten, so wäre die *Auswertungsobjektivität* gering. Die *Interpretationsobjektivität* ist schließlich niedrig, wenn Forscher A und B bei der Interpretation der Untersuchungsbefunde stark variieren und gegebenenfalls zu ganz unterschiedlichen Folgerungen gelangen.

Beispiel	Ein Beispiel für eine mangelhafte Auswertungsobjektivität ist die Benotung eines Schulaufsatzes durch zwei Deutschlehrer, deren Beurteilung wohl selten genau gleich ausfallen dürfte.

Allerdings ist die Auswertungsobjektivität bei quantitativen Erhebungsmethoden maximal, von Kodierfehlern einmal abgesehen (vgl. DIEKMANN 2005, 216f.).

4.4.2 Reliabilität

Mit Reliabilität (*Zuverlässigkeit, Verlässlichkeit*) wird das Ausmaß bezeichnet, in dem wiederholte Messungen eines Objektes mit einem Messinstrument die gleichen Werte liefern. Die Reliabilität eines Messinstruments ist ein Maß für die Replizierbarkeit von Messergebnissen und ist ein stärkeres Kriterium als die Objektivität. Der Grad der Reproduzierbarkeit kann durch einen Korrelationskoeffizienten ausgedrückt werden.

Die Reliabilität kann mit verschiedenen Methoden geschätzt werden. Bei den Methoden kann zwischen Messungen der zeitlichen Stabilität von Messergebnissen und äquivalenten Messungen unterschieden werden. Üblicherweise werden drei Methoden differenziert:

- *Test-Retest-Methode*
- *Paralleltest-Methode*
- *Methode der Testhalbierung (Split-half-Reliabilität)*

Bei der *Test-Retest-Methode* wird das Messinstrument nach einem Zeitintervall wiederholt angewandet. Die Korrelation der Messwerte zu beiden Zeitpunkten gibt Aufschluss über die Test-Retest-Reliabilität. Annahme ist hierbei, dass die wahren Werte zwischen den beiden Messungen unverändert bleiben. Verändern sich die Werte der Objekte nach der oder durch die erste Messung, so wird die Reliabilität unterschätzt. Können sich allerdings die Befragten an die erste Messung erinnern und machen übereinstimmende Angaben, um konsistent zu erscheinen, ist auch eine Überschätzung der Reliabilität möglich. Die Test-Retest-Methode wird aufgrund der zweifelhaften Annahme unveränderter wahrer Werte in der Praxis nur selten verwendet.

Bei der *Paralleltest-Methode* erfolgt die Messung mit zwei vergleichbaren (möglichst ähnlichen) Messinstrumenten zum selben Zeitpunkt, um so eine potenzielle Veränderung der wahren Werte wie bei der Test-Retest-Methode zu vermeiden. Die Korrelation der Messwerte des Instruments A mit den Messwerten des Instruments B informiert über die Paralleltest-Reliabilität. Das Problem besteht allerdings darin, wirklich parallele Tests zu finden. Die Paralleltest-Methode ist daher in der Forschungspraxis kaum verwendbar.

Am gebräuchlichsten ist die *Methode der Testhalbierung (Split-half-Reliabilität)*. Hier wird ein Messinstrument mit multiplen Indikatoren in zwei Hälften aufgeteilt. Aus der Korrelation zwischen beiden Hälften kann die Split-half-Reliabilität errechnet werden.

Eine Erweiterung dieses Verfahrens ist die Schätzung der Reliabilität mit der *Itemkonsistenzanalyse* an Hand des *Cronbachs Alpha*-Koeffizienten. Alpha (α) kann Werte zwischen Null und Eins annehmen.

→ Werte von $\alpha > 0.8$ können als akzeptabel betrachtet werden (SCHNELL/HILL/ESSER 2005, 153).

! Es ist zu beachten, dass auch niedrige mittlere Interkorrelationen von 0.5 einen hohen Alpha-Wert von 0.9 produzieren können, was bei einer großen Zahl von Indikatoren der Fall sein kann. Denn allgemein (aber nicht notwendigerweise) steigt die Reliabilität eines Instruments mit der Zahl der Items an.

Weiterhin wird im Rahmen einer *Itemanalyse* meist versucht, Items, die nur sehr niedrig mit den vergleichenden Items korrelieren aus dem Instrument auszuschließen, weil dadurch die Reliabilität steigt. SPSS: Die entsprechende Durchführung mit SPSS wird in Kapitel 6.4.4 dargestellt. Generell ist bei einer Untersuchung mit einem bereits als reliabel geltenden Instrument zu berücksichtigen, dass sich die Reliabilitätsschätzung schon allein aufgrund der veränderten Zusammensetzung der Menge der Untersuchungsobjekte ändern kann (vgl. SCHNELL/HILL/ESSER 2005, 151ff.).

4.4.3 Validität

Unter Validität (*Gültigkeit*) eines Messinstruments ist das Maß zu verstehen, in dem das Messinstrument tatsächlich das misst, was es messen soll. Objektive und zuverlässige Messinstrumente müssen nicht notwendigerweise valide sein. Wer beispielsweise wiederholt lügt, mag zwar die Reputation eines zuverlässigen Lügners erhalten, nur sagt er uns eben nicht die Wahrheit. Objektivität und Reliabilität sind nur notwendige Minimalanforderungen an ein Messinstrument, dagegen ist das Hauptziel die Konstruktion möglichst valider Instrumente (vgl. DIEKMANN 2005, 223).

Die Abgrenzung von Validität gegenüber Reliabilität wird an einem Beispiel verdeutlicht: Ziel soll es sein, die Einstellung gegenüber einem bestimmten Sachverhalt zu messen. Zu diesem Zwecke werden mehrere Fragen zum Gegenstand als Messinstrumente benutzt. Alle Fragen sind dabei so formuliert, dass eine Zustimmung zur Aussage als positive Einstellung zum erfragten Sachverhalt interpretiert wird. Ein Teil der Interviewten kann unter Umständen dazu neigen, stets bejahende Antworten zu geben, ohne dass der Inhalt der Frage eine Rolle spielt (inhaltsunabhängige Zustimmungstendenz). In diesem Fall kann das Messinstrument zwar eine hohe Reliabilität erhalten, weil stets zugestimmt wurde, aber es besitzt mit Sicherheit keine Validität. Allenfalls wird die Zustimmungstendenz gemessen, aber nicht die Einstellung gegenüber einem bestimmten Sachverhalt. Systematische Messfehler können so zu einer hohen Reliabilität führen (vgl. SCHNELL/HILL/ESSER 2005, 154).

Für die Beurteilung der Validität gibt es nicht ein bestimmtes Maß, womit auch nicht von „der" Validität eines Instruments zu sprechen ist. Die Validität kann nur in Bezug auf bestimmte andere Messungen beurteilt werden. Hier schließt sich die Frage an, wie die Validität eines Messinstruments in der Forschungspraxis bestimmt werden kann. Möglichkeiten zur Prüfung der Validität sind (vgl. ATTESLANDER 2003, 255; DIEKMANN 2005, 224f.):

- Expertenvalidität (expert validity)
- Known group
- Inhaltsvalidität (content validity)
- Kriteriumsvalidität (criterion-related validity)
- Konstruktvalidität (construct validity)

Bei der *Expertenvalidierung* nehmen sogenannte Experten des zu untersuchenden Gegenstandsbereichs eine Einschätzung der Gültigkeit der zum Einsatz geplanten Skala vor.

Known group ist eine Gruppe, bei der man davon ausgeht, dass sie extreme Werte auf der zu messenden Dimension hat. Dieser wird die Skala zur Beantwortung vorgelegt. Unterscheidet sich der Mittelwert der known group von dem der zu untersuchenden Gruppe signifikant, spricht das für die Gültigkeit der Skala.

Inhaltsvalidität bezieht sich darauf, dass möglichst alle Aspekte der Dimension, die gemessen werden, Berücksichtigung finden. Die Auswahl der Items sollte die zu messende Eigenschaft in hohem Grad repräsentieren. Es ist jeder Aspekt des theoretischen Begriffs in die Operationalisierung einzubeziehen. Für die Beurteilung der Inhaltsvalidität existieren jedoch keinerlei objektive Kriterien.

Die *Kriteriumsvalidität* gibt an, in welchem Grad die mit einem Messinstrument erzielten Resultate mit anderen relevanten Merkmalen empirisch korrelieren. Diese Außenkriterien müssen unabhängig mit anderen Messinstrumenten erhoben werden. Dabei kann noch weiter zwischen der *Übereinstimmungsvalidität* (*concurrent validity*) mit einem gleichzeitig erhobenen Außenkriterium und der *Vorhersagevalidität* (*predicitve validity*) bezüglich eines prognostizierten Kriteriums (zu einer späteren Messung mit einem anderen Instrument) unterschieden werden. Die Vorhersagevalidität basiert auf der Annahme, dass das Verhalten den Einstellungen entspricht. Die Skala wird dann als gültig angesehen, wenn die beobachteten Verhaltensweisen mit der an Hand des Messinstruments ermittelten Einstellung korreliert. Übereinstimmungs- und Vorhersagevalidität differieren im Zeitpunkt der Messungen. Die Kriteriumsvalidität wird durch einen (oder bei mehreren Außenkriterien durch mehrere) Korrelationskoeffizienten ausgedrückt.

Konstruktvalidität liegt dann vor, wenn aus dem Konstrukt (Konzept, Begriff) empirisch überprüfbare Aussagen über Zusammenhänge dieses Konstrukts mit anderen Konstrukten theoretisch hergeleitet werden können und sich diese Zusammenhänge empirisch nachweisen lassen. Da Inhalts- und Kriteriumsvalidität kaum aussagekräftig und nur selten anwendbar sind, ist die Konstruktvalidität für die Forschungspraxis von großer Bedeutung. Nicht das einzelne Außenkriterium ist von Interesse, sondern die Vorhersage einer möglichst großen Zahl unabhängig gemessener Kriteriumswerte, die durch ein Netzwerk theoretischer Propositionen miteinander verbunden sind. Die Konstruktvalidität kann jedoch nicht durch ein einfaches Prüfverfahren ermittelt werden. Vielmehr stellt die Konstruktvalidierung ein weitreichendes, kumulatives Forschungsprogramm dar, da Zusammenhänge zwischen theoretischen Dimensionen Bestandteil des Validierungsprozesses sind (vgl. DIEKMANN 2005, 224ff; SCHNELL/HILL/ESSER 2005, 156ff).

Die Konstruktvalidierung besteht aus drei Arbeitsschritten (ebd., 157):

1) Die theoretischen Beziehungen zwischen den Konstrukten müssen festgestellt werden.
2) Die empirischen Beziehungen zwischen den Operationalisierungen der Konstrukte müssen festgestellt werden.
3) Die empirisch festgestellten Zusammenhänge müssen daraufhin untersucht werden, ob sie die Hypothese der Validität der Konstrukte stützen oder nicht.

4.5 Forschungsdesigns und Untersuchungsformen

Forschungsdesigns differenzieren sich an Hand folgender Kriterien:

- *Erhebungsmethode* (z.B. Befragung; vgl. Kap. 5)
- *zeitliche Dimension* der Erhebung (Querschnitt, Trend, Panel)
- Art der *Kontrolle der unabhängigen Variablen* bzw. der *Varianzkontrolle* (experimentell, quasi-experimentell, ex-post-facto)

Die beiden letztgenannten Punkte können auch als Untersuchungsform bezeichnet werden, wobei eine saubere terminologische Differenzierung zwischen den Begriffen Forschungsdesign (Erhebungsdesign, Untersuchungsdesign) und Untersuchungsform nicht existiert.

4.5.1 Zeitliche Dimension

Unter der zeitlichen Dimension einer Untersuchung ist die Anzahl der Erhebungsphasen zu verstehen. Ist nur eine Erhebungsphase geplant, so handelt es sich um ein **Querschnittsdesign**. Diese Erhebung findet zu einem Zeitpunkt oder in einer kurzen Zeitspanne (→ ca. 2 bis 4 Wochen; ABEL/MÖLLER/TREUMANN 1998, 34) statt.

Finden hingegen wiederholte Erhebungen mit dem gleichen Instrument zu unterschiedlichen Zeitpunkten statt, so spricht man von einem **Längsschnittdesign**, welches nach Trenddesign und Paneldesign unterschieden werden kann. Bei einem *Trenddesign* werden die Werte (Merkmals-/Variablenausprägungen) der gleichen Variable zu mehreren Zeitpunkten mit jeweils unterschiedlichen Stichproben (Gruppe von Merkmalsträgern) erhoben. Mit einem *Paneldesign* werden die Werte der gleichen Variable zu mehreren Zeitpunkten auf der Basis identischer Merkmalsträger erhoben. Die einzelnen Erhebungen eines Panels werden als Panelwellen bezeichnet.

Die Besonderheit eines *Panels* liegt darin, dass intraindividuelle Veränderungen der abhängigen Variable aufgezeigt und nachvollzogen werden können. Mit einer *Trendstudie* können dagegen „nur" Veränderungen auf der Aggregatebene der Stichprobe registriert werden. Eine Trenderhebung ist eine Abfolge von Querschnitterhebungen mit dem gleichen Instrument. Vergleichbar über die Zeit sind dann statistische Kennziffern der Merkmalsträger wie beispielsweise Prozentwerte. Die Trenduntersuchungen kennen allerdings nicht die besonderen *methodischen Probleme des Panels* und es muss auch keine *Panelpflege* (z.B. Geburtstagsgrüße, Weihnachtsgeschenke, regelmäßige Informationen über den Projektverlauf) betrieben werden.

Die ***methodischen Probleme des Panels*** sind:

- *Sicherstellung der Konstanz der Messinstrumente:* Die Konstanz der Messinstrumente ist insofern problematisch, als sich bei Befragten der semantische Gehalt von Begriffen infolge des allgemeinen soziokulturellen Wandels (bei Erhebungen über Jahrzehnte) ändern kann. Auch können sich über einen großen Zeitraum die Verfahren erneuert haben.
- *Paneleffekte:* Hiermit sind „Lerneffekte“ und Veränderungen, z.B. der Einstellung oder des Verhaltens, der Teilnehmer durch die wiederholte Befragung gemeint.
- *Panelmortalität* (Ausfallrate): Dies ist das schwerwiegendste praktische Problem. Häufig sind Personen der ersten Welle nicht mehr bereit oder fähig an weiteren Erhebungen teilzunehmen. Gründe können beispielsweise der Verlust der Teilnahmemotivation, Umzug (Adressänderung), Krankheit oder Tod sein.

Zwischen den drei Designtypen existiert eine Informationshierarchie. Panelerhebungen sind informativer als Trenderhebungen und diese wiederum informativer als Querschnittserhebungen. Panelerhebungen können auch über aggregierte Trends und Trenderhebungen über Querschnitte informieren, hingegen gilt die umgekehrte Relation nicht.

4.5.2 Art der Kontrolle der unabhängigen Variablen bzw. Art der Varianzkontrolle

Es handelt sich dabei um die Bestimmung von Vergleichgruppen und den Modus der Aufteilung von Untersuchungspersonen auf die Vergleichgruppen. Mit der Bildung von *Vergleichsgruppen* soll die Wirkung der unabhängigen Variable(n) kontrolliert werden. Mit Kontrolle ist gemeint, dass die Art und Weise, wie die Merkmalsträger auf die Vergleichsgruppen aufgeteilt werden, geplant ist, also intentional geschieht. Die Bildung von Vergleichsgruppen ist nichts anderes als die Gruppierung nach bestimmten Merkmalsausprägungen der unabhängigen Variable. Diese Zuweisung von Untersuchungseinheiten zu den Kategorien der unabhängigen Variable kann *vor* der Erhebung (a-priori) oder *nach* der Erhebung der Daten (ex-post-facto bzw. a-posteriori) erfolgen.

Wird in den Hypothesen aufgrund einer unterschiedlichen Behandlung (Treatment) der Merkmalsträger eine *Veränderung des Verhaltens* vorausgesagt, so ist ein **experimentelles Design** notwendig. Denn bei experimentellen Designs wird explizit *vor* der Datenerhebung mit der Ex-ante-Bestimmung von Vergleichsgruppen (Experimental- und Kontrollgruppe, auch Treatmentgruppen genannt) die

Varianz der unabhängigen Variable als Teil des Untersuchungsplans kontrolliert. Die Zuordnung der Probanden zu den Vergleichsgruppen erfolgt per Zufall (diese „Zufallszuweisung“ als Kontrolltechnik wird „*Randomisierung*“ genannt), wobei darauf zu achten ist, dass bezüglich bestimmter Merkmalsausprägungen „gleiche“ Personen den Gruppen zugeordnet werden (diese „Parallelisierung“ wird als „*Matching*“ bezeichnet). Mit dieser zufälligen Zuweisung zu den Vergleichsgruppen sollen personenbezogene Effekte ausgeschlossen werden und es wird der Versuch unternommen, alle denkbaren Störgrößen (Zeiteinflüsse, Reifungsprozesse, Messeffekte, Veränderung im Messinstrument, verzerrte Auswahl und Ausfälle; vgl. SCHNELL/HILL/ESSER 2005, 217ff) auszuschalten (Laborbedingungen).

Ob allerdings Erkenntnisse aus Laborexperimenten auf „natürliche“ Bedingungen übertragbar und somit verallgemeinerbar sind, sei dahingestellt. Unter eingeschränkten Bedingungen ist eine *experimentelle Anordnung* auch in Umgebungen möglich, in denen die Probanden leben. Da jedoch im sogenannten „Feld“ *keine Randomisierung* („Zufallszuweisung“ der Probanden zu den Vergleichsgruppen) möglich ist, spricht man hier von einem **quasi-experimentellen Design**. Die ermittelten Wirkungen können dann nicht mehr eindeutig auf das Treatment zurückgeführt werden, sondern können auch andere Ursachen (Störfaktoren) haben.

Wird ein Zusammenhang von zwei Variablen postuliert, reicht es in der Regel aus, die Merkmalsträger an Hand ihrer Angaben nach der Datenerhebung aufzuteilen. Werden also Vergleichsgruppen erst *nach* der Erhebung (z.B. aus Survey- und Umfragestudien) bei der Datenauswertung gebildet, so handelt es sich um ein **Ex-post-facto-Design (Survey-Design)**. Diese „a-posteriori-Untersuchungsanlage“ ist das in der empirischen Sozialforschungspraxis am häufigsten angewandte Design. Wie beim Experiment können Gruppen verglichen werden, wobei aber die Zuweisung von Personen zu den Vergleichsgruppen nicht ex ante geplant ist und Einschränkungen bzgl. des Erkenntnisgewinns hinzunehmen sind. Denn bei Survey-Designs ist die Kontrolle des Stimulus nur bedingt möglich. Der Stimulus wird nicht vom Forscher gesetzt, es findet nur eine Ex-post-Randomisierung statt. Ex-post-facto-Designs werden auch als Korrelationsanordnungen bezeichnet. Sie sind im Gegensatz zu experimentellen Designs Anordnungen, die Hypothesen prüfen, ohne jedoch die unabhängige Variable manipulieren zu können (bzw. zu wollen) und ohne eine Randomisierung der unabhängigen Variablen vorzunehmen.

Aus dem spezifischen Ex-post-facto-Design ergeben sich vor allem drei schwerwiegende, aber unvermeidliche ***methodologische Probleme:***

- Das Problem der *Varianzkontrolle* der unabhängigen Variablen.
- Das Problem der *kausalen Reihenfolge* der Variablen, welches sich aus der Tatsache der einmaligen, gleichzeitigen Erhebung ergibt (Querschnitt).
- Das Problem der *Kontrolle von Drittvariablen* ist wesentlich höher als bei Experimenten unter Laborbedingungen.

Die genannten methodologischen Probleme des Ex-post-facto-Designs können erst im Zuge der Datenanalyse durch statistische Kontrollverfahren und multivariate Methoden zu kompensieren versucht werden, wobei das zumeist unzureichend bleibt. Deshalb ist, sofern realisierbar, das experimentelle Design das ideale Untersuchungsarrangement zur Prüfung von Kausalhypothesen.

4.5.3 Kohortendesign

Kohortenstudien werden bei ABEL/MÖLLER/TREUMANN (1998) oder SCHNELL/HILL/ESSER (2005) als eine Art der Längsschnittstudien bezeichnet. Da jedoch Kohortendaten sowohl mit Panel- oder Trend- als auch mit Querschnittdesigns erhoben werden können (vgl. DIEKMANN 2005, 280), sei das Kohortendesign als eine *zeitdimensionsvariable zielgruppenspezifische Untersuchungsform* definiert.

Eine ***Kohorte*** ist eine Bevölkerungsgruppe, die durch ein zeitlich gemeinsames, längerfristig prägendes Ereignis definiert wird. Diese Personen verbindet annähernd zum gleichen Zeitpunkt ein spezielles Ereignis, das in ihrem Lebenslauf eingetreten ist. Am geläufigsten sind Geburts- oder Alterskohorten, aber auch Eheschließungs- oder Berufseintrittskohorten. Bei diesem Design rekrutieren sich die Merkmalsträger aus einer bestimmten Kohorte. Die Idee des Kohortenkonzepts ist, dass beispielsweise die Personen einer Geburtskohorte gemeinsamen kulturellen und sozioökonomischen Einflüssen ausgesetzt sind, die sich auch in einem mehr oder minder starken Grad auf den Lebensverlauf auswirken. Soweit dies der Fall ist, spricht man vom *Kohorteneffekt*.

Neben dem *Kohorteneffekt* (Effekt der Zugehörigkeit zu einer Kohorte) sind der *Lebenszykluseffekt/Alterseffekt* (Effekt des Alters zu einem bestimmten Zeitpunkt) und der *Periodeneffekt* (Effekt eines historisch einmaligen Ereignisses) zu unterscheiden (vgl. DIEKMANN 2005, 281; SCHNELL/HILL/ESSER 2005, 245).

Kohortenanalysen können aus retrospektiven Querschnittbefragungen gewonnen werden oder aber auch bei allgemeinen Bevölkerungsbefragungen sind Ex-post-Kohortendesigns bei der Auswertung der Daten konstruierbar. Ein Vergleich zwischen verschiedenen Kohorten (*Inter-Kohorten-Vergleich*) ist mit

Querschnitt- oder Längsschnittdaten möglich. Der Vergleich innerhalb einer Kohorte (*Intra-Kohorten-Vergleich*) bedarf allerdings einem Längsschnittdesign.

4.5.4 Spezielle Untersuchungsformen

Zu den wichtigsten speziellen Untersuchungsformen als Kombination der Grundtechniken gehören „*Einzelfallstudien*" und „*Sekundäranalysen*". Eine **Einzelfall- bzw. Fallstudie** muss sich allerdings nicht zwangsläufig auf die Analyse eines einzigen Individuums, sondern kann sich ebenfalls auf Personengruppen oder (ganze) Gesellschaften bzw. Kulturen sowie auch auf eine Organisation beziehen. Die **Sekundäranalyse** greift zur Deskription bzw. zum Hypothesentest auf bereits vorhandene Daten zurück, womit die Datenerhebungsphase entfällt. Die Vorteile liegen in den erheblichen finanziellen und zeitlichen Einsparungen. Das Hauptproblem kann hingegen darin bestehen, der Fragestellung adäquate Daten zu beschaffen (vgl. SCHNELL/HILL/ESSER 2005, 248ff).

4.6 Stichproben/Auswahlverfahren

Um einen Sachverhalten bzw. eine Problemstellung zu untersuchen und Hypothesen zu prüfen, muss klar definiert werden, über welche Personen, Personengruppen (z.B. Kohorten) oder Institutionen Aussagen getroffen und damit erforscht werden sollen. Da von Ausnahmen abgesehen (Volkszählungen, Totalerhebungen einer relativ kleinen Bevölkerungsgruppe) Vollerhebungen von *Grundgesamtheiten* (*Population*: dies ist eine Menge von Merkmalsträgern, für die die Aussagen der Untersuchung gelten soll) zu langwierig und kostenspielig wären, erhebt man daher meist nur einen Teil der betreffenden Gruppe, eine sogenannte *Stichprobe (sample),* womit der *Zweck* benannt ist. Außerdem lässt sich meist nur ein Teil der Zielgruppe genauer befragen. *Ziel* der Stichprobe ist es Generalisierungen (Verallgemeinerungen) auf die Grundgesamtheit vorzunehmen – der sogenannter „*Repräsentativitätsschluss*".

Als **Grundgesamtheit** gelten alle potenziell untersuchbaren Einheiten bzw. Elemente, die ein gemeinsames Merkmal (oder eine gemeinsame Merkmalskombination) aufweisen.

Eine **Stichprobe** stellt eine Teilmenge aller Untersuchungseinheiten dar, die die untersuchungsrelevanten Eigenschaften der Grundgesamtheit möglichst genau abbilden (vgl. BORTZ 1993, 84).

Als Voraussetzungen der Stichproben formuliert FRIEDRICHS (1990, 125) vier Punkte:

1. „Die Stichprobe muss ein verkleinertes Abbild der Grundgesamtheit hinsichtlich der Heterogenität der Elemente und hinsichtlich der Repräsentativität der für die Hypothesenprüfung relevanten Variablen sein.
2. Die Einheiten oder Elemente der Stichprobe müssen definiert sein.
3. Die Grundgesamtheit sollte angebbar und empirisch definierbar sein.
4. Das Auswahlverfahren muss angebbar sein und Forderung (1) erfüllen."

Eine exakte Definition der Grundgesamtheit präzisiert nicht nur die Theorie, sondern ist zur Durchführung wissenschaftlicher Untersuchungen unerlässlich. Denn Aussagen einer Untersuchung gelten (bestenfalls) nur für die Objekte (Merkmalsträger) der definierten Grundgesamtheit; gehören hingegen bestimmte Elemente nicht zu der Grundgesamtheit, kann über diese auch nichts gesagt werden. Eine aus erhebungsökonomischen oder technischen Gründen sehr restriktive Definition der Grundgesamtheit kann dazu führen, dass über einen großen Teil des Gegenstandsbereichs einer Theorie keine Aussagen gemacht werden können. So kann beispielsweise eine allgemeine Theorie menschlichen Verhaltens nur sehr begrenzt durch eine Untersuchung der Grundgesamtheit deutscher Soziologiestudierender des ersten Semesters eines bestimmten Jahres geleistet werden.

Zur Bildung der Stichprobe (Teilerhebung) ist zu entscheiden, welches Auswahlverfahren angewandt wird, um nur eine Teilmenge der Grundgesamtheit zu untersuchen. Das Problem besteht häufig darin, die Stichprobe so auszuwählen, dass sie möglichst repräsentativ für die Grundgesamtheit ist, sodass von der Stichprobe auf die Gesamtheit geschlossen werden kann.

Es lassen sich drei Hauptgruppen von Stichprobenverfahren unterscheiden (s. Abb. 11):

- *willkürliche Auswahl*
- *bewusste Auswahl*
- *Wahrscheinlichkeits-/Zufallsauswahl*

Abbildung 11: Übersicht der Auswahlverfahren

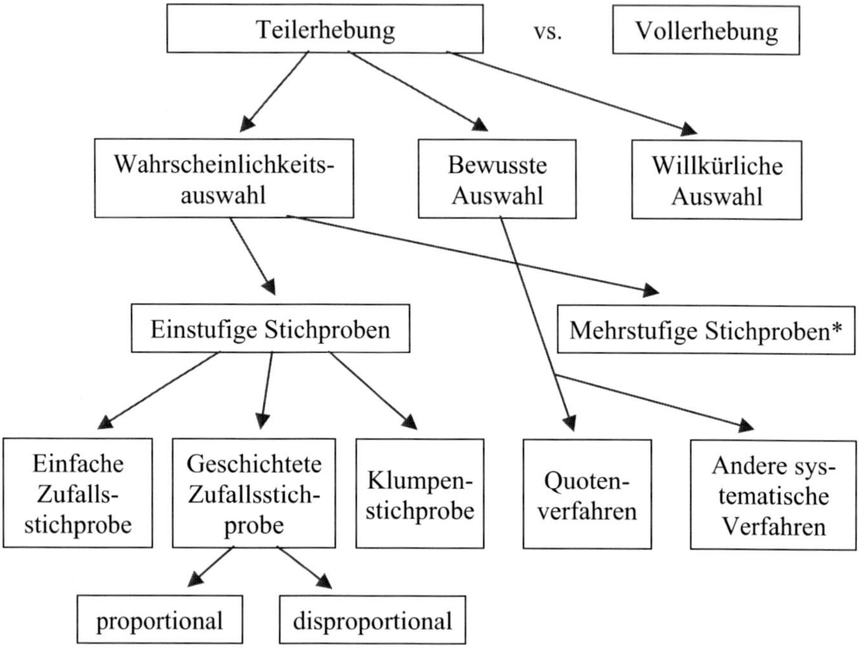

* Mehrstufige Auswahlen bestehen aus Kombinationen einstufiger Verfahren mit unterschiedlichen Auswahleinheiten.

Von den Stichprobenverfahren stellen die Zufallsstichprobe (Zufallsauswahl) und mit gewissen Einschränkungen das Quotaverfahrens (bewusste Auswahlverfahren) die Gewähr dafür, dass aus Ergebnissen einer Stichprobe in Bezug auf die Verteilung aller Merkmale (innerhalb bestimmter statistischer Fehlergrenzen) auf die Verteilung dieser Merkmale in der Grundgesamtheit geschlossen werden kann (*Repräsentativitätsschluss)*.

4.6.1 Willkürliche Auswahl

Bei der willkürlichen Stichprobe (Gelegenheitsstichprobe, convenience sample) handelt es sich um ein *„Auswählen aufs Geratewohl"* nach dem Motto: „Man nimmt, was man kriegen kann." Die Aufnahme von Merkmalsträgern in die Stichprobe erfolgt unkontrolliert ohne einen Auswahlplan. Bei einem solchen

Verfahren lässt sich erst im Nachhinein feststellen, ob die Merkmalsträger hinsichtlich der relevanten Variablen ein repräsentatives Abbild der Grundgesamtheit sind – was aber reiner Zufall wäre! Willkürliche Stichproben finden sich häufig bei psychologischen Tests/Experimenten: Die Auswahl erfolgt meist nicht nach stichprobentechnischen Kriterien und als Proband nimmt teil, wer sich freiwillig meldet.

!	Zusammenhangshypothesen können bereits mittels willkürlichen Stichproben geprüft werden.

Denn im Sinne POPPERS (vgl. Kap. 2.1) geht es darum, möglichst strenge Tests zur potenziellen Falsifikation von Hypothesen zu arrangieren (vgl. DIEKMANN 2005, 328f.). Sollen allerdings Aussagen über die Grundgesamtheit getroffen werden, so sind kontrollierte Stichprobenverfahren unbedingt erforderlich. Dementsprechend würden auf der Basis einer willkürlichen Auswahl Aussagen über die Grundgesamtheit keinesfalls wissenschaftlichen Kriterien genügen (vgl. SCHNELL/HILL/ESSER 2005, 298).

4.6.2 Bewusste Auswahl

Dieses Verfahren basiert auf der Anwendung eines Auswahlplans (*„Auswählen nach Gutdünken"*). Die diesem Plan zugrunde liegenden Kriterien sind meist angebbar und überprüfbar. Die Auswahl kann sich beispielsweise auf *extreme Fälle*, *typische Fälle* oder Experten beziehen. Spezielle Formen der systematischen Auswahl sind die *Auswahl nach dem Konzentrationsprinzip*, das *Schneeballverfahren* oder das *Quotaverfahren* (Quotenauswahl).

Das unter diesen Verfahren und auch allgemein in der Sozialforschung wie speziell in der Markt- und Meinungsforschung stark verbreitete Quotaverfahren basiert auf der Auswahl von Merkmalsträgern in der Art, dass bestimmte Merkmale in der Stichprobe exakt in der selben Häufigkeit vorkommen wie in der Grundgesamtheit, die endgültige Auswahl der Personen (Merkmalsträger) bleibt allerdings dem Interviewer vorbehalten. Hintergrund für dieses Vorgehen ist, dass die zu untersuchenden Merkmale in der Grundgesamtheit stark unterschiedlich verteilt sind. Deshalb wird die Gesamtheit in verschiedene Quoten aufgeteilt (z.B. nach Geschlecht, Bildungsniveau). Mithilfe statistischer Grunddaten (z.B. des statistischen Bundesamts) können die prozentualen Anteile der Quoten an der Gesamtheit bestimmt werden. Die beabsichtigte Stichprobe wird nun – je nach ermittelten Prozentanteilen – auf die einzelnen Quoten verteilt. Forschungspraktisch erhält dann der Interviewer eine genaue Anweisung (Quotenvorgabe), wie viele Befragungen er innerhalb jeder Quotengruppe (also mit bestimmten Merkmalen bzw. Merkmalskombinationen) durchzuführen hat. Da jedoch die letztendliche Auswahl der Probanden in der „Hand" des Interviewers liegt, welche von unterschiedlichen Kriterien beeinflusst werden kann (z.B. Aussehen, Kleidung des Probanden), was zu *Verzerrungen* führt, handelt es sich hier um *keine* (reine) *Zufallsauswahl* (vgl. z.B. SCHNELL/HILL/ESSER 2005, 300ff; DIEKMANN 2005, 338ff).

4.6.3 *Wahrscheinlichkeits-/Zufallsauswahl*

Zufallsstichproben (random samples) sind Auswahlen, bei denen ein Zufallsprozess über die Aufnahme eines Merkmalsträgers (Element) in die Stichprobe entscheidet. Zufallsstichproben erhält man als Ergebnis einer *Wahrscheinlichkeitsauswahl.* Wichtig ist dabei, dass für jedes Element der Grundgesamtheit die Auswahlwahrscheinlichkeit angebbar (und größer als Null) ist.

!	Strenggenommen *ist nur bei diesen Verfahren die statistische Theorie, die induktive Statistik des Schließens von der Stichprobe auf die Grundgesamtheit, überhaupt anwendbar* (DIEKMANN 2005, 330).

Alle komplizierten Zufallsauswahlverfahren basieren auf der einfachen Zufallsstichprobe.

Bei einer **einfachen Zufallsstichprobe** (simple random sample) hat *jeder Merkmalsträger die gleiche Chance, in die Stichprobe* – direkt in einen (einstufigen) Auswahlvorgang – *einbezogen zu werden.*

„Eine **Zufallsstichprobe** ist dadurch gekennzeichnet, dass jedes Element der Grundgesamtheit, unabhängig davon, welche weiteren Elemente schon zur Stichprobe gehören, mit gleicher Wahrscheinlichkeit ausgewählt werden kann" (BORTZ 1993, 85).

Dabei wird entweder eine Liste sämtlicher Elemente der Grundgesamtheit herangezogen (Listenauswahl, Kriterienauswahl), oder aber die Auswahl basiert auf der Ziehung von Elementen aus einem Gebiet (Gebietsauswahl, Flächenstichprobe). Sofern die Grundgesamtheit homogen bezüglich der zu untersuchenden Merkmale sowie vollständig bekannt ist (z.B. lückenlose Adresslisten), kann eine reine Zufallsauswahl vorgenommen werden. Die zu Grunde liegende Überlegung sei an Hand des Urnenmodells erläutert: Für jede Einheit der Grundgesamtheit wird ein Zettel in der Urne deponiert und der Inhalt gut gemischt. Im Umfang der notwendigen Stichprobe werden dann wahllos Zettel aus der Urne entnommen. Auf diese Weise hat jeder Merkmalsträger der Grundgesamtheit die gleiche Chance bzw. Wahrscheinlichkeit, in die Stichprobe zu gelangen. Das „Urnenmodell" ist allerdings für größere Grundgesamtheiten nicht sehr geeignet. Wesentlich praktikabler sind vor allem die Verwendung von Zufallszahlen-Tabellen. Hier werden mit durchnummerierten Adresslisten oder Karteikarten der Gesamtgruppe die auf der Tabelle vermerkten Zufallszahlen als Einheit für die Stichprobe mit Hilfe eines Zufallszahlengenerators ausgewählt.

Mit der zunehmenden Schwierigkeit, über aktuelle Angaben zur Zielpopulation „Bevölkerung" verfügen zu können (z.B. geschärftes Datenschutzbewusstsein), hat das **random-route-Verfahren** („*Verfahren des Zufallswegs*", auch random-walk-Verfahren genannt) an Bedeutung gewonnen. Dieses erlaubt Zufallsstichproben ohne Rückgriff auf eine Namens- oder Adressendatei zu realisieren. Hierbei werden die Haushalte als Auswahleinheiten symbolisch durch ihren Wohnstandort repräsentiert. In präzise formulierten Verhaltensanweisungen wird den Interviewern vorgegeben, wie sie sich Zielhaushalte und gegebenenfalls die zu befragenden Zielpersonen im Haushalt zu finden haben. Der Ausgangspunkt (Startpunkt des „Zufallswegs") wird nach dem Zufallsprinzip ermittelt; die „Ziehung" der Zielperson erfolgt nach einer vorgegebenen Systematik.

Eine **geschichtete Zufallsstichprobe** empfiehlt sich, wenn die Grundgesamtheit bezüglich der interessierenden Merkmale sehr heterogen ist, d.h. sich aus verschiedenen Teilmengen (Schichten, strata) zusammensetzt. Die Grundgesamtheit wird in zwei oder mehrere eindeutig voneinander abgrenzbare Gruppen (Schichten) eingeteilt. *Jeder Merkmalsträger darf nur einer der gebildeten Schichten zugeordnet werden.* Aus jeder der Schichten werden dann separat einfache Zufallsstichproben gezogen. Bei der Realisierung von geschichteten Stichproben wird die Kenntnis (ggf. eine Schätzung) der Verteilung einiger Merkmale der Grundgesamtheit vorausgesetzt.

Die Chance für jede Einheit, in die Stichprobe aufgenommen zu werden, ist natürlich nur noch innerhalb der Schichten gleich groß, schwankt jedoch von Schicht zu Schicht. Da die Anzahl der jeweiligen Schichtenelemente bekannt ist, sind auch wahrscheinlichkeitstheoretische Aussagen über die Validität der Ergebnisse möglich. Meist ist die Schichteneinteilung nur für ein Merkmal optimal, so dass bei Interesse an mehreren Merkmalen ein Kompromiss gefunden werden muss.

!	Da geschichtete Stichproben oft über große Vorteile gegenüber einfachen Zufallsstichproben verfügen, da die benötigten Stichprobenumfänge erheblich reduziert werden können, besitzen sie in der Forschungspraxis eine große Bedeutung.

Werden die Umfänge der einfachen Zufallsstichproben so gewählt, dass sie den Anteilen der Schichten in der Grundgesamtheit entsprechen, spricht man von *proportional geschichteten Zufallsstichproben.* Entsprechen die Fallzahlen der Zufallsstichproben jedoch nicht den Anteilen der Schichten in der Grundgesamtheit, so wird das gesamte Sample als *disproportional geschichtete Stichprobe* bezeichnet.

Eine weitere Form von Zufallsstichproben stellt die **Klumpenstichprobe** (cluster sample) dar. Hiermit werden Stichproben bezeichnet, die jeweils „Klumpen" (Cluster) von nebeneinander liegenden Elementen in das Sample einbeziehen. *Es werden nicht einzelne Merkmalsträger ausgewählt, sondern organisatorisch zusammengefasste Elemente.* Die Untersuchungseinheiten können beispielsweise in einer Liste nebeneinander stehen oder räumlich benachbart sein (z.B. Wohnungen in einem Häuserblock oder an Stelle einzelner Schüler wird gleich die ganze Schulklasse ausgewählt). Die Klumpen, die selbst durch eine Zufallsauswahl bestimmt werden, brauchen nicht jeweils gleich viele Merkmalsträger zu umfassen.

Die Vorteile der Klumpenstichprobe gegenüber anderen Auswahlverfahren liegen zum einen in der Erhebungsökonomie (Zeit- und Kostenersparnis durch die Konzentration auf geografisch begrenzte Gebiete) und zum anderen darin, dass keine zuverlässige Liste aller Elemente der Grundgesamtheit vorhanden sein muss. Das zentrale Problem der Klumpenstichprobe ist hingegen, dass die Merkmalsausprägungen der einzelnen Einheiten (Merkmalsträger) innerhalb eines Clusters ähnlicher (homogener) sein können als die einer einfachen Zufallsstichprobe. Dieser *Klumpeneffekt* bewirkt einen Genauigkeitsverlust der Schätzungen und läuft der Forderung nach Repräsentativität entgegen. Klumpenstichproben sind dann ungenauer als einfache Zufallsstichproben, wenn sich die Elemente eines Clusters sehr stark ähneln und sich die Cluster stark voneinander unterscheiden. Der Klumpeneffekt kann dadurch gemildert werden, wenn eine große Anzahl von Clustern mit sehr wenigen Elementen pro Cluster ausgewählt werden.

Bei **mehrstufigen Stichproben** wird die Zufallsauswahl in mehreren „Stufen" vorgenommen. Insbesondere bei Untersuchungen, die die „allgemeine Bevölkerung" als Population besitzen, müssen komplexere Auswahlverfahren verwendet werden, die aus der Kombination mehrerer Auswahlverfahren bestehen. Mehrstufige Auswahlverfahren werden besonders dann verwendet, wenn keine Listen der Grundgesamtheit verfügbar sind, wohl aber Listen zusammengefasster Elemente der Population.

Die Grundgesamtheit wird dabei in hierarchisch geordnete Gruppen eingeteilt, die durch Merkmalsausprägungen der unabhängigen Variablen definiert sind. Die erste Gruppe, die sogenannte *Primäreinheit*, bildet die Auswahlgrundlage der ersten Stufe. Aus dieser Primäreinheit werden dann per Zufallsauswahl *Sekundäreinheiten* gezogen, die bereits die Erhebungseinheiten bilden können. Allerdings sind häufig weitere Auswahlstufen notwendig, so dass dann die Sekundäreinheiten die Auswahlgrundlage der zweite Stufe bilden. Mehrstufige Auswahlverfahren bestehen also aus einer Reihe hierarchisch nacheinander durchgeführter Zufallsstichproben, wobei die jeweils entstehende Zufallsstichprobe die Auswahlgrundlage der folgenden Zufallsziehung ist.

4.6.4 Repräsentativität der Auswahlverfahren

Zusammenfassend bietet die folgende Gegenüberstellung (s. Abb. 12; KOPS 1977, 101 in KROMREY 2002, 302) die Beurteilung der vorgestellten Auswahlverfahren vor dem Hintergrund der erreichenden Repräsentativität der Stichprobe. Wie sich zeigt, ist die Zufallsauswahl das einzige Stichprobenverfahren, dass Repräsentativität gewährleistet. Allerdings sind für Zusammenhangsanalysen keine repräsentativen Stichproben nötig.

Abbildung 12: Repräsentativität der Auswahlverfahren

Auswahlverfahren	*Repräsentativität der Auswahl angestrebt durch:*	*Repräsentativität der Auswahl gesichert:*
Willkürliche Auswahl	-	Nein
Bewusste Auswahl	Informationen zu Stichprobenelementen der Grundgesamtheit (Typisierung, Klassifikation)	Mit Einschränkungen oder nur für die direkt oder indirekt kontrollierten Merkmale
Zufallsauswahl	Zufällige Entnahme der Stichprobenelemente	Ja

4.6.5 Bestimmung der Stichprobengröße

Bei der Planung einer empirischen Untersuchung ist zu bestimmen, welche Stichprobengröße notwendig ist, um eine erwünschte Schätzwertgenauigkeit der Kennwerte der Grundgesamtheit zu erreichen. Ein Weg zur Ermittlung der erforderlichen Mindestgröße der Stichprobe kann an Hand der Kriterien *Vertrauensbereich* und *Sicherheitsgrad* mittels der Formel für die Standardabweichung erfolgen (vgl. zur weiteren Ausführung: FRIEDRICHS 1990, 144-145; ATTESLANDER 2003, 314-315). Doch sollten (müssen) diese Berechnungen nicht alleinig Basis der Stichprobengrößenbestimmung sein.

Die Mindest-Stichprobengröße *n* lässt sich aber auch aus dem Hypothesenkatalog ableiten bzw. berechnen, wenn man die maximal erforderliche gleichzeitige Kombination von Variablen *V* mit deren durchschnittlicher Zahl von Merkmalsausprägungen *K* und dem Minimum an Fällen pro Zelle (z.B. 10) in Beziehung setzt.

!	Die entsprechende Formel lautet: $n = 10 \cdot K^V$

Die Zahl der Variablen und ihrer jeweiligen Werte (Merkmalsausprägungen) entscheiden über die Größe der Stichprobe. Entscheidend ist hier, wie viele Variablen maximal zur Prüfung der Hypothesen oder auch nur zur Beschreibung des Objektbereichs gleichzeitig miteinander in Beziehung gesetzt werden sollen.

Beispiel	Wird die Frage untersucht, ob sich Jugendliche in ihrem Gesundheitsstatus hinsichtlich ihres Geschlechts, Wohnort, Bildungsgrad und psychosozialen Belastungen unterscheiden, sind folgende Kriterien zur Berechnung der Stichprobengröße zu bestimmen: Die Anzahl der Variablen (*V*): Wohnort • psychosoziale Belastungen • Bildung • Geschlecht • Gesundheitsstatus. Es handelt sich hier nun um fünf Variablen und wenn jede nur zwei Merkmalsausprägungen (*K*) hat (Stadt – Land, hohe – niedrige Belastung und Bildung, männlich – weiblich, gute – schlechte Gesundheit), so ergibt sich eine Tabelle von 32 Zellen [2^5]. Bei einer minimalen Besetzung von 10 Fällen pro Zelle ergibt sich ein Stichprobenumfang von $n = 320$ Jugendliche.

Dabei wird – zweifellos unrealistisch – angenommen, dass die Fälle jeweils gleich auf alle Merkmalsausprägungen verteilt wären. Weiterhin wird dabei unterstellt, dass es keine Ausfälle (z.B. Antwortverweigerungen, unterlassene Fragen) gäbe. Eingedenk dessen erscheint es sinnvoller, von

→ *mindestens 10 Fällen pro Zelle* als Minimum auszugehen (FRIEDRICHS 1990, 147).

4.7 Pretest und Pilot-Studie

Um das entwickelte Erhebungsinstrument vor der Hauptuntersuchung zu prüfen wird ein sogenannter Pretest (Vortest) durchgeführt. Er hat die Aufgabe, das *vorläufige Instrument* auf seine Anwendbarkeit, Vollständigkeit, Verstehbarkeit und Qualität (Einhaltung der Gütekriterien), die *Erhebungssituation* und eventuell die *Interviewer* zu *prüfen* (vgl. FRIEDRICHS 1990, 245; PORST 2000, 64ff; SCHNELL/HILL/ESSER 2005, 347ff). Es wird eine Voruntersuchung an einer begrenzten Zahl von Fällen, die strukturell denen der endgültigen Stichprobe entsprechen, vorgenommen. Das Instrument wird also einer kleinen Gruppe der ausgewählten Merkmalsträger vorgelegt. Eine Mindestgröße des Pretests ist notwendig, um statistische Analysen vorzunehmen:

→ BORTZ (1993, 99) benennt eine ***Mindeststichprobengröße*** von n = 30; PORST (2000, 68) spricht von mind. 20 Interviews; FRIEDRICHS (1990, 245) empfiehlt eine *einprozentige Stichprobe*; CONVERSE/PRESSER (1986, 69) schlagen insgesamt *mind. 25 Interviews* bei professionellen Interviewern und *mind. 50 Interviews* bei beispielsweise studentischen Interviewern vor.

Neben dem „normalen" Beantworten des Erhebungsinstruments könnten die befragten Personen darüber hinaus gebeten werden, den Fragebogen auszufüllen und mehrdeutige oder schlecht verständliche Fragen zu markieren und zu kommentieren. Sie können gegebenenfalls auch weitere Fragen oder Merkmalsausprägungen anfügen. (Für bestimmte Entscheidungen müssen nur wenige Befragte an dem Pretest teilnehmen. So reichen für die Überprüfung der zeitlichen Bearbeitungsdauer in der Regel zwei bis drei Personen aus.) Eine andere Form der Testung des Erhebungsinstruments ist die Beurteilung durch andere Wissenschaftler bzw. Experten.

Nach Abschluss eines jeweiligen Pretests hat der Konstrukteur die Aufgabe, die erhaltenen Informationen zu bewerten und gegebenenfalls das *Erhebungsinstrument* zu modifizieren und einem weiteren Pretest zu unterziehen. Nicht selten sind zwei oder gar mehrere Pretests erforderlich um ein zufriedenstellendes Instrument zu entwickeln.

Der Pretest kann aber nicht nur Aufschluss über das vorläufige Instrument geben, sondern gibt auch Hinweise auf die *Erhebungssituation* (richtiger Erhebungsort? Verzerrungsfaktoren?) und die geplante *Stichprobe* (sind die Personen überhaupt erreichbar? Gibt es viele Ausfälle? Welche Gründe haben die Ausfälle?). Weiterhin liefert der Pretest wertvolle Informationen über die *Rollen* der an der Erhebungsdurchführung beteiligten Personen (z.B. bedürfen die Mitarbeiter einer besseren Schulung?). Die Erkenntnisse des Pretests können nahe legen, den Erhebungsort und/oder -zeitpunkt zu verlegen, die Stichprobe zu modifizieren oder gar einen ganz anderen Forschungsplan zu entwerfen.

Stichpunktartig zusammengefasst dienen Pretests vor allem der Überprüfung (SCHNELL/HILL/ESSER 2005, 347):

- der ausreichenden Variation der Antworten,
- des Verständnisses der Fragen für den Befragten,
- der Schwierigkeit der Fragen für den Befragten,
- des Interesses und der Aufmerksamkeit des Befragten gegenüber den Fragen,
- der Kontinuität des Interviewablaufs,
- der Effekte der Fragebogenanordnung,
- der Güte der Filterführung,
- von Kontexteffekten,
- der Befragungsdauer,
- des Interesses des Befragten gegenüber der gesamten Befragung,
- der Belastung des Befragten durch die Befragung.

!	Diese Ausführungen machen deutlich, dass eindringlich davor gewarnt wird anzunehmen, ein Untersuchungsplan und das Erhebungsinstrument seien ausschließlich durch Nachdenken oder den Vergleich mit Erfahrungen ähnlicher Studien schon bewährt; der empirische Test auf die nicht-antizipierbaren Konsequenzen ist unersetzlich: „Wir forschen, weil wir etwas nicht wissen; Teil dieser Unkenntnis ist der Forschungsplan und seine Instrumente“ (FRIEDRICHS 1990, 153).

Große Erhebungen, bei denen neue Methoden angewendet oder bei denen besondere Probleme bei der Datenerhebung erwartet werden, sollten durch eine ***Pilot-Studie*** vorbereitet werden. Bei einer Pilot-Studie werden alle Arbeitsschritte der Hauptuntersuchung im Rahmen einer Vorstudie in kleinem Maßstab, aber mit identischen Prozeduren, durchgeführt. Dabei werden sowohl das Erhebungsinstrument als auch die gesamten Verfahrensabläufe (Interviewermanagement, Stichprobenziehung, Erhebungsdurchführung, Codierung und Datenanalyse) getestet. Für eine solche Pilot-Studie sollten mindestens 200 Personen befragt werden, da praktische Probleme, die durch die Anzahl der Interviews entstehen, häufig erst ab dieser Größe sichtbar werden (vgl. SCHNELL/HILL/ESSER 2005, 351).

5 Die Befragung als dominantes Datenerhebungsverfahren

Für die Realisierung einer Datenerhebung wird ein Erhebungsinstrument benötigt, mit welchem Werte der Merkmalsträger erfasst werden. Das Erhebungsinstrument wird entweder vom Forscher im Rahmen eines konkreten Forschungsprojekts für eine spezielle Fragestellung entwickelt oder es werden bereits vorliegende (und getestete und somit bewährte) Instrumente eingesetzt.

Die am meisten verwendete Erhebungsmethode ist die Befragung – sie wird bei 70% aller Untersuchungen eingesetzt (vgl. ABEL/MÖLLER/TREUMANN 1998, 52) –, weshalb sie als das Standardinstrument der empirischen Sozialforschung gilt (vgl. SCHNELL/HILL/ESSER 2005, 321; DIEKMANN 2005, 371ff).

> Die **Befragung** ist ein systematisch geplanter Kommunikationsprozess zwischen mindestens zwei Personen.

Durch verbale Stimuli (Fragen) werden verbale Reaktionen (Antworten) hervorgerufen. Die Antworten beziehen sich dabei immer auf Erlebtes und Erinnertes und stellen Meinungen und Bewertungen dar.

Die Fragen können sich auf
1) Einstellungen oder Meinungen,
2) Überzeugungen,
3) Eigenschaften und
4) Verhalten des Befragten beziehen.

Die *wissenschaftliche Befragung* unterscheidet sich von der *alltäglichen Kommunikation* darin, dass sie durch eine theoriegeleitete Kontrolle *systematisch* vorbereitet und *zielgerichtet* ist. „Wissenschaftlichkeit beruht auf systematischer Zielgerichtetheit und Theorie“ (ATTESLANDER 2003, 123). Weitere Differenzen zwischen wissenschaftlicher Befragung und Alltagsgespräch sind, dass die interagierenden Personen Fremde sind, eine asymmetrische Beziehung mit klarer Rollenvorgabe besteht und dass die Ergebnisse einer solchen Kommunikation für die einzelne Person in der Regel sozial folgenlos bleiben.

5.1 Formen der Befragung (Befragungstypen)

Befragungen können grundsätzlich *mündlich* als Interview oder *schriftlich* qua Fragebogen durchgeführt werden. Eine Typologisierung von Befragungsformen kann nach folgenden Differenzierungsmerkmalen erfolgen:

a. Kommunikationsform: Interviewsituation – Befragungsinstrument
- wenig strukturiert – nicht standardisiert (z.B. narratives Interview)
- teilstrukturiert – teilstandardisiert (z.B. Leitfadengespräch, Intensivinterview)
- stark strukturiert – standardisiert (z.B. Panelbefragung, postalische Befragung)

b. Kommunikationsart
- schriftlich
- mündlich

c. Befragungssetting
- Einzelperson (Einzelbefragung)
- Gruppe (Gruppenbefragung)

d. Durchführungsform
- schriftlich (Fragebogen, Surveys)
- internetgestützt (Online-/E-Mail-Befragung, Web-Surveys)
- mündlich, persönlich („Face-to-face"-Interview)
- telefonisch (Telefoninterview)

Die einzelnen Bezeichnungen sind nicht alle als gegenseitig ausschließend zu verstehen, dies ist nur jeweils innerhalb eines Differenzierungsmerkmals der Fall. Allerdings wäre von a) Kommunikationsform bis c) Befragungssetting ein Kaskadenmodell abbildbar (vgl. KROMREY 2002, 377). So können sowohl mündliche Befragungen wenig strukturiert, teilstrukturiert oder standardisiert sein und sich an eine Einzelperson oder Gruppe wenden (z.B. narratives Interview, Experteninterview, Leitfadengespräch, Intensivinterview, Gruppeninterview, telefonische Befragung), als auch schriftliche Befragungen (z.B. Expertenbefragung, postalische Befragung, Gruppenbefragungen) (vgl. ATTESLANDER 2003, 145). Ebenfalls sind mündlich-schriftliche Kombinationen möglich. Wenig und teilstrukturierte Befragungsformen dienen der Erfassung *qualitativer Aspekte* und standardisierte Erhebungsmethoden der Erfassung *quantitativer Daten*.

Da es sich bei diesem Buch um eine Einführung in die quantitative Sozialforschung handelt, wird sich im Weiteren ausschließlich mit der standardisierten Befragung und hier wiederum mit der schriftlichen – also dem standardisierten Fragebogen – auseinandergesetzt. Es lassen sich zwei Arten von schriftlicher

Befragung unterscheiden: (1) *postalische Befragung* und (2) *Gruppenbefragung* (schriftliche Befragung in Gruppen in Anwesenheit eines Interviewers, z.B. Schulklassenbefragungen).

Voraussetzung für die Anwendung eines standardisierten Befragungsinstruments ist, dass ein großes Vorwissen über das zu untersuchende Thema vorhanden ist und ein größerer Kreis von Merkmalsträgern verglichen werden soll. Auf dieser Grundlage lassen sich Hypothesen prüfen.

Vorteile der schriftlichen Befragung („questionnaire") sind gegenüber anderen Befragungstypen: (1) geringerer Zeit- und Personalaufwand sowie Kosten als bei persönlichen oder telephonischen Interviews, (2) Befragte können die Fragen besser durchdenken und (3) Merkmale und Verhalten des Interviewers – als mögliche Fehlerquelle – haben in der Regel keinen Einfluss (in erster Linie bei postalischen Befragungen). ***Nachteilig*** ist hingegen wiederum vor allem bei postalischen Befragungen, (1) dass die Befragungssituation kaum hinreichend kontrollierbar ist. Es können andere Personen die Antworten des Befragten beeinflussen. (2) Bei Verständnisproblemen kann keine Hilfe erfolgen und (3) es besteht ein hohes Risiko, dass einzelne Fragen wenig sorgfältig, unvollständig oder überhaupt nicht ausgefüllt werden. Diese Nachteile stellen sich allerdings weniger bei *Gruppenbefragungen*, da der Interviewer die Befragungssituation kontrolliert und bei Verständnisproblemen helfen kann.

5.2 Die standardisierte schriftliche Befragung: Fragebogenkonstruktion und Organisation

Ein Befragungsinstrument muss sehr sorgfältig konstruiert werden, um Probleme wie beispielsweise Antwortverzerrungen (vgl. Kap. 5.3) so gering wie möglich zu halten. Bei der Entwicklung eines schriftlichen standardisierten Fragebogens (zum Selbstausfüllen) sind folgende Konstruktionskriterien zu beachten:

- *Formen, Struktur und Funktion von Fragen*
- *Formulierung der Fragen*
- *Aufbau des Befragungsinstruments*

Für die Fragebogenkonstruktion ist es von grundsätzlicher Notwendigkeit, darauf zu achten, dass der Fragebogen leicht auszufüllen ist (er muss einfach gestaltet und selbsterklärend sein) und dass die Befragung generell auch von anderen Forschern zu einem späteren Zeitpunkt nachvollzogen und ggf. repliziert werden kann.

5.2.1 Formen, Struktur und Funktion von Fragen und Antworten

5.2.1.1 Offene vs. geschlossene sowie halboffene Fragen und Antwortvorgaben

Es kann nach Art der Antwortvorgabe grob zwischen zwei Strukturtypen von Fragen differenziert werden, nämlich den offenen und geschlossenen Fragen. Bei offenen Fragen muss der Befragte selbst eine Antwort formulieren, während die geschlossene Frage eine vorgegebene Antwortkategorie hat; sie ist in standardisierten Befragungen der dominierende Fragetyp. Halboffene Fragen (Hybridfragen) sind ein Kompromiss zwischen offenen und geschlossenen Fragen. Hier werden geschlossene Antwortkategorien mit einer offenen Antwortmöglichkeit (z.B. Sonstiges) ergänzt.

Als *problematisch* erweisen sich *offene Fragen* darin, dass Befragte oft Schwierigkeiten haben oder es ihnen einfach zu lästig ist, offene Fragen zu beantworten. Daraus ergeben sich häufig Antwortverweigerungen. Des Weiteren ist die Auswertung offener Fragen recht aufwendig, da praktisch jeder Befragte seine Antworten anders formuliert. Aus den vielen unterschiedlichen Antworten müssen wenige Merkmalsausprägungen herausgearbeitet werden (Abstrahierungsprozess), die die gegebenen Antworten hinreichend beschreiben. Hierzu müssen die Antworten inhaltsanalytisch aufbereitet werden. Es ist notwendig, aus den Antworten Kategorien zu bilden, deren Ausprägungen allen Antworten zuzuordnen sind. Die Erstellung geeigneter Merkmalsausprägungen resp. eines Kategoriensystems wird dadurch in die Analysephase verlagert.

Die Vorteile der geschlossenen Frage gegenüber offenen Fragen sind im allgemeinen: Vergleichbarkeit der Antworten, höhere Durchführungs- und Auswertungsobjektivität, geringerer Zeitaufwand für den Befragten, leichtere Beantwortbarkeit für Befragte mit Verbalisierungsschwierigkeiten, geringerer Aufwand bei der Auswertung (DIEKMANN 2005, 408).

Geschlossene Fragen („Multiple-Choice-Questions“) können als *Mehrfachnennungen* oder *Einzelnennung* konzipiert werden. Bei der Einzelnennung wird vom Befragten verlangt, sich zwischen Antwortalternativen für eine exklusiv zu entscheiden. Die gebräuchlichste Form von Antwortkategorien sind *dichotome Ja-Nein-Fragen* sowie *Ranking- bzw. Ratingskalen.*

Beispiel: Ratingskala	*Häufigkeiten*: nie/selten/gelegentlich/oft/immer *Intensitäten*: nicht/wenig/mittelmäßig/ziemlich/sehr *Bewertungen*: stimmt nicht/stimmt wenig/stimmt mittelmäßig/ stimmt ziemlich/stimmt sehr; ganz unwichtig/unwichtig/teilweise wichtig/wichtig/sehr wichtig; trifft nicht zu/trifft kaum zu/trifft teilweise zu/trifft zu/trifft voll zu

!	Bei Fragen nach Zahlenwerten (z.B. Dauer, evtl. Häufigkeiten) kann eine offene Frage oft zweckmäßiger sein, da sie wesentlich genauere Informationen liefert und ein metrisches Skalenniveau bietet.

Beispiel einer Antwortvorgabe in einem Fragebogen:

	trifft nicht zu	trifft kaum zu	teils/teils	trifft eher zu	trifft voll zu	weiß nicht
„Item“	①	②	③	④	⑤	⑧

Für die Konstruktion der *Antwortkategorien* von geschlossenen Fragen gelten die üblichen Anforderungen an Kategoriensysteme. Die Kategorien sollen hinreichend *präzise, disjunkt* (nicht überlappend) und *erschöpfend* sein. Antwortkategorien sollten auch immer eine „Weiß-nicht“-Kategorie besitzen (vgl. Kap. 5.2.2).

Bei den dargestellten Antwortkategorien handelt es sich um *Fünferskalen* die so gestaltet sind, dass sie mit der Zahl eins links beginnen (eindimensionale Skala von 1 nach 5). Allerdings findet sich auch häufiger der Einsatz von *Viererskalen*, die eine „mittlere“ Angabe nicht ermöglichen und stattdessen eine „Positionierung“ erzwingen. Beide Formen – gerade oder ungerade Skalierung – haben *Vor- und Nachteile*: Ungeraden Skalen wird unterstellt, sie würden eine Tendenz zur Mittelkategorie evozieren (Response-Set) sowie dass eine bestehende Weiß-Nicht-Äußerung bei fehlender entsprechender Kategorie auch zum Ankreuzen der Mittelkategorie verleiten würden. Gerade Skalen hingegen erzwingen eine „Positionierung“ jenseits einer Mitte, womit kein realistisches Abbild wiedergegeben wird (vgl. PORST 2000, 55ff).

> → Eine Empfehlung für oder wider gerade oder ungerade Antwortskalen kann hier nicht endgültig gegeben werden; außer es handelt sich um eine Replikation einer Studie, bei der man das gleiche Antwortformat benutzen sollte.
>
> Allerdings zeigt sich, dass in der einschlägigen *soziologischen Literatur* ungerade und in der *psychologischen Literatur* gerade Antwortskalen dominieren.

In der *Beurteilung der offenen vs. geschlossenen Frage* (vgl. PORST 2000, 51ff; ATTESLANDER 2003, 164f.) wird als grundsätzlicher Unterschied angeführt, dass offene Fragen vom Befragten verlangen, sich an etwas *zu erinnern*, geschlossene Fragen dagegen, etwas *wieder zu erkennen.* Sich erinnern ist schwieriger als etwas wieder zu erkennen; auf offene Fragen erhält man auch deswegen (neben Verbalisierungsproblemen und Unlust) in der Regel weniger Antworten als auf geschlossene Fragen.

Bei geschlossenen Fragen besteht allerdings die Gefahr der Suggestivwirkung, vor allem bei Meinungsumfragen, über die der Befragte vorher noch nie oder kaum nachgedacht und sich noch keine Meinung gebildet hat. Ein weiterer möglicher Kritikpunkt ist, dass man mit geschlossenen Fragen nur Informationen im Rahmen der vorgegebenen Kategorien erhält. Um ein gutes Kategoriensystem zu entwickeln, arbeitet man in explorativen Untersuchungen vorwiegend mit offenen Fragen. Aber auch die gelegentliche Einstreuung offener Fragen in einen standardisierten Fragebogen kann für den Befragten abwechslungsreich und interessant sein.

Forschungsstrategisch gesehen sind offene Fragen vor allem geeignet das Problemfeld zu explorieren und in Hinsicht auf geschlossene Fragen relevante Antwortkategorien zu generieren. Geschlossene Fragen sind ein rationaler Informationsgewinn und dienen der Hypothesenprüfung. Möchte man einerseits zwar Hypothesen testen aber andererseits auch noch einen heuristischen Erkenntnisgewinn erzielen, dann bieten sich *halboffene Fragen* als gute Möglichkeit an.

Beispiel: Hybridfrage	Was haben Sie vor Ihrem Studium gemacht (Mehrfachantwort möglich)? Bundeswehr [1]; Zivildienst [2]; FSJ [3]; Ausbildung [4]; Praktikum [5]; Sonstiges [6]: was war das?..

5.2.1.2 Positiv vs. negativ formulierte Fragen (Itempolung)

Es hat sich gezeigt, dass insbesondere negativ formulierte Items einen Einfluss auf das Antwortverhalten haben bzw. den Befragten verwirren (vgl. ANGLEITNER/RIEMANN 1996, 434) wie beispielsweise: „Ich bin nicht oft traurig“ (Antwortformat: „trifft voll zu“ bis „trifft nicht zu“). Eine negative Formulierung wird dazu eingesetzt, einer Zustimmungs- bzw. Ja-Sage-Tendenz (Akquieszenz) entgegenzuwirken. An Hand einer getesteten Selbstwirksamkeitsskala konnte gezeigt werden, dass die Verwendung von entweder positiven oder negativen Items die Dimensionalität der Skala (faktorielle Struktur) beeinflusst (vgl. WANG et al. 2001). Es gibt aber auch Untersuchungen, in denen nur geringe Effekte der Itempolung gefunden wurden (vgl. BURKE 1999). Prinzipiell ist allerdings von einem solchen Effekt auszugehen (vgl. BÜHNER 2004, 62).

5.2.1.3 Direkte vs. indirekte Fragen

Grundsätzlich ist erst einmal zu sagen, dass Fragen in der Regel direkt gestellt werden sollten. Es gibt aber Situationen bzw. Bedingungen, in denen es sinnvoll ist, indirekt zu fragen. So *will* oder aber *kann* der Befragte beispielsweise zu gewissen Fragen keine „wahre" Auskunft geben. Gleichfalls wird eine direkte Frage mit einem negativen Inhalt sicherlich anders beantwortet als eine entsprechend indirekte Fragestellung.

Zu den *indirekten Fragen* zählen auch Fragen, in denen eine kurze Geschichte (hypothetische Situation) erzählt wird, auf die die Befragten reagieren sollen. Mit indirekten Frage sind jedoch hier **keine** *projektiven Fragen* gemeint, bei denen durch Darbietung einiger weniger Stimuli bei dem Befragten ein Projektionsprozess (wie bei (tiefen)psychologischen Projektionsverfahren) evoziert wird (vgl. ATTESLANDER 2003, 165ff).

Beispiel:	*Direkte Frage:* Möchtest du Werbung im Kinderfernsehprogramm? *Indirekte Frage:* Viele Erwachsene sind der Ansicht, dass es im Kinderfernsehprogramm keine Werbung geben sollte. Meinst du das auch?

5.2.1.4 Kontrollfragen

Kontrollfragen sollen eine gegebene Antwort auf eine schon vorher gestellte Frage kontrollieren. Sie dienen dazu, die erhaltenen Informationen zu überprüfen und abzusichern. Die Kontrollfrage hat den gleichen Inhalt wie die zu kontrollierende (schon gestellte) Frage, hat aber nicht den gleichen Wortlaut. Sie wird oft als Verneinung gestellt und darf den Befragten nicht sofort ersichtlich sein, da sie sonst ihre Gültigkeit verliert. Es muss sichergestellt werden, dass die Kontrollfrage der gleichen Dimension wie die zu kontrollierende Frage zugeordnet werden kann.

5.2.1.5 Filterfragen

Mit Filterfragen werden Frageblöcke, die nur für eine Teilmenge der befragten Personen relevant sind, „ausgeblendet". Entsprechenden Fragekomplexen werden Filterfragen vorangestellt. Eine Erweiterung stellt die *Gabel* dar, denn diese verweist für verschiedene Personengruppen auf jeweilig relevante Frageblöcke. Beispielsweise müsste bei der Frage, ob Erwerbstätigkeit besteht oder nicht, eine erwerbstätige Person Frageblock A und eine erwerbslose Person Frageblock B oder auch keinen Frageblock beantworten (s. Abb. 13).

!	Bei Filterungen müssen für die „ausgefilterte“ Personengruppe Hinweise zu der für sie relevanten Anschlussfrage gegeben werden.

Abbildung 13: Beispiel für Filterfragendesign

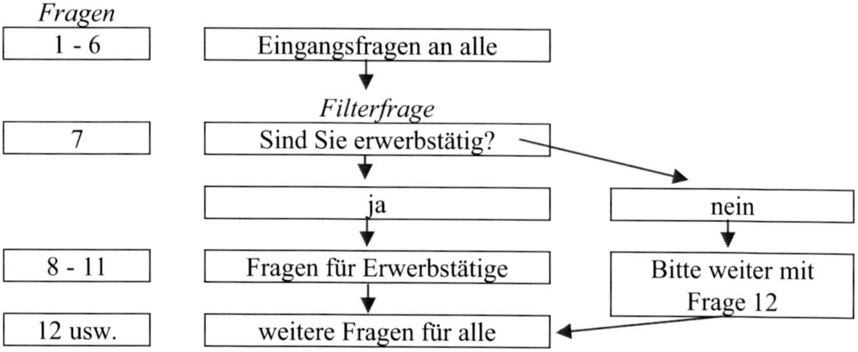

!	Es sollten jedoch nicht zu viel Filterfragen benutzt werden, da sie eine erhöhte Mitarbeitsbereitschaft des Befragten erfordern, die Fallzahlen für gefilterte Fragen reduzieren und die Analyse erschweren.

Da Informationen nur über bestimmte Personengruppen vorliegen, sind Vergleiche zwischen verschiedenen Gruppen u.U. nur noch eingeschränkt oder kaum mehr möglich, da jeder andere Fragen beantwortet hat. Deshalb sollte bei jeder Filterfrage genau überlegt werden, ob sie unbedingt notwendig ist. Oft ist es nämlich möglich, Filterfragen und vor allem die ihnen folgenden Fragen durch geschickte Formulierungen so zu gestalten, dass sie für alle gelten.

5.2.1.6 Trichterfragen

Dies sind Fragen, mit denen man sich schrittweise vom Allgemeinen zum Besonderen vortastet, um beispielsweise Hemmungen im Fall „heikler“ Fragen abzubauen. Bei Fragen wie etwa zur Sexualität oder Delinquenz werden „Fragetrichter“ verwendet. Die Antwortbereitschaft ist in der Regel größer und die Verweigerungsquote geringer, wenn zunächst mit eher „harmlosen“, unverbindlichen Fragen begonnen wird, anstatt gleich mit der Tür ins Haus zu fallen. Jedoch können auch Fragetrichter unerwünschte Effekte produzieren. Die Beantwortung der allgemeineren Frage kann auf die der spezielleren Frage „ausstrahlen“.

5.2.1.7 Eisbrecherfragen

An den Anfang eines Fragebogens werden häufig sogenannte „Eisbrecherfragen" gestellt, die selbst keinen besonderen Informationswert haben, dafür aber für den Befragten von Interesse sind und dazu verhelfen, eine kooperative Interviewatmosphäre aufzubauen.

5.2.2 Frageformulierung

Fragen sind in einem komplizierten Zusammenhang und unter nie gänzlich vorhersehbaren und kontrollierbaren gegenseitigen Einwirkungen zu betrachten. Die Frage- und Antwortformulierung ist deshalb ein äußerst schwieriges Unterfangen.

Ein wesentlicher Grundsatz der Frageformulierung ist:

Eine Frage sollte kurz, einfach, präzise, direkt und eindimensional formuliert sein.

Es sollen keine grammatikalisch komplizierten Sätze sowie Sätze mit Doppelnegationen, Fremdwörtern oder Fachausdrücken gebildet werden, sondern kurze und eindeutige (eindimensionale) Sätze. Sie dürfen nur einen Sachverhalt thematisieren und nicht mehrere Aspekte gleichzeitig ansprechen.

Beispiel:	*Falsch:* „Fahren Sie sehr gerne und sehr schnell Auto?" *Richtig:* „Fahren Sie sehr gerne Auto?" „Fahren Sie sehr schnell Auto?"

Die Formulierungen sollten direkt und in einfachem Hochdeutsch erfolgen. Beim Lesen oder Hören der Frage muss der Befragte genau erfassen können, was gemeint ist und worauf er antworten soll.

In Anlehnung an PAYNE (1951) werden für die Frageformulierung eine Reihe von ***Faustregeln*** gegeben (vgl. DILLMAN 1978; CONVERSE/PRESSER 1986):

- Fragen sollen *einfache Worte* enthalten (keine Fremdworte, Abkürzungen, Fachausdrücke).
- Fragen sollen *kurz formuliert* werden.
- Fragen sollen *konkret* sein (abstrakte Begriffe in konkrete überführen).

- Fragen sollen *keine bestimmten Antworten provozieren* (keine Suggestivformulierung).
- Fragen sollen *neutral formuliert* sein (keine „belasteten“ Worte wie z.B. Kommunist, Bürokrat, Freiheit).
- Fragen sollen *nicht hypothetisch* formuliert werden (keine Konjunktivformulierung).
- Fragen sollen sich nur auf *einen Sachverhalt* beziehen (Vermeidung von Mehrdimensionalität).
- Fragen sollen keine doppelten Negationen enthalten.
- Fragen sollen den Befragten *nicht überfordern* (z.B. keine Berechnungen).
- Fragen sollen zumindest formal *„balanciert“* sein (in der Frage sollten alle – negativen und positiven – Antwortmöglichkeiten enthalten sein).

Entsprechend den eben genannten Faustregeln können als ***Grundtypen von Formulierungsfehlern*** zusammengefasst werden:

- *Unzureichende Verstehbarkeit* (Fremdworte, multiple Negationen, schwere Grammatik)
- *Unzutreffende Prämissen* (der Befragte muss zur Beantwortung kompetent genug sein, Wissensdefizite, Erinnerungslücken)
- *Verfälschungsformulierungen* (Suggestivformulierungen, Konjunktivformulierungen)
- Mehrdimensionalität und unzureichende Bedeutungsäquivalenz

Neben diesen Aufzählungen benennen SCHNELL/HILL/ESSER (2005, 336-337) als weitere zentrale Probleme:

- *Fragen nach dem Grund*: Einige Autoren (z.B. FRIEDRICHS) halten Fragen der Begründung von vorhergehenden Antworten für außerordentlich wichtig, um Ablehnung oder Zustimmung festzustellen. Fragen sollten jedoch so konzipiert sein, dass Hintergrundinformationen erlangt werden, ohne direkt nach Begründungen zu fragen (SCHNELL/HILL/ESSER 2005, 336). Vielmehr gehört die Ermittlung von Begründungen wesentlich zur Auswertungsphase.
- *Retrospektive Fragen*: Fragen, die insbesondere Meinungen bzw. Einstellungen zu einem früheren Zeitpunkt erfassen wollen, gelten als wenig zuverlässig, da sie durch nachträgliche Rationalisierungen beeinträchtigt sind. Als weniger kritisch gelten hingegen „Faktenfragen“ (z.B. absolvierte Schule).
- *„Weiß-nicht“-Kategorie*: Die Verwendung einer „weiß-nicht“-Kategorie wird als notwendig erachtet, da ein entsprechendes Fehlen zur Abgabe einer „substantiellen“ Antwort zwingt. Der Befragte hat nur die Wahl eine vorge-

gebene inhaltliche Antwortalternative zu benennen oder aber er verweigert oder macht unzulässige (nicht vorgegebene) Angaben. Bei einer „erzwungenen" inhaltlichen Antwort (ohne „weiß-nicht"-Kategorie) ist davon auszugehen, dass die Beantwortungen eher zufällig erfolgen.

Als weiteren Punkt nennt DIEKMANN (2005, 413), dass *in Fragebatterien* die *Aussagen in unterschiedlicher Richtung gepolt* sein sollten – also eine Vermischung von Positiv- und Negativ-Formulierungen –, um so das Artefakt Zustimmungstendenz (Akquieszenz, Ja-Sage-Tendenz; vgl. Kap. 5.3) zu enttarnen.

5.2.3 Aufbau des Fragebogens

Die Fragebogenkonstruktion bezieht sich auf zwei Aspekte: zum einen auf die inhaltliche Gestaltung des Gesamtfragebogens (Konstruktionskriterien) und zum anderen auf die optische Aufbereitung des Fragebogens (Layout).

5.2.3.1 Konstruktionskriterien

Für die Fragebogenkonstruktion werden in der Regel zunächst *thematische Blöcke (Module)* festgelegt. Zu einem Themenbereich sollen immer mehrere Fragen gestellt werden (Konzept der multiplen Indikatoren) und Fragen, die denselben Aspekt des Themas behandeln, sollen nacheinander abgefragt werden, statt sie an unterschiedlichen Stellen des Fragebogens zu platzieren, da dies den Befragten eher verwirrt, als damit Kontrolleffekte erzielt werden könnten (vgl. SCHNELL/HILL/ESSER 2005, 343). Die Module sind nach einer zweckmäßigen Reihenfolge anzuordnen. Im Allgemeinen haben sich folgende Regeln als sinnvoll erwiesen (vgl. DIEKMANN 2005, 414f.):

1.) Der Fragebogen beginnt mit *Einleitungs-/Eröffnungsfragen* („Eisbrecherfragen", „warming up"). Diesen Fragen kommt besondere Bedeutung zu, da sich an ihnen das Engagement des Befragten zur Beantwortung des gesamten Fragebogens entscheidet. Einleitungsfragen sind häufig allgemeiner, führen auf das Thema hin und sollen das Interesse des Befragten wecken. Sie sollten entsprechend interessant in das gesamte Thema einführen und *leicht zu beantworten* sein, um bestehende Ängste des Befragten über die Schwierigkeiten einer Befragung zu mildern. Auch sollten Fragen vermieden werden, zu denen vermutlich nicht alle Befragten zustimmen. Die Tatsache, bereits bei der ersten Frage eine *„Nein-„* oder *„Trifft nicht zu"-Antwort* geben zu müssen, erweckt beim Befragten leicht den Eindruck, dass ihn die gesamte Befragung wohl nur wenig betreffen könnte.

2.) *Spannungskurve*: Die Aufmerksamkeit steigt zunächst und sinkt dann mit zunehmender Fragedauer ab. Die wichtigsten Fragen werden daher häufig im zweiten Drittel des Fragebogens platziert (SCHEUCH 1973).

3.) *Platzierung/Anordnung der Fragen*: Der Aufbau des Fragebogens ist in der Regel so zu wählen, dass die Fragenanordnung *vom Allgemeinen zum Besonderen* verläuft (Fragetrichter). Dies ist allerdings nicht bei allen Hypothesen sinnvoll, da durch die Fragenanordnung ein Lernprozess entstehen kann, der weiter hinten angeordneten Fragen die Antworten schon vorgibt. Auch die *Platzierung sensibler Fragen* ist zu bedenken. Sind sensible Fragen im Rahmen der Fragestellung und Hypothesenprüfung unverzichtbar, so sollten sie relativ am Anfang stehen. Denn wird die Antwort verweigert, macht dies das ganze Befragungsinstrument wertlos. Dienen sensible Fragen jedoch eher der Deskription (z.B. zur Beschreibung der Stichprobe) und sind nicht von primärem Interesse, so sollten sie am Ende des Instruments platziert werden, da eine Antwortverweigerung keine gravierenden Folgen für die Analyse und Interpretation der anderen Fragen hat.

Auch ist zu berücksichtigen, dass Fragen bzw. Frageblöcke nachfolgende Fragengruppen beeinflussen, also „überstrahlen“ können („*Ausstrahlungseffekt*“ oder „*Halo-Effekt*“). So ist davon auszugehen, dass beispielsweise die Beantwortung der Frage nach „sexuellen Praktiken“ davon abhängig sein dürfte, ob vorher der Themenbereich „AIDS-präventives Verhalten“ oder „Selbstverwirklichung“ abgehandelt wurde („*Platzierungseffekt*“; SCHEUCH 173, 91).

4.) *Filterfragen* und *Gabeln* helfen, nicht relevante Fragen zu vermeiden und somit die Befragungszeit zu reduzieren. Die Filter und Verzweigungen müssen klar gekennzeichnet und nicht übermäßig kompliziert sein, damit keine „Schnitzeljagd“ durch den Fragebogen vollführt werden muss. Der Aufbau sollte klar und logisch gegliedert sein.

5.) Mit *Überleitungsformulierungen* (Überleitungssätze, Überleitungsfragen) wird ein Themenwechsel vorbereitet bzw. ein neuer Fragenkomplex eingeleitet.

6.) Sozialstatistische Angaben (Soziodemographie) sollten am Ende des Fragebogens aufgeführt werden, da sie den Befragten weniger interessieren.

Zusammenfassend müssen folgende Aspekte hinsichtlich der ***Reihenfolge*** der Fragebogengestaltung berücksichtigt werden:

- *Spannungskurve* (motivierende, schwierige, leichte Fragen)
- *Kausalbeziehungen von Reizen* (Stimulus auf Antwort A beeinflusst das Antwortverhalten auf Reiz B)
- *Konsistenzeffekte* (Befragten scheint etwas widersprüchlich)
- Thematische Hinführung
- *Filterung* (manche Fragen sind möglicherweise nur für einen Teil der Befragten relevant)

5.2.3.2 Layout und Format

Das Layout des Fragebogens muss so angelegt sein, dass der Befragte oder der Interviewer keine formalen Schwierigkeiten bei der Bearbeitung des Fragebogens hat. Notwendige Filterführungen müssen deutlich gemacht werden. Die vollständige Frage mit allen Antwortvorgaben sollte möglichst auf einer Druckseite Platz finden, da sonst gegebenenfalls Antwortmöglichkeiten übersehen werden.

Der Fragebogen sollte als erste Seite ein *Deckblatt* haben, auf dem sich der Titel der Studie und der Briefkopf des „Auftraggebers" bzw. forschenden Instituts befindet. Für eventuelle Nachfragen sollte eine Kontaktperson benannt sein. Äußerst wichtig ist es, auf dem Deckblatt auf *Freiwilligkeit der Teilnahme* hinzuweisen, *Anonymität* und *vertrauliche Behandlung der Daten* zuzusichern. Die letzte Seite des Fragebogens sollte neben einer Dankesformel einige freie Zeilen für Bemerkungen und Anmerkungen von Seiten des Befragten enthalten.

Die Länge/der Umfang des Fragebogens (Bearbeitungsdauer) sollte im Allgemeinen möglichst *kurz gehalten* werden, auch wenn sich insbesondere im Rahmen universitärer Forschung zeigt, dass auch Befragungen von 1 bis 1,5 Stunden Dauer vom Befragten dann nicht als problematisch angesehen werden, wenn das behandelte Thema den Befragten interessiert (FOWLER 1993, 105). Doch steigt mit der Länge der Befragung die Gefahr von Teilfälschungen. Weiterhin kann sich die Antwortqualität vermindern (vgl. DORROCH 1994).

Die subjektiv erlebte Befragungszeit/Bearbeitungsdauer kann durch eine entsprechende *Fragebogengestaltung* verkürzt werden: So ist es ratsamer, einen Fragebogen vom *Format her großzügig* anzulegen als zu versuchen, möglichst viele Fragen auf eine Seite zu setzen. Die schnelle Abarbeitung vieler Seiten und die Sichtbarkeit der bereits erfolgten Bearbeitung kann für den Befragten kooperationsfördernd sein (vgl. SCHNELL/HILL/ESSER 2005, 346f.).

5.2.4 Organisation

Die Durchführungsphase der schriftlichen Befragung bedarf einer besonders sorgfältigen Planung und Organisation. Hier sind zum einen *settingbezogene Aspekte* zu berücksichtigen und zum anderen müssen – außer es handelt sich um eine postalische Befragung – *Interviewer* rekrutiert, geschult und kontrolliert werden.

5.2.4.1 Settingbezogene Aspekte

Ein *Begleit- und Einführungsbrief* muss die Befragten darüber informieren, wer für die Befragung verantwortlich ist, warum die Untersuchung durchgeführt wird und vorteilhaft wäre anzuzeigen, welches Interesse der Befragte selbst an der Beantwortung des Fragebogens haben könnte. In solch einem Anschreiben sollte auf die Wichtigkeit hingewiesen werden, dass gerade die ausgewählte Person an der geplanten Befragung teilnimmt. Bei groß angelegten Studien kann durch *Informationsveranstaltungen* und *Pressemitteilungen* das Interesse und daraus folgend die Bereitschaft zur Mitarbeit erhöht werden. Kooperation und Vertrauen wird gefördert, indem dem Befragten zugesichert wird, dass ihm auf Wunsch ein Kurzbericht der Ergebnisse zugesendet wird.

Für die Kontrolle äußerer Effekte ist es wichtig, das *Datum* der Befragung festzuhalten. Geschehen nämlich während der Durchführungsphase der Befragung themenspezifische (allgemeingesellschaftliche) Ereignisse, die durch Printmedien, Funk, Fernsehen und Internet intensiv verbreitet werden, so wird durch das Datum festgehalten, welche Person vor und welche nach dem Ereignis befragt wurde.

Bei postalischen Befragungen müssen Erinnerungsbriefe an die Personen, die noch nicht geantworteten haben, versandt werden und Nachfassaktionen zur Ausfallkompensation geplant werden (vgl. DIEKMANN 2005; 439ff; SCHNELL/ HILL/ESSER 2005, 362f.). Maßnahmen zur Feldkontrolle sind von großer Wichtigkeit.

5.2.4.2 Interviewermanagement

Das Interviewermanagement umfasst die *Rekrutierung, Schulung und Kontrolle* der Interviewer. Dieser Komplex erhält dann besonderes Gewicht, wenn nicht auf einen *professionellen Interviewerstab* zurückgegriffen wird, sondern *„Laien-Interviewer“* eingesetzt werden. Handelt es sich bei den Laien-Interviewern um

„freiwillige" Interviewer, die keine Vergütung erhalten, ergeben sich besondere Probleme. Zum einen kann nicht erwartet werden, dass sich solche Interviewer einem längeren Training unterziehen, zum anderen sind sie nur kurze Zeit als Interviewer tätig. Darüber hinaus besteht keine Handhabe gegen schlechtes Interviewerverhalten. Ungewöhnlich hohe Verweigerungsraten sind bei Befragungen, die vorwiegend mit freiwilligen Interviewern arbeiten, das Ergebnis (vgl. FOWLER 1993, 114).

In jeder Studie, in der Forscher und Interviewer nicht identisch sind, bedarf es einer Schulung der Interviewer. Dies ist unerlässlich, um die Gültigkeit der Antworten zu erhöhen, da die Erhebungssituation standardisiert wird. Die ***Interviewerschulung*** erstreckt sich auf folgende Punkte (vgl. FRIEDRICHS 1990, 214; SCHNELL/HILL/ESSER 2005, 352):

- Erläuterung der geplanten Untersuchung
- Erläuterung des Fragebogens (aller Fragen, Filterführung, Besonderheiten einzelner Fragen etc.)
- Hinweise zur Einführungsformel
- Einübung der Kontaktaufnahme mit den Befragten
- Verhaltensregeln für die Erhebungssituation (Neutralität etc.), insbesondere auch für nonverbales Verhalten
- Festlegung der Zahl der Interviews pro Interviewer und Zahl der Kontaktversuche pro Adresse (normalerweise 3 bis 5 Besuche): Je höher die Zahl der Kontaktversuche, desto höher ist die Ausschöpfungsquote, aber desto größer ist auch der Aufwand für den Interviewer. Jeder Kontaktversuch muss in einem Protokollbogen mit Datum, Uhrzeit, Adresse, Grund einer eventuellen Verweigerung etc. festgehalten werden
- Verweis auf Konsequenzen bei Täuschungsversuchen und Manipulationen von Seiten der Interviewer (kommt eher unter bezahlten Interviewern vor)
- Adressenzuweisung, Ablieferungstermin und -ort
- Höhe und Art der Honorare, Fahrtkosten, Ausfallhonorare

Ein wichtiger Teil der Interviewerschulung ist die Durchführung von Rollenspielen um die Kontaktaufnahme, Gesprächsführung und Kontrolle der Erhebungssituation einzuüben. Falls möglich, sollten Probeinterviews in „Ernstsituationen" unter Anleitung eines Supervisors durchgeführt werden. Spezielle Hinweise zur Rekrutierung und Schulung von Interviewern für akademische Forschungsprojekte geben STOUTHAMER-LOEBER/KAMMEN (1995).

Im Anschluss an die Befragung sollte der Interviewer auf dem Fragebogen folgende Angaben machen (FRIEDRICHS 1990, 211):

- Nummer des Interviews
- Laufende Nummer des Fragebogens
- Dauer und Tageszeit des Interviews
- Anwesenheit Dritter
- Ort der Befragung

Für die Kontrolle der Interviews (Feldkontrolle) sind telefonische Rückrufe bei 20 bis 40% der Befragten üblich (DIEKMANN 2005, 417).

5.3 Methodologische Probleme: Sind Antworten Fakten oder Artefakten?

Alle Befragungen weisen einen mehr oder minder hohen Grad an Künstlichkeit auf; hierdurch können Artefakte entstehen. Unter einem ***Artefakt*** ist die durch das Instrument und/oder die Interaktion eingeschränkte oder provozierte Meinungsäußerung des Befragten zu verstehen. Neben der *Befragungssituation* inklusive Interviewermerkmale und der *Konstruktion des Befragungsinstruments* (die Art und Anordnung der Fragen) kann als dritter Grund der *Befragte* selbst (Motivation, Lesekompetenz, Informationsstand und Bezugsrahmen des Befragten zum Befragungsthema) zu ***Antwortverzerrungen*** (response errors, Antwortbias) führen.

Die Angaben des Befragten sind also von einer Vielzahl von Einfluss- bzw. Störgrößen abhängig. In nicht wenigen Fällen werden Umfrageergebnisse überschätzt und es häufen sich Fehldeutungen durch die unkritische oder verkürzte Wiedergabe von Umfragedaten. Somit sind ermittelte Befunde nur vor dem Lichte methodologischer Einschränkungen zu bewerten. Die Durchführung von Befragungen selbst wird immer schwieriger (aufgrund von zunehmend ablehnender Haltung gegenüber Befragungen) und stößt in nicht wenigen Fällen auf Ablehnung, dabei ist generell die soziale Situation der Befragten zu beachten.

5.3.1 Das Interview als soziale Situation

Die Befragung ist ein sozialer Vorgang in spezifischen Situationen. Deshalb ist die systematische Kontrolle sowohl des Instrumentes als auch der Interaktion überaus bedeutend.

Die verbale Vieldeutigkeit, die sich im Interview (auch in Befragungssituationen mit standardisiertem Instrument) ergibt, mag zwar beklagenswert sein und oft ein schwerwiegendes methodologisches Problem darstellen, sie entspricht aber der Tatsache, dass die soziale Realität nur in seltenen Fällen verbal eindeutig erfasst und wiedergegeben werden kann. „Da wir mit dem Faktum dieser Mehr- oder Vieldeutigkeit rechnen, bedeutet dies: *Es sind einzelne Antworten auch bei ausgeklügelter Auswertung nicht als isolierte Daten zu werten, sondern vornehmlich als Hinweise auf Zusammenhänge*" (ATTESLANDER 2003, 144). Jede Befragung strukturiert die soziale Wirklichkeit in der Menschen befragt werden. Ihr Verhalten, ihre Antworten sind Reaktionen auf die Art und Weise, wie sie diese Struktur empfinden. Diese können konfligierende oder konvergierende Strukturen ergeben, jedoch niemals völlig kongruente. Durch Befragung erhobene Daten sind in jedem Fall Konstrukte sozialer Wirklichkeit und mithin Artefakte (vgl. ATTESLANDER 2003, 192).

5.3.2 Das Befragungsinstrument

Da die Antworten durch den Gebrauch der Sprache und durch die Fragen im Erhebungsinstrument zweifach gefiltert sind, erfasst eine Befragung immer nur Ausschnitte der sozialen Realität. Die befragten Personen teilen vor allem ihre Erinnerungen, Einstellungen und Gedanken in Form von sprachlichen Informationen mit. Dabei ergibt sich oft eine Diskrepanz zwischen der verbalen Aussage und dem tatsächlichen Verhalten. „Das Befragungsinstrument liefert nur diejenigen Informationen von Personen, die Antworten auf die gestellten Fragen sind" (ABEL/MÖLLER/TREUMANN 1998, 52).

5.3.3 Antwortverzerrungen (Response Errors) im Überblick

Als methodische Schwierigkeiten „reaktiver" Messverfahren (Befragte können auf den Datenerhebungsvorgang selbst reagieren) stellen sich die unterschiedlichen potenziellen Antwortverzerrungen dar; diese sind (vgl. DIEKMANN 2005, 403; SCHNELL/HILL/ESSER 2005, 353ff):

- *Soziale Erwünschtheit (Social-Desirability-Response-Set)*: Die Antwort wird durch die Überlegung des Befragten beeinflusst, welche Antwort der Forscher wohl hören möchte oder was gesellschaftlich opportun ist.
- *Zustimmungstendenz bzw. Ja-Sage-Tendenz (Akquieszenz)*: Hiermit wird die Zustimmung zu einer Frage ohne Bezug zum Frageinhalt bezeichnet.

- *Response-Set*: Es handelt sich um systematische Antwortmuster, die unabhängig vom Inhalt der Fragen sind. Entweder werden nur die mittleren Merkmalsausprägungen (*Tendenz zur Mitte)* oder nur die *Extrempositionen* markiert.
- *Frageeffekt* (Frageformulierung) und *Fragereiheneffekt* (Fragekontexteffekt, Positionseffekt).
- *Antwortverweigerung* (Item-Nonresponse).
- *Meinungslosigkeit*: Die Abgabe einer „Weiß-nicht"-Antwort.
- *Sponsorship-Effekt*: Die Kenntnis des Auftraggebers kann die Antworten in die eine oder andere Richtung verzerren.
- *Anwesenheitseffekt* (Dritte beim Interview) und weitere situative Effekte.
- *Interviewereffekt/-merkmale*: Hierunter fallen Geschlecht, Alter, Kleidung, Sprache, Verhalten und nonverbal vermittelte Erwartungshaltungen des Interviewers.

Um Antwortverzerrungen vorzubeugen ist eine sorgfältige Fragebogenentwicklung, eine anschließende umfängliche Testung und eventuelle Verbesserung des Instrumentes sowie eine profunde Interviewerschulung mit entsprechender Standardisierung und Kontrolle der Befragungssituation zwingend notwendig. Allerdings ist die Vorstellung von verzerrungsfreien Interviews absurd, da alle sozialen Situationen äußerst komplex sind. „Keine Befragung wird je ohne Beeinflussung sein, keine Antwort ohne Verzerrung gegeben werden können. Wissenschaftliches Ziel ist, eine systematische Kontrolle der Verzerrungen zu erreichen" (ATTESLANDER 2003, 192).

6 Datenaufbereitung und Datenmodifikation mit SPSS

6.1 Erstellung des Kodeplans und der Datenmatrix

Um die erhobenen Daten auswerten zu können, muss zunächst ein Kodeplan erstellt werden resp. die Fragebogenkodierung erfolgen (vgl. KIRCHHOFF et al. 2003, 37ff; SCHÖNECK/VOß 2005, 87ff). Der Kodeplan ordnet den einzelnen Fragen des Fragebogens jeweilige Variablennamen zu. D.h. es wird eine Liste aller im Fragebogen erhobenen Variablen (Items) mit allen dazugehörigen Ausprägungen (dies sind die Antwortvorgaben) erstellt, wobei jeder Variable (Merkmal) und Merkmalsausprägung ein spezieller Wert (Kode) zugeordnet wird; diese *Verkodung der Daten* erfolgt oft auch schon bei der Erstellung des Fragebogens. Der Kodeplan sollte dabei der Fragebogenchronologie folgen.

Der Kodeplan wiederum ist Grundlage für das Anlegen der Datenmatrix, die die Daten aus „dem Stapel ausgefüllter Fragebögen" in eine elegante Datenstruktur bringt. Die „*Datenmatrix*" ist eine Tabelle, in die erhobene Daten (numerisches Relativ) eingegeben werden bzw. wurden: In den Zeilen befindet sich jeweils ein Merkmalsträger (Untersuchungseinheit: z.B. die befragte Person; Fall- bzw. Fragebogennummer) und in den Spalten befindet sich jeweils eine Variable (z.B. Antwort auf die Frage) (s. Abb. 14).

Abbildung 14: Beispiel einer Datenmatrix

Merkmalsträger	Variable (SPSS-Voreinstellung: *var*)					
(Fallnummer)	1	2	3	4	...	m
1	$X_{1\,1}$	$X_{1\,2}$	$X_{1\,3}$	$X_{1\,4}$	...	$X_{1\,m}$
2	$X_{2\,1}$	$X_{2\,2}$	$X_{2\,3}$	$X_{2\,4}$	...	$X_{2\,m}$
3	$X_{3\,1}$	$X_{3\,2}$	$X_{3\,3}$	$X_{3\,4}$	...	$X_{3\,m}$
...	...	...	...	...	...	...
n	$X_{n\,1}$	$X_{n\,2}$	$X_{n\,3}$	$X_{n\,4}$	...	$X_{n\,m}$

Eine Datenmatrix, die Daten von *n* Untersuchungseinheiten mit *m* Variablen enthält, besteht aus $n \cdot m$ Elementen (Daten). Die Datenmatrix ist Voraussetzung für die Anwendung fast aller statistischer Verfahren.

Das entsprechende Pedant im Statistikprogramm SPSS ist der Daten-Editor (s. Abb. 15). Hiermit kann die „Eingabemaske" (sie dient der Definition der Variablen zur Vorbereitung der Dateneingabe) für die manuelle Dateneingabe der einzelnen Fragebögen erstellt werden. Andere Techniken der Datenerfassung sind das Einlesen über Steuerdateien im ASCII-Format, das Scannen von Fragebögen oder Windowsgestützte Softwareprogramme wie z.B. Data Entry, Access (vgl. BAUR/LÜCK 2004, 28ff).

SPSS	Falls beim Starten von SPSS nicht schon automatisch ein „unbenannter" (neuer) Daten-Editor aufgerufen wird, so ist die <u>Menüwahl:</u> *Datei -> Neu -> Daten* zu wählen (s. Abb. 16).

Abbildung 15: Eingabemaske: Daten-Editor (Datenansicht)

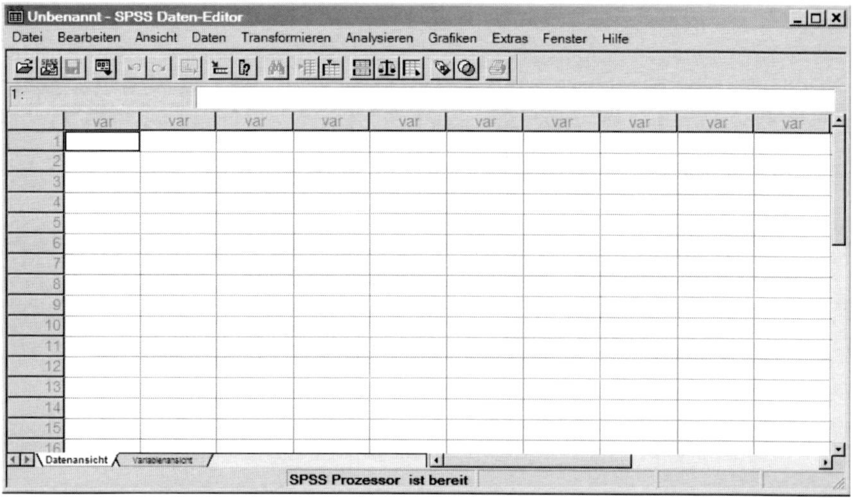

Abbildung 16: Aufrufen eines neuen Daten-Editors

In dem Kodeplan wird zu Kontrollzwecken in der Regel jedem Befragten eine *Identifikationsnummer* zugewiesen (auf jedem Fragebogen wird eine fortlaufende Nummer notiert, die nur einmal vergeben wird, womit eine Fall- also Fragebogenidentifikation möglich ist). Meist wird diese Identifikationsnummer die erste Variable in der Datenmatrix und als laufende Nummer (*LFN*) bezeichnet.

Variablen sind in SPSS Speicherstellen, die über die Tastatur eingegebene Werte aufnehmen können.

→ ***Variablennamen bei SPSS*** dürfen erstmals ab der Version 12 bis zu 64 Zeichen umfassen (ältere Versionen waren auf maximal 8 Zeichen beschränkt), das erste Zeichen muss ein Buchstabe sein.

Dennoch sollte ein kurzer Variablenname benutzt werden! (z.B. in Hinsicht auf Sekundäranalysen oder bzgl. der Ergebnistabellen)

Beginnt nun der Fragebogen beispielsweise mit der Feststellung des Geschlechts als erste Frage, so wäre diese die zweite Variable im Kodeplan resp. in der Datenmatrix. Nun kann allerdings nicht einfach eine „1" als Platzhalter für erste Frage definiert werden, sondern es muss der Zahl ein Buchstabe vorplatziert werden; allgemein hat sich „V" bzw. „v" für Variable behauptet – es wäre aber auch ein beliebig anderer Buchstabe möglich –, womit man dann zu dem *Variablennamen* „v1" gelangt. Um allerdings in der Analysephase die Wiedererkennung zu erhöhen, bieten sich auch eindeutige Kürzel wie am Beispiel Geschlecht „sex" an. Wie letztendlich die Verkodung vorgenommen wird, bleibt der Einzelperson überlassen, solange eine Definition bzw. Protokollierung qua Kodeplan vorliegt, die interindividuell nachvollziehbar ist. Dabei ist auch zu beachten, dass Variablennamen nicht doppelt vergeben werden dürfen.

Tipp	Der Kodeplan resp. die Datenmatrix, die Eingabemaske sollte möglichst dem Layout des Fragebogens angepasst werden, d.h. die Fragenummern sollten soweit wie möglich in Variablennamen überführt werden, da dies die Dateneingabe und Datenanalyse erleichtert.

Nun können Variablen verschiedene Merkmalsausprägungen besitzen. Die Variable Geschlecht besitzt zwei Ausprägungen (Werte), nämlich „weiblich" und „männlich". Im Kodeplan und in der Datenmatrix muss den Merkmalsausprägungen je eine Zahl (numerisches Relativ) zugeordnet werden: z.B. „1" für weiblich und „2" für männlich. Weitere Beispiele finden sich in Abbildung 17.

Bei Bedarf können weitere Informationen in den Kodeplan aufgenommen werden, z.B. das Messniveau der Skalen (nominal, ordinal, metrisch) oder die Zeichen- bzw. Spaltenbreite der jeweiligen Variable (z.B. Geschlecht hat 1 Spalte, Alter benötigt 2 Spalten).

Abbildung 17: Beispiel für einen Kodeplan

Fragenummer und Frage	**Variable** (*Name*)	**Variablenbezeichnung** (*Variablenlabel*)	**Werte** (*Wertelabels*)	**Kode**
-	LFN	Laufende Fallnummer	-	
1. Welches Geschlecht haben Sie?	V1 (od. sex)	Geschlecht	weiblich männlich Keine Angabe	1 2 9
2. Wie alt sind Sie?	V2	Alter	Keine Angabe	99
3. Bitte nennen Sie Ihren Familienstand.	V3	Familienstand	ledig verheiratet geschieden getrennt lebend verwitwet Keine Angabe	1 2 3 4 5 9
4. Welchen höchsten Schulabschluss haben Sie?	V4	Schulabschluss	Kein Abschluss Hauptschule Realschule Fachoberschule Gymnasium sonstiges Keine Angabe	1 2 3 4 5 8 9
10. „Beispiel" „Item 1"	V24.1	gelobt	siehe Beispiel	1-5,8,9

Beispiel: Fragebatterie

Frage 24. Kreuze bitte an, wie sehr Folgendes zutrifft. Meine Eltern haben...

1. mich gelobt, wenn ich etwas besonders gut gemacht hatte.	1	2	3	4	5	8
2. mir als Strafe Hausarrest (Ausgehverbot) gegeben.	1	2	3	4	5	8
3. mich getröstet, wenn ich traurig war.	1	2	3	4	5	8
4. mich hart angepackt oder gestoßen.	1	2	3	4	5	8

Trifft nicht zu	Trifft wenig zu	Teils/teils	Trifft meist zu	Trifft völlig zu	weiß nicht
1	2	3	4	5	8

Um den Daten-Editor in SPSS anzulegen muss von der *Datenansicht* auf *Variablenansicht* gewechselt werden (s. Abb. 18). Hier sind nun entsprechend dem Kodeplan die einzelnen Variablen zeilenweise zu definieren.

Abbildung 18: Variablendefinition: Daten-Editor (Variablenansicht)

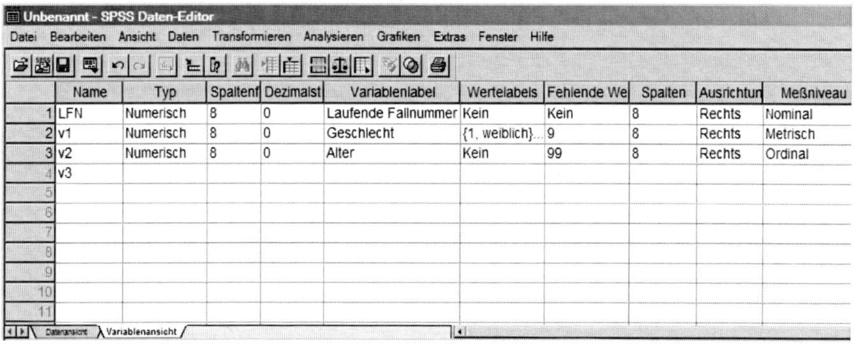

1. Spalte:
Zunächst muss der ***Name*** (Variablenname) eingetragen werden: So z.B. v1 oder bei Fragebatterien (s. Beispiel): z.B. v10.1, v10.2 usw.

2. – 4. Spalte:
→ Bei ***Typ*** (Variablentyp) muss bei einem numerischen Relativ *Numerisch* gewählt werden, würde man eine offene Frage eingeben, so müsste *String* gewählt werden (s. Abb. 19). Die *Breite* gibt das maximale ***Spaltenformat*** [*3. Spalte*] (die Zeichenbreite) an: Bei numerischen Variablen kann die Voreinstellung bleiben. Bei *String-Variablen* sollte allerdings das Spaltenformat erweitert werden, um auch Wörter mit mehr als 8 Zeichen eingeben zu können.

Abbildung 19: Dialogbox „Variablentyp definieren“

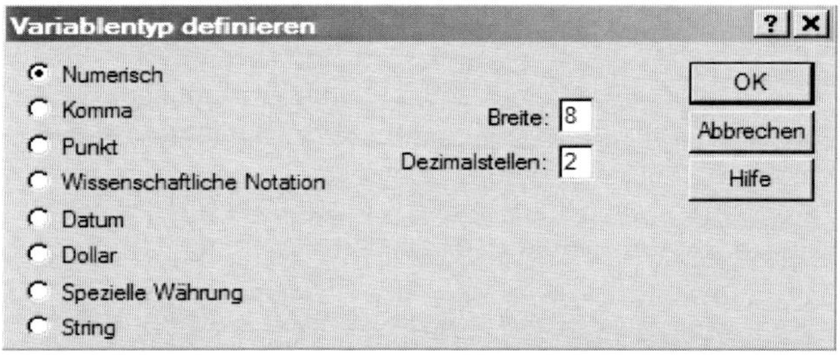

Falls keine ***Dezimalstellen*** [*4. Spalte*] bei numerischen Variablen gebraucht werden, kann eine 0 eingetragen werden. Die nun im Daten-Editor folgenden Einstellungen *Spaltenformat* und *Dezimalstellen* entsprechen den Einstellungen unter „Variablentyp definieren“ („*Typ*“).

5. Spalte:

Als nächste Spalte (s. Abb. 18) folgt das ***Variablenlabel***: Dies ist ein Etikett, mit dessen Hilfe eine Variable näher beschrieben werden kann. Ein Variablenlabel kann bis zu 256 Zeichen lang sein – Tipp: für den Analyseausdruck sind kurze Variablenlabel günstiger.

6. Spalte:

Hiernach sind die ***Wertelabels*** zu definieren (s. Abb. 20). Mit Wertelabels können die Merkmalsausprägungen einer Variable (Merkmal) näher beschrieben werden. Ein Wertelabel kann bis zu 60 Zeichen lang sein. Nach der Definition eines Wertes muss »Hinzufügen« bestätigt werden.

Abbildung 20: Dialogbox „Wertelabels definieren“

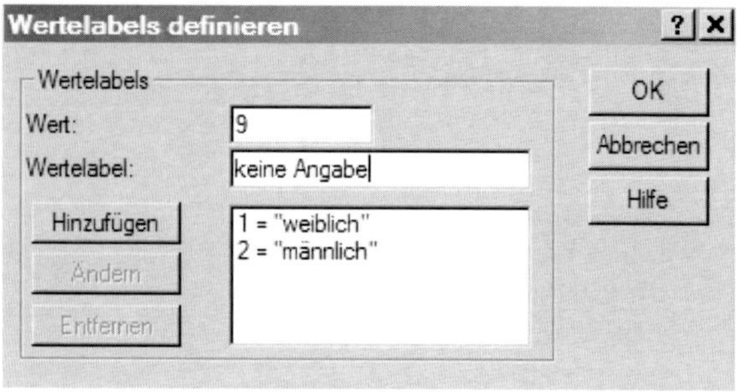

7. Spalte:

Als nächstes (vgl. Abb. 18) können ***fehlende Werte*** (*Missing-Werte*, *missing values*) bestimmt werden (s. Abb. 21). Zunächst sei angemerkt, dass SPSS zwei Arten von fehlenden Werten kennt:

a) Systemdefinierte fehlende Werte: Werden in einer Datenmatrix Zahlen nicht ausgefüllt, so weist SPSS ihnen den systemdefinierten fehlenden Wert zu. Dieser wird in der Datenmatrix mit einem Komma angezeigt.

b) Benutzerdefinierte fehlende Werte: Liegen in bestimmten Fällen bei Variablen keine Antwortvorgaben vor (z.B. Antwortverweigerung, Unwissenheit), kann hierfür in die Datenmatrix ein Missing-Wert eingegeben werden. Der fehlende Wert darf natürlich unter den auftretenden Werten nicht vorkommen. Missing values werden aus den statistischen Berechnungen ausgeschlossen.

Abbildung 21: Dialogbox „Fehlende Werte definieren“

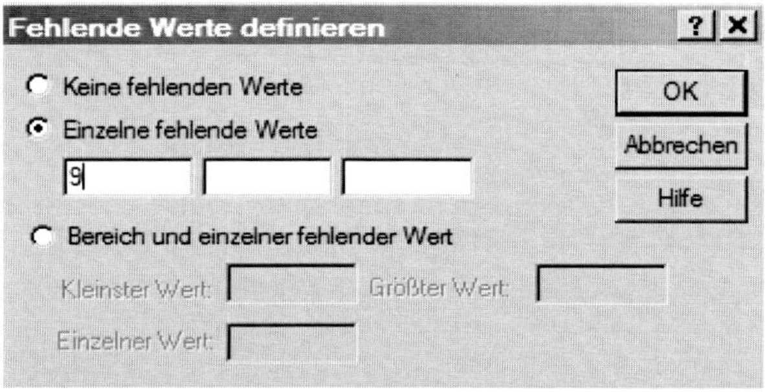

Fehlende Werte sollten für jede Variable definiert werden, weil so bei der Dateneingabe auch ein Wert – nämlich der Missing-Wert – für eine Frage, die nicht beantwortet wurde, angegeben werden muss. Üblicherweise wird bei einstelligen Werten eine 9 vergeben und bei zweistelligen Werten eine 99 usw., soweit dieser Wert keiner Antwort(vorgabe) entspricht. Es können wahlweise einzelne Werte eingegeben werden oder Wertbereiche. Bei dem Beispiel Fragebatterie würde der Wert 8 für „weiß nicht“ als weiterer Missing-Wert definiert. Die Standardeinstellung von SPSS ist allerdings „keine fehlenden Werte“.

8. Spalte:
Das nächste Feld (s. Abb. 18) ***Spalten*** bezieht sich auf die Breite des jeweiligen Datenfelds des Daten-Editors. Die Spaltenbreite kann aber auch im Fenster des Daten-Editors mit dem Mauszeiger direkt verändert werden. Die Voreinstellung von SPSS kann allerdings in der Regel beibehalten werden.

9. Spalte:
Unter ***Ausrichtung*** kann die Positionierung der Werte im Daten-Editor festgelegt werden. Bei numerischen Variablen ist *Rechts*, bei Stringvariablen *Links* voreingestellt. Die Voreinstellung von SPSS kann in der Regel ebenfalls beibehalten werden.

10. Spalte:
In der letzten Spalte kann das ***Messniveau*** der jeweiligen Variable angegeben werden, wobei zwischen nominal, ordinal und metrisch unterschieden wird (vgl. Kap. 4.3). Bei numerischen Variablen ist *Metrisch*, bei Stringvariablen *Nominal* voreingestellt. Allerdings ist diese Unterscheidung nur bei der Erstellung interaktiver Graphiken relevant, wo nominales und ordinales Messniveau zu „kategorial“ zusammengefasst wird.

Variablendeklarationen kopieren

Um Zeit und Arbeit zu sparen können im Falle, dass Variablendeklarationen identisch sind, diese kopiert werden. Zum Vorgehen ist auf die Abbildungen 22a und 22b verwiesen:

→ SPSS Der Cursor muss auf die Zelle der zu kopierenden Variable, in diesem Falle auf Nummer 1 – d.h. ganz an den Anfang der ersten Zeile – positioniert werden und dann ist die linke Maustaste zu drücken; so werden die Deklarationsangaben der Variable markiert. Hiernach ist die markierte Variable zu kopieren (rechte Maustaste). Nun muss die neue Zeile im gleichen Verfahren markiert werden und dann ist mit der rechten Maustaste die kopierte Deklarationsangabe einzufügen. Nach dem Einfügen – es können auch gleich mehrere neu zu generierende Variablen markiert werden – muss der *Name* und das *Variablenlabel* geändert werden.

Abbildung 22a: Variablendeklarationen kopieren

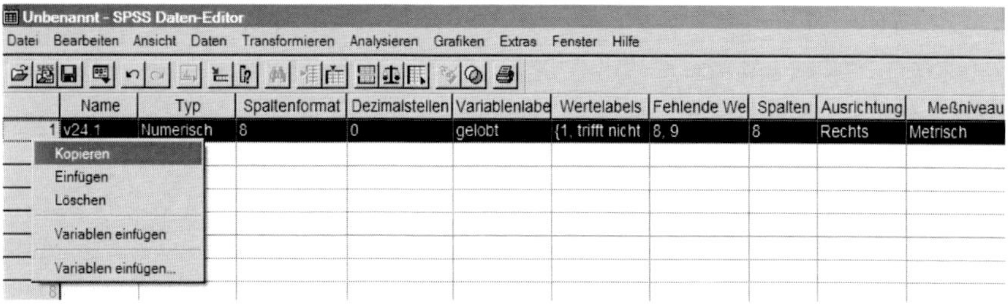

Abbildung 22b: Kopierte Variablendeklarationen einfügen

Möchte man allerdings gleich ***mehrere Variablen gleichzeitig einfügen***, so kann mit der Menüwahl *Bearbeiten -> Variable einfügen...* mittels der entsprechenden

Schaltfläche die Anzahl der neuen Variablen festgelegt werden. Im Anschluss müssen nur noch die Namen geändert werden.

Soll ***nicht die ganze Variable***, sondern beispielsweise nur die *Wertelabels* kopiert werden,

→SPSS so ist die entsprechende Zelle anzuklicken und dann mit der rechten Maustaste zu kopieren. Der kopierte Inhalt kann dann auf andere Variablen, indem die zu definierenden Zellen mit der Maus markiert werden, mit der Funktion Einfügen übertragen werden (s. Abb. 23). Das gleiche Verfahren lässt sich auch für alle anderen Deklarationen durchführen, am relevantesten ist dies noch für *fehlende Werte*. Nach Erstellung der Datenmatrix ist diese unter *Datei -> Speichern* abzuspeichern.

Abbildung 23: Markierte Deklaration kopieren

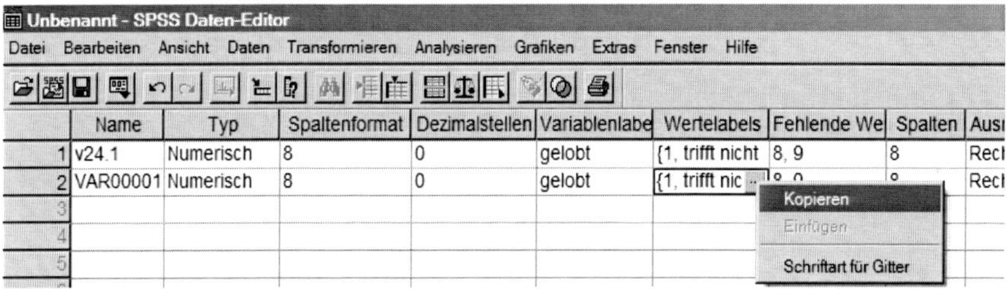

6.2 Dateneingabe

Die Dateneingabe – also das Eingeben der Fragebögen – erfolgt über die Tastatur. Der Daten-Editor muss auf *Datenansicht* gewechselt werden. Es ist auf die erste Zelle (links oben) zu klicken und es erscheint ein Rahmen um die Zelle. Die Zelle wird so als aktives Feld gekennzeichnet. Nun wird der Wert aus dem Fragebogen entsprechend dem Kodeplan eingetippt und mit der Tabulator-Taste oder „Pfeiltaste" gelangt man in die nächste Zelle der gleichen Zeile. Mit der Return-Taste gelangt man in die nächste Zelle der gleichen Spalte. Nach der Dateneingabe ergibt sich ein Datenblatt entsprechend der abgebildeten Datenmatrix (s. Abb. 24). Am Ende der Dateneingabe das Abspeichern (*Datei -> Speichern*) nicht vergessen! Der so erhaltene Datensatz wird als *Rohdatensatz* bezeichnet.

Abbildung 24: Rohdatensatz (Datenansicht nach der Dateneingabe)

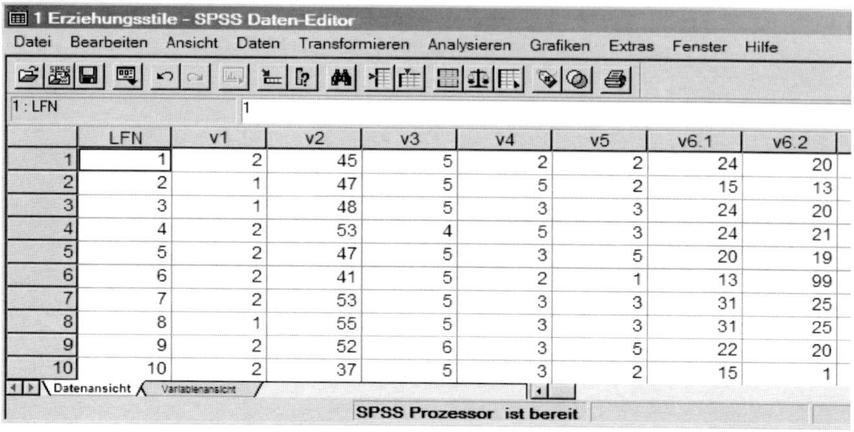

	LFN	v1	v2	v3	v4	v5	v6.1	v6.2
1	1	2	45	5	2	2	24	20
2	2	1	47	5	5	2	15	13
3	3	1	48	5	3	3	24	20
4	4	2	53	4	5	3	24	21
5	5	2	47	5	3	5	20	19
6	6	2	41	5	2	1	13	99
7	7	2	53	5	3	3	31	25
8	8	1	55	5	3	3	31	25
9	9	2	52	6	3	5	22	20
10	10	2	37	5	3	2	15	1

6.3 Datenbereinigung

Bei der Datenbereinigung geht es darum, Eingabefehler und möglicherweise unvorhergesehene Eingaben (bei Fremdeingabe durch Dritte) sowie auch andere Fehlerarten/-quellen zu finden, zu identifizieren und zu korrigieren. In Anlehnung an LÜCK (2004, 78) werden in Abbildung 25 häufige Arten von Fehlern dargestellt.

Abbildung 25: Häufige Fehlerarten im Rohdatensatz

Fehlerart	Beispiel
Wert außerhalb des gültigen Bereichs	Geschlecht = 3
Wert außerhalb des realistischen Bereichs	Anzahl der Zimmer = 14
Ungültiger fehlender Wert	systemdefiniertes Missing
Inkonsistenz innerhalb des Fragebogens	Persönl. Einkommen = 2.500 € Hauhaltseinkommen = 1.800 €
Ungültiger Wert trotz Filterführung (Spezialfall einer Inkonsistenz innerhalb des Fragebogens)	Filter = „kinderlos“ Alter des Kindes = 7 Jahre

Mögliche *Ursachen* für Eingabefehler können sein: nicht-dokumentierte Kodes, Vergabe unterschiedlicher Kodes bei nicht eindeutigen Antworten, falsche Spaltenangaben für die Variablen, fehlerhafte Zeichen in den Eingabedaten (z.B.

Punkte, Leerzeichen), Eingabetippfehler oder Spaltenfehler (vgl. SCHNELL/HILL/ESSER 2005, 436). Als Fehlerquellen benennt LÜCK (2004, 79ff) neben Eingabetippfehlern, Fehler im Erhebungsinstrument, missverständliche Interpretation von Fragen, bewusst falsche Auskunft, Fragebogenfälschung, Irrtum und Reaktivität (s. Abb. 26).

Das Auffinden und Beseitigen solcher Fehler in einem Datensatz wird als *Datenbereinigung* oder *Editing* bezeichnet. Die Datenbereinigung gliedert sich in vier Phasen:

1) Das Auffinden der Fehler,
2) die Fallidentifizierung,
3) die Fehlerdiagnose, -klärung und -korrektur sowie
4) die Kontrolle der durchgeführten Fehlerbeseitigung.

!	Die Datenbereinigung ist ausschließlich technisch motiviert durchzuführen. Es ist nicht zulässig, Datensätze, deren Ergebnisse nicht passen, zu verändern oder „unpassende“ Werte zu eliminieren.

1) Fehlerfindung
Die Fehlersichtung kann über eine Reihe von „Plausibilitätstests“ erfolgen: Sichtung des Datenfensters, Sichten von Häufigkeitsverteilungen, Sichten von Extremwerten, Vergleichen von Häufigkeitsverteilungen, Sichten von Kreuztabellen, Sichten von Fehler-Indikatoren sowie Filtern und Auflisten von fehlerhaften Fällen (vgl. LÜCK 2004). Im Folgenden werden die ersten drei Möglichkeiten skizziert:

- *Sichtung des Datenfensters*: Zunächst lohnt es sich, den Rohdatensatz in der Datenansicht des SPSS Daten-Editors in Augenschein zu nehmen. Dies muss allerdings nicht (bei großen Datensätzen) systematisch Zeile für Zeile erfolgen, sondern eher stichpunktartig, etwa die obersten und untersten Fälle und einige Fälle aus der Mitte der Matrix. Dabei können – auch ohne allzu akribisches Lesen der Werte – ein paar Dinge auffallen (→ z.B. gibt es Zellen ohne Werte oder häufen sich an bestimmten Stellen leere Zellen? Tauchen bei Fünferskalen andere Wert auf? Tauchen beim Geschlecht andere Werte auf? Gibt es überzufällig viele Missing-Werte?)
- Als zweiter Schritt sollte eine (erste) *Häufigkeitsauszählung* (→ vgl. Kap. 7.2) über alle Variablen durchgeführt werden. Hierdurch ist erkennbar, ob die eingegebenen Werte den zulässigen Werten entsprechen. In der Regel sind die niedrigsten und höchsten Ausprägungen am spannendsten, da sich

hier Fehleingaben als „Ausreißer" markieren. Gerade bei Variablen mit vielen Ausprägungen (z.B. Einkommen, Geburtsjahr) macht es Sinn, sich auf diese zu konzentrieren. Bei solchen offenen Fragen ist zu prüfen, ob die niedrigsten und höchsten Ausprägungen realistisch sein können. Wenn es unzulässige Werte auch innerhalb eines Spektrums gültiger Werte gibt, so kann danach gezielt geschaut werden. Ansonsten sind generell hohe Anteile fehlender Werte von Interesse. Bspl. könnte ein Grund in einer Filterregelung liegen oder es könnte sich um besonders heikle Frage handeln usw.

- *Extremwerte*: Bei metrischen Variablen mit vielen Ausprägungen (z.B. Einkommen, Alter) sind die Ausreißerwerte von großem Interesse. Um dies zu überprüfen, kann es arbeitsökonomischer sein, sich statt der Häufigkeitsauszählungen die kleinsten und größten Werte (deskriptive Statistik: Minimum und Maximum → vgl. Kap. 7.2) anzeigen zu lassen und ihren Realitätsgehalt zu beurteilen bzw. zu prüfen.

Weiterhin ist ein „Konsistenztest" durchzuführen, d.h. es darf z.B. keine schwangeren Männer oder verheiratete Kinder geben, sowie die Implikationen der Filterführungen im Fragebogen zu kontrollieren.

2) Fallidentifizierung

→ Die Fallidentifikation des Fehlers erfolgt in der *Datenansicht*, indem die „fehlerbehaftete" Variable markiert wird (rechter Mausklick) und dann mit der Menüfunktion *Bearbeiten -> Suchen* die fehlerhafte Zahl bzw. Zahlen durch klicken von *Weitersuchen* gefunden werden.

Tipp: Um die laufende Nummer (LFN) immer als erste Spalte in der Datenansicht beizubehalten, also auch wenn man in der Datenansicht nach rechts geht, ist diese Variable mit der rechten Maustaste zu markieren und dann in dem erscheinenden Dialogfeld *Ausgewählte Spalten feststellen* zu aktivieren.

3) Fehlerdiagnose, -klärung und -korrektur

Die als Fehler identifizierten Werte müssen nun soweit möglich geklärt und beseitigt bzw. behoben werden. Es stellen sich die Fragen: Wie kommt der Fehler zustande? Welche Angabe wäre (vermutlich) bzw. ist richtig? In Anlehnung an LÜCK (2004, 79) zeigt Abbildung 26 Fehlerquellen und Möglichkeiten der Korrektur.

Abbildung 26: Mögliche Ursachen und Korrekturen von Rohdatensatzfehlern

Fehlerquelle	**Korrektur**
Tippfehler bei der Dateneingabe	Korrektur an Hand des Fragebogens
Fehler im Fragebogen (z.B. fehlende Antwortvorgaben, falsche Filterführung)	Korrektur an Hand des Fragebogens; sonst -> Missing
Missverständliche Interpretation einer Frage	Korrektur anhand des Fragebogens; sonst -> Missing
Bewusst falsche Auskunft (z.B. aus „Jux" oder Vorbehalten) (Nachweis: Häufung von Fehlern in einem Fall)	-> Missing oder Elimination des gesamten Falls
Fälschung von Interviews durch den Interviewer (Nachweis: Häufung von Fehlern bei einem Interviewer)	-> Missing oder Elimination aller Fälle des entsprechenden Interviewers
Irrtum (z.B. Verwechslung, falsche Erinnerung) (Nachweis: evtl. im Zusammenhang zu verstehen)	Falls möglich Korrektur anhand anderer Informationen; sonst -> Missing
Reaktivität – Soziale Erwünschtheit (Nachweis: Abweichungen in typische Richtung, evtl. im Zusammenhang zu verstehen)	Keine Korrekturmöglichkeit evtl. Elimination des gesamten Falls

Bei vielen Formen der Fehlerkorrektur muss der Fragebogen des entsprechenden Falls herangezogen und die Angabe im Datensatz verbessert werden. Dabei sollten gleich noch die nächsten Spalten des Falls im Datensatz auf Übereinstimmung mit dem Fragebogen geprüft werden, da es manchmal zu „Spaltenverrutschungen" kommt. Ist allerdings eine Datensatzkorrektur anhand des Fragebogens nicht möglich, muss die Variable dieses Falles ein Missing-Wert erhalten.

Bei einer Fehlerhäufung sollte – falls noch nicht geschehen – die generelle Ausfüllqualität des Fragebogens beurteilt werden und bei sehr schlecht ausgefüllten und/oder „gemusterten" Fragebögen möglicherweise der gesamte Fall oder zumindest ganze Fragebatterien aus dem Datensatz eliminiert werden. Die Elimination eines Falles ist manchmal die letzte „Lösung" um einen möglichst optimalen („wahren") Datensatz zu gewährleisten.

4) Kontrolle der durchgeführten Fehlerbeseitigung

Nach der Durchführung der Fehlerkorrektur ist zu prüfen, ob diese tatsächlich durchgeführt und abgespeichert wurde sowie ob durch die Beseitigung des Fehlers nicht neue Fehler entstanden sind.

6.4 Umpolung und Gruppierung von Variablen („Umkodieren")

Numerische Daten können umkodiert werden, d.h. die Wertelabels der „ursprünglichen" Variable lassen sich umdefinieren. Dies ist beispielsweise notwendig, wenn für ein *negativ formuliertes Item* in einer Itembatterie die Wertelabels zur Analyse *„umgedreht"* (*umgepolt*) werden müssen (bei einer Fünferskala wird Wert 1 zu 5, Wert 2 zu 4 usw.) oder die zunächst erfasste Datenvielfalt für die weitere Analyse nicht benötigt wird und *Wertebereiche* bzw. verschiedene Werte zusammengefasst werden (Informationsreduktion). In diesem Falle handelt es sich um eine *Klassifizierung bzw. Gruppierung* von Antworten.

Mit SPSS ist sowohl manuelles als auch automatisches Umkodieren der Werte möglich. Für das *Klassifizieren bzw. Gruppieren* ist eine ***manuelle Umkodierung*** notwendig. Soll ein Item lediglich *umgepolt* werden, so bietet sich die ***automatische Umkodierung*** an.

6.4.1 Manuelles Umkodieren

Unter der Option Umkodieren bietet SPSS zwei Formen an: Zum einen Umkodieren in dieselbe Variable und zum anderen Umkodieren in eine andere Variable.

!	Es empfiehlt sich in eine *andere Variable* umzukodieren, anstelle in *dieselbe Variable* – bei welcher dann die Werte überschrieben werden, da so immer die „Ursprungsvariable" erhalten bleibt.

Soll beispielsweise eine fünfstufige Bewertungsskala im Rahmen einer Grundauswertung, bei der eine Bündelung der Daten zum Ziel eines schnellen Überblicks sinnvoll ist, auf eine dreistufige Skala (drei Kategorien: niedrig, mittel, hoch) umkodiert werden, so ist folgende Transformation vorzunehmen:

1 = ganz unwichtig 2 = fast unwichtig	} 1 = fast/ganz unwichtig
3= teilweise wichtig	2 = teilweise wichtig
4 = wichtig 5 = sehr wichtig	} 3 = (sehr) wichtig

Das manuelle Umkodieren wird wie folgt durchgeführt (s. Abb. 27):

SPSS	1. Menüwahl: *Transformieren -> Umkodieren -> in andere Variablen* 2. umzukodierende Variable in *Quellvariablenliste* markieren 3. ins Editierfeld *Numerische Var. -> Ausgabevar.* übertragen 4. *Ausgabevariable:* neuen Name eintragen 5. unter *Beschriftung* kann das Variablenlabel angegeben werden 6. mit *Ändern* bestätigen 7. Schaltfläche *Alte und neue Werte...* anklicken (s. Abb. 28)

Abbildung 27: Dialogbox „Umkodieren in andere Variablen"

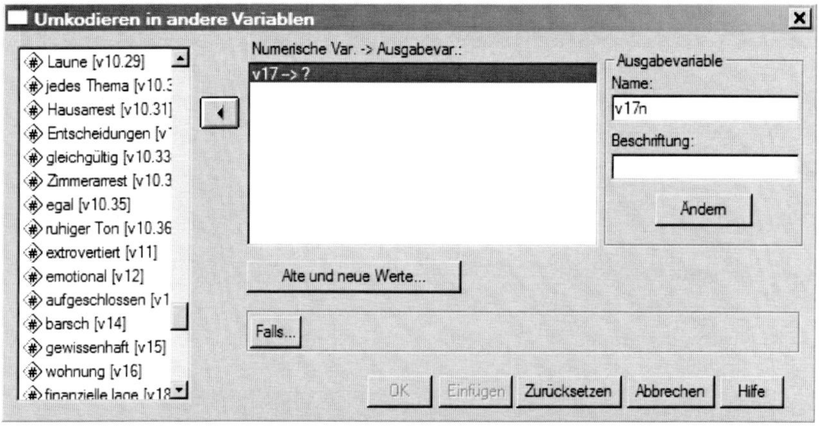

Abbildung 28: Dialogbox „Umkodieren in andere Variable: Alte und neue Werte"

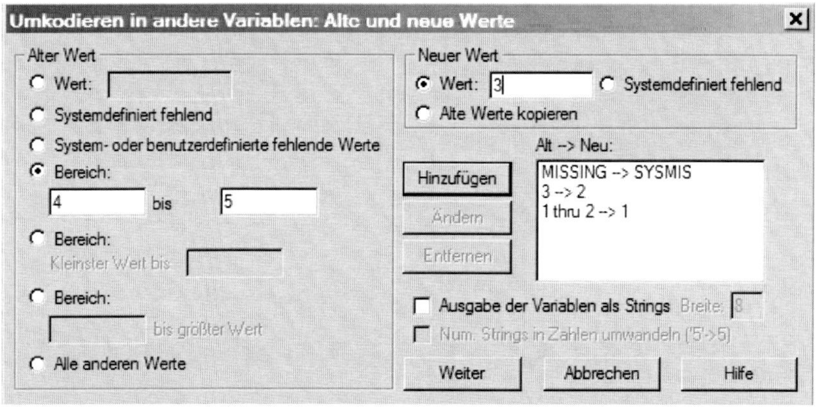

SPSS	-> Dialogbox *Alte und neue Werte...* anklicken (s. Abb. 28)
	8. *Alter Wert:* dieser ist unter *Wert* bzw. *Bereich* einzutragen
	9. *Neuer Wert*: entsprechender ist unter *Wert* einzutragen
	10. *Hinzufügen*: Umkodierung gelangt ins Editierfeld *Alt -> Neu*
	11. Schritte 8 – 10 für alle Werte/Bereiche wiederholen
	12. *Alter Wert:* system- oder benutzerdefinierte fehlende Werte
	13. *Neuer Wert*: systemdefiniert fehlend
	14. *Hinzufügen:* (MISSING -> Copy)
	15. mit *Weiter* bestätigen
	16. Zum Abschluss *OK* bestätigen (s. Abb. 27)

Die Option *alle anderen Werte* in Abbildung 28 steht für alle bisher nicht angegebenen Werte zur Verfügung; diese erscheinen als ELSE unter *Alt* im Editierfeld *Alt -> Neu.*

6.4.2 Automatisches Umkodieren

Bei einer schlichten Umpolung einer Variable bietet sich die SPSS-Option „Automatisch umkodieren" an, da die Eingaben für diese Prozedur schneller gehen als beim manuellen Umkodieren. Mit der Methode des automatischen Umkodierens kann die Kodierung einer Variable in eine bei 1 beginnende, fortlaufende Kodierung umgewandelt werden. Dabei wird jeweils eine neue (numerische) Variable erzeugt.

Abbildung 29: Dialogbox „Automatisch umkodieren"

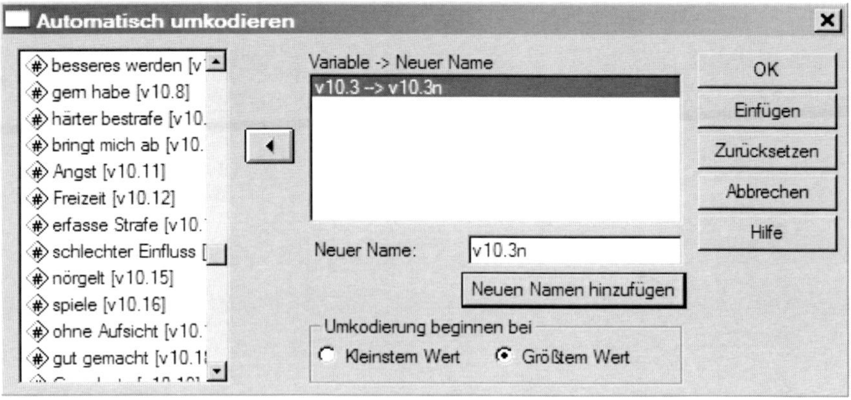

Das automatische Umkodieren wird wie folgt durchgeführt (s. Abb. 29):

SPSS	1. Menüwahl: *Transformieren -> Automatisch umkodieren...* 2. umzukodierende Variable in *Quellvariablenliste* markieren 3. ins Editierfeld *Variable -> Neuer Name* übertragen 4. unter *Neuer Name:* ist ein neuer Variablenname einzutragen 5. *Umkodierung beginnen bei*: Größtem Wert 6. *OK* bestätigen

Nach der Bestätigung der OK-Schaltfläche öffnet SPSS das Ausgabefenster (Viewer) und gibt die entsprechenden Zuordnungen an; der als Missing definierte Kode (= 6) bleibt unverändert (s. Abb. 30).

Abbildung 30: SPSS-Ausgabefenster

```
v10.3 into v10.3n
Old Value   New Value   Value Label

        5           1   trifft völlig zu
        4           2   trifft meist zu
        3           3   teils/teils
        2           4   trifft wenig zu
        1           5   trifft nicht zu
        6M         6M   frage irrelevant
```

6.5 Kategorienreduzierung einer Variable („Bereichseinteiler")

Mit Hilfe des sogenannten Bereichseinteilers können ähnlich wie beim Umkodieren (vgl. Kap. 6.4) neue Variablen erstellt werden, wobei es beim Bereichseinteiler um eine Kategorienreduzierung einer Variable geht. Es kann aus einer metrischen Variable eine kategoriale Variable gebildet werden oder eine große Zahl ordinaler Kategorien zu einer kleineren Zahl von Kategorien reduziert werden. Die Anwendung des Bereichseinteilers wird am Beispiel der Klassifizierung von Altersangaben dargestellt.

SPSS	1. Menüwahl: *Transformieren -> Bereichseinteiler...* (s. Abb. 31) 2. umzukodierende Variable in V*ariablen:* markieren 3. ins Editierfeld *In Bereiche zu unterteilende Variablen* übertragen 4. mit *Weiter* bestätigen

Abbildung 31: Dialogbox „Bereichseinteiler“

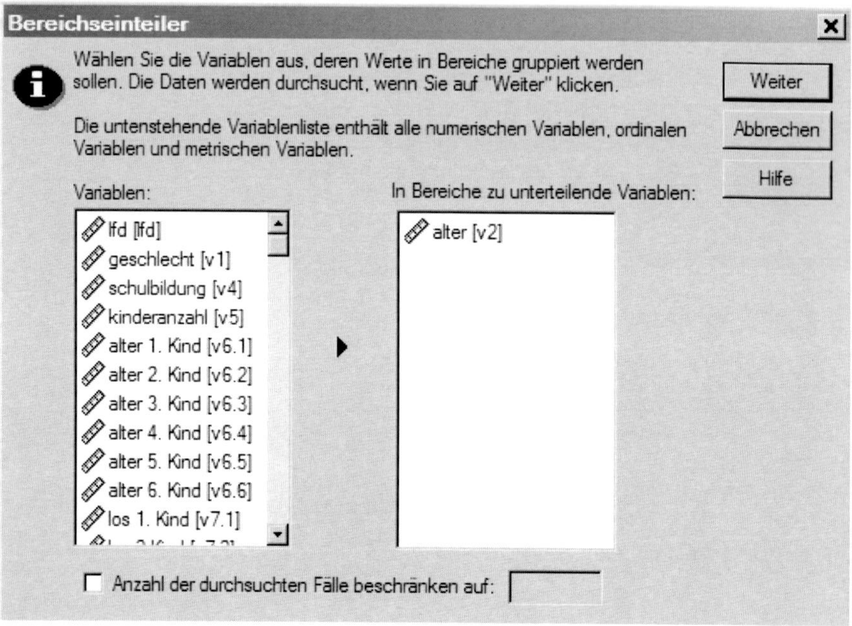

SPSS	5. Dialogbox Bereichseinteiler: Liste der durchsuchten Variablen (s. Abb. 32) 6. Variable in *Liste der durchsuchten Variablen* anklicken 7. *In Bereich eingeteilte Variable:* neuen Variablenname eintragen 8. Schaltfläche *Trennwerte erstellen...* anklicken

Abbildung 32: Dialogbox „Bereichseinteiler: Liste der durchsuchten Variablen“

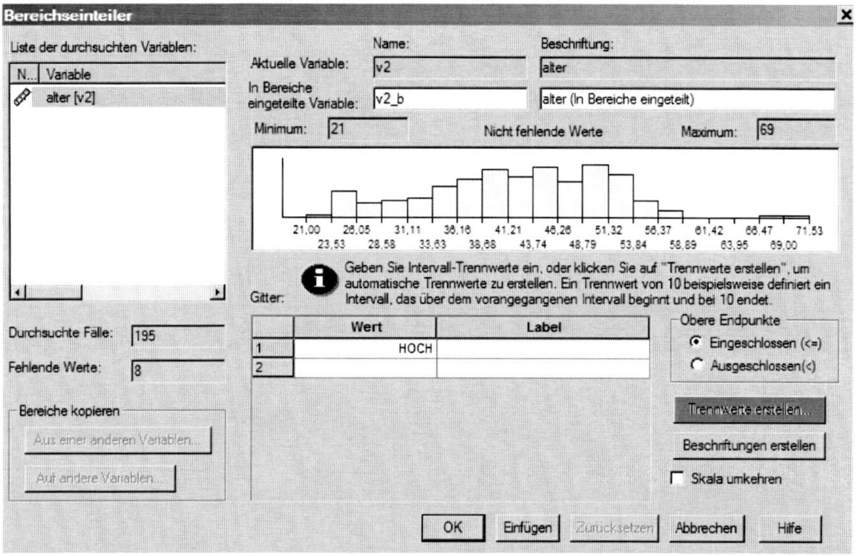

SPSS	8. Dialogbox *Trennwerte erstellen* (s. Abb. 33) 9. *Intervalle mit gleicher Breite* anklicken 10. *Position des ersten Trennwertes:* festlegen (i.B. „25“) 11. *Breite:* Intervallbreite definieren (i.B. „10“) 12. *Anzahl der Trennwerte:* wird automatisch ermittelt 13. Schaltfläche *Zuweisen* anklicken 14. Dialogbox Bereichseinteiler: *Beschriftungen erstellen* anklicken (s. Abb. 33a) 15. Zum Abschluss *OK* bestätigen

Mit Hilfe der Option ***Intervalle mit gleicher Breite*** (s. Abb. 33) können Kategorien mit gleichlangen Bereichen erstellt werden, wobei die *Position des ersten Trennwertes* den Wert bezeichnet, der das obere Ende der niedrigsten Kategorie der Bereichseinteilung charakterisiert, so gibt im dargestellten Beispiel (i.B.) der Wert 25 einen Bereich an, der alle Werte bis einschließlich 25 umfasst. Mit *Breite* wird die Intervallgröße festgelegt, so teilt der Wert 10 die Variable Alter in jeweils 10 Jahre umfassende Intervalle ein. Die *Anzahl der Trennwerte* wird dann automatisch errechnet, wenn mit der Maus das freie Feld angeklickt wird.

Die Anzahl der in Bereiche eingeteilten Kategorien ist die Anzahl der Trennwerte plus 1. So führen 5 Trennwerte zu 6 in Bereiche eingeteilte Kategorien.

Abbildung 33: Dialogbox(ausschnitt) „Bereichseinteiler: Trennwerte erstellen“

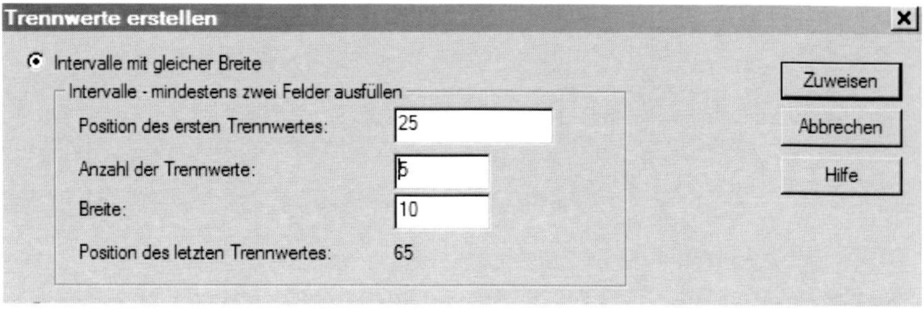

Abbildung 33a: Dialogbox „Bereichseinteiler: Liste der durchsuchten Variablen“

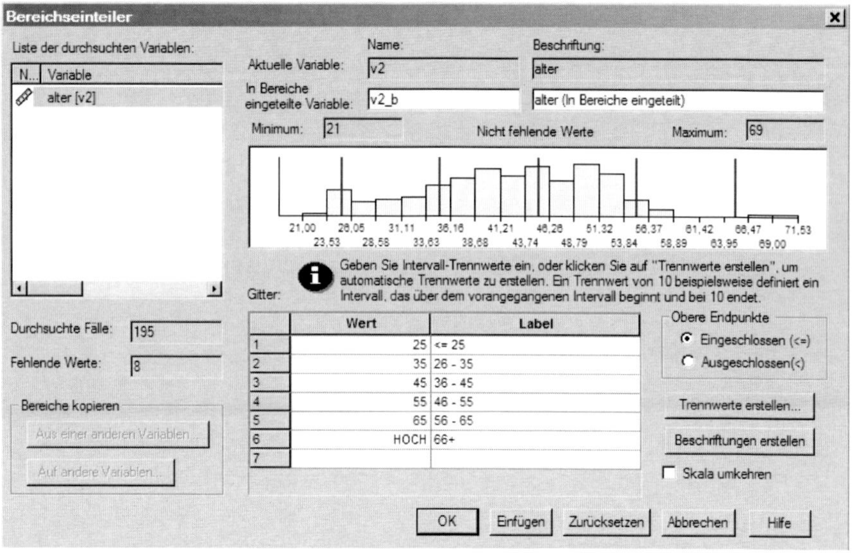

6.6 Indexbildung („Berechnen") und Dimensionsanalyse (Faktoren-/Hauptkomponenten- und Reliabilitätsanalyse)

6.6.1 Formen der Index-(Skalen)bildung

Bei der Operationalisierung eines theoretischen Begriffs reicht ein einzelner Indikator oft nicht aus, entweder dann, wenn ein einzelner Indikator die interessierende Dimension nicht mit ausreichender Genauigkeit und/oder Breite misst, oder wenn der Begriff mehrere Dimensionen beinhaltet. Dieses Operationalisierungsproblem wird durch die Verwendung mehrerer Indikatoren gelöst (vgl. Kap. 4.2). In der Datenaufbereitungsphase werden dann die Indikatoren zu einem Index oder einer Skala zusammengefasst (vgl. Kap. 4.3). Im Zusammenhang mit der *Bildung einer „neuen" Variable* wird im Folgenden jedoch als übergeordneter Begriff von Index bzw. Indexbildung gesprochen und die Skala ist eine Spezialform des Indizes.

Die ***Indexbildung*** (Bildung einer „neuen" Variable) kann grundsätzlich nach zwei verschiedenen Entscheidungskriterien erfolgen:

- entweder *deduktiv* auf Basis theoretischer Begriffsspezifikationen
- oder *induktiv* aufgrund statistischer Kriterien bzw. Kennwerte.

Im Fall der **deduktiven Indexbildung** wird das Konstrukt (der theoretische Begriff) *a priori* durch ausgewählte und als geeignet empfundene Indikatoren operationalisiert. Bei diesem Messinstrument handelt es sich um einen *Index* entsprechend der Definition aus Kapitel 4.3.

Bei der **induktiven Indexbildung** erfolgt die Zuordnung von Indikatoren eines Konstrukts *a posteriori* auf Grundlage statistischer Kennwerte (hauptsächlich durch eine Hauptkomponenten- bzw. Faktorenanalyse; vgl. Kap. 6.6.3). Im Falle der dimensionsspezifischen Identifikation von Indikatoren und ihrer Zusammenfassung zu einem Messinstrument spricht man von einer *Skala*.

Für die praktische ***Indexkonstruktion*** sind vor allem vier Formen zu unterscheiden (vgl. SCHNELL/HILL/ESSER 2005, 171-175):

- *Additive Indizes* (*Summenindex*): Die meisten Indizes werden durch einfache Addition der Indikatorenwerte berechnet. Alle Indikatoren müssen denselben Wertebereich haben, anderenfalls gehen die Indikatoren ungleichgewichtig in den Index ein. Bei einem additiven Index kann ein niedriger Punktwert auf einem Indikator durch einen hohen Punktwert auf einem anderem Indikator ausgeglichen werden.

- *Multiplikative Indizes*: Mit diesen Indizes können anders als beim Summenindex bedingte Zusammenhänge definiert werden, z.B. wenn die Abwesenheit eines Merkmal den niedrigsten Indexwert bedingen soll. Falls ein Indikator den Wert Null hat, so wird das Produkt gleich Null und damit erreicht der Index lediglich das Minimum.
- *Gewichtete additive Indizes*: Hier wird der „Beitrag" eines Indikators oder mehrerer Indikatoren auf den Index gewichtet. Der gewichtete Indikator geht somit stärker in den Index ein als die Ausprägungen der anderen Indikatoren. Die Gewichte können dabei entweder „empirisch" gewonnen oder aus theoretischen Überlegungen hergeleitet werden, wobei beide Möglichkeiten problembehaftet sind.
- *Indizes aus kontinuierlichen Variablen*: Haben die Indikatoren viele Werte, also stellen sie kontinuierliche (stetige) Merkmale (im Unterschied zu diskreten Merkmalen; vgl. Kap. 4.2) dar, so bietet sich der Mittelwert der Indikatoren zur Indexbildung an, wobei die Summe der Mittelwerte durch die Anzahl der Indikatoren dividiert wird (*Mean-Index*).

!	Da der „*Mean-Index*" allerdings auch genauso gut aus Indikatorenvariablen mit sehr wenigen verschiedenen Werten (z.B. 1-5) (diskrete Merkmale) gebildet werden kann und (somit) generell empfehlenswert ist, wird im Folgenden seine Generierung mittels SPSS dargestellt.

6.6.2 Neue Variable erstellen mit „Berechnen" qua SPSS

Durch die SPSS-Prozedur „*Berechnen*" ist es möglich, neue Variablen zu bilden, die dann der Datendatei angefügt werden. Somit kann ein Index – also eine neue Variable – erstellt werden. In Abbildung 34 wird die Dialogbox mit der Auswahl der statistischen *Funktion* MEAN zur Bildung eines Mean-Index dargestellt. Die MEAN-Funktion liefert das arithmetische Mittel der Werte der gültigen Variablen.

SPSS	Voraussetzung: mind. ordinales Skalenniveau 1. Menüwahl: *Transformieren -> Berechnen...* 2. *Zielvariable:* neuen Name eintragen 3. *Typ & Label:* Variablenlabel kann eingetragen werden 4. *Funktionen:* **MEAN** anklicken und ins Editierfeld „numerischer Ausdruck" mit Pfeil-Schaltfläche klicken 5. Variablen einfügen und mit Komma trennen (Fragezeichen löschen) 6. *OK* bestätigen

Abbildung 34: Dialogbox „Variable berechnen“

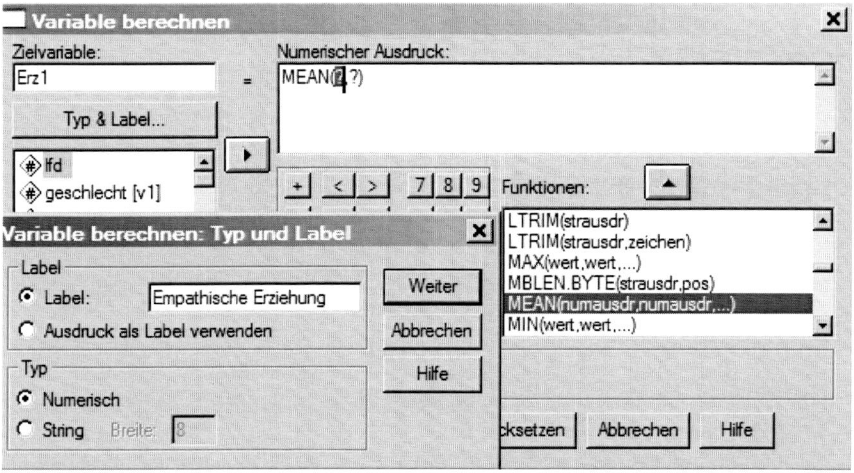

Wie die Dialogbox „Variable berechnen“ zeigt, ist es auch möglich, komplizierte mathematische Funktionen zu verwenden oder *Bedingungen* (mit Schaltfläche „Falls...“, der sogenannte *„IF-Befehl“*) für die Ausführung bestimmter Rechenoperationen zu formulieren (vgl. z.B. BÜHL/ZÖFEL 2005, 178-186; BROSIUS 2004, 231-238; FROMM 2004, 99-108).

6.6.3 Faktoren- und Hauptkomponentenanalyse

Faktoren- und Hauptkomponentenanalyse stellen (eigentlich) zwei unterschiedliche statistische Verfahren dar, denn die Hauptkomponentenanalyse zählt nicht zu den faktorenanalytischen Methoden. Mit beiden Verfahren ist eine *Dimensionsreduktion* möglich, wobei die Faktorenanalyse das Ziel verfolgt, Zusammenhänge bzw. die gemeinsame Varianz zwischen Items „ursächlich“ zu erklären. Stattdessen beabsichtigt die Hauptkomponentenanalyse eine Itemzusammenfassung mit dem Ziel, möglichst viele Informationen aus dem ursprünglichen Datensatz zu erhalten. In SPSS findet sich die Hauptkomponentenanalyse unter der Menüoption „Faktorenanalyse“ und ist dort als eine Extraktionsmethode zu wählen.

!	An dieser Stelle sei dringlichst darauf hingewiesen, dass komplexe Analyseverfahren nicht ohne spezifische statistische Vorkenntnisse (vgl. z.B. ÜBERLA 1977; BORTZ 1993, 472ff) durchzuführen und zu interpretieren sind.

Das ***Grundprinzip der Dimensionsreduktion*** ist eine große Variablenzahl mit tendenzieller Gleichgerichtetheit durch eine weit kleinere Zahl von *Faktoren (Dimensionen, Komponenten, ggf. Dispositionen)* zu erklären. Faktoren sind Konstrukte und es gibt keine bestimmte Anzahl von Faktoren in einem „dimensionalen Universum". Vielmehr muss die Frage, welche und wie viele Faktoren sinnvoll konstruiert werden, stets aufgrund statistischer und inhaltlicher Überlegungen beantwortet werden. Die Dimensionen werden als unbeobachtete bzw. latente Hintergrundgrößen aufgefasst, die die Zusammenhänge zwischen den beobachteten Variablen hervorrufen. Dabei wird angenommen, dass Dispositionen oder andere Dimensionen als Hintergrundvariablen die Reaktionen auf die Items „steuern". Dispositionen lassen sich in Hinsicht auf (1) Einstellungen, (2) Fähigkeiten und (3) Verhalten feststellen (vgl. FROMM 2004a).

Im Berechnungsvorgang werden diejenigen Variablen, die untereinander stark korrelieren (Homogenität von Items), zu einem Faktor zusammengefasst. Dabei hängen Variablen aus verschiedenen Faktoren gering miteinander zusammen. ***Ziel der Faktorenanalyse*** ist es, (1) latente Variablen (Faktoren) zu ermitteln, welche die beobachteten Zusammenhänge zwischen den Items möglichst vollständig erklären. (2) Damit geht eine Datenreduktion einher, die eine Vielzahl korrelierender Variablen durch wenige Faktoren ersetzt. (3) Anhand der Faktorenanalyse kann ebenfalls die Dimensionalität komplexer Merkmale überprüft und komplexe Merkmalsbereiche können in homogenere Teilbereiche ausdifferenziert werden. (4) Die Dimensionsanalyse eignet sich gleichzeitig zur (Konstruktion und) *Prüfung von Skalen* zur Messung von Dispositionen oder Konstrukten. Mit dem Ziel der *Optimierung des Messinstruments* (*Skalenoptimierung*) ist eine *Itemselektion* nötig, bei welcher die verwendeten Items auf ihre Eignung zur Messung der Dimension beurteilt werden.

Es lassen sich prinzipiell zwei Formen von Faktorenanalysen unterscheiden:

- die *explorative* Faktorenanalyse und
- die *konformistische* Faktorenanalyse.

Bei der **explorativen Faktorenanalyse** wird versucht, sowohl die Anzahl der Faktoren (Dimensionen) als auch die Zusammenhänge zwischen den Faktoren einerseits („Faktorenkorrelationen") und zwischen den Faktoren und den Variablen andererseits („Faktorladung") aus den Daten zu errechnen. Das explorative Vorgehen ist eine *Induktion*; vor der statistischen Auswertung liegen keine Hypothesen über das zu erwartende Ergebnis vor. Im Gegensatz dazu erlaubt die **konformistische Faktorenanalyse** einen statistischen Test, ob exakt spezifizierte Hypothesen über die zu erwartenden Ergebnisse durch die Daten gestützt werden. Die konformistische Faktorenanalyse kann zur Konstruktvalidierung (vgl. Kap. 4.4) angewandt werden. Die Faktoren entsprechen den Konstruktvariablen (Dimensionen) innerhalb des Operationalisierungsvorgangs (vgl. Kap. 4.2, Abb. 7). Zur Durchführung der konformistischen Faktorenanalyse wird ein „Messmodell" definiert, das dem Operationalisierungsschema entspricht (vgl. BÜHNER 2004, 197ff; SCHNELL/HILL/ESSER 2005, 162ff).

Im Folgendem wird die Durchführung der **Hauptkomponentenanalyse** (als eine Spezialform der explorativen Faktorenanalyse) mit einer orthogonalen Rotation nach der Varimax-Methode mittels SPSS als Grundlage der *induktiven Indexbildung* beschrieben (s. Abb. 35). Bei diesem Verfahren wird angenommen, dass die gesamte Varianz einer Variable im Modell erklärt werden kann.

SPSS	Voraussetzungen: mind. Intervallskalenniveau, gleiches Antwortspektrum, lineare Zusammenhänge zw. den Items 1. Menü: *Analysieren -> Dimensionsreduktion -> Faktorenanalyse...* 2. zu analysierende Variablen ins Editierfeld „*Variablen:*" übertragen 3. *Extraktion*: Methode: **Hauptkomponenten** (s. Abb. 36) 4. *Rotation*: Methode: **Varimax**; Anzeigen: **rotierte Lösung** 5. *Optionen...*: **Sortieren nach Größe** 6. *OK* bestätigen

Bezüglich der *Voraussetzungen* für die Berechnung einer Faktorenanalyse ist anzumerken, dass die Faktorlösung immer dann optimal ist, wenn Linearität in hohem Maße gegeben ist. Aber auch schon schwach monotone oder kurvenlineare Verläufe lassen sich linear beschreiben. Die Anwendung einer Faktorenanalyse ist auch nur dann sinnvoll, wenn Variablen substanziell korrelieren. Im Zusammenhang mit der Stichprobengröße und Itemanzahl ist es wichtig sich vorher zu überlegen, wie viele Faktoren man erwartet. → Denn *pro Faktor* sollte man *mindestens drei, möglichst aber mehr Items* verwenden. Doch mit steigender Itemanzahl ist auch eine wachsende Stichprobengröße empfehlenswert (mind. n = 60). Ein Richtwert ist die Kommunalität (s.u.) der Items die $h^2 > .60$ erreichen sollte. Grundsätzlich aber gilt: Je größer die Stichprobe, desto besser. Generell nimmt die Stabilität der Faktorenlösung mit wachsender Stichprobengröße zu, da der Stichprobenfehler abnimmt (vgl. BÜHNER 2004, 156f.).

Abbildung 35: Dialogbox „Faktorenanalyse“

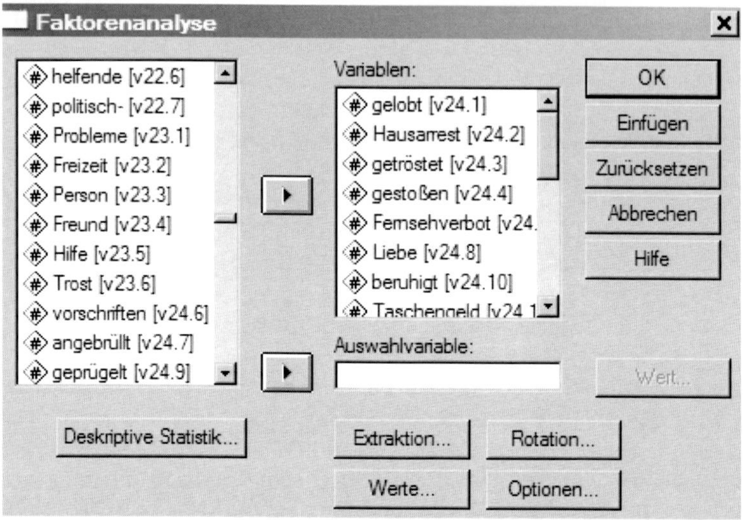

Abbildung 36: Dialogbox „Faktorenanalyse: Extraktion“

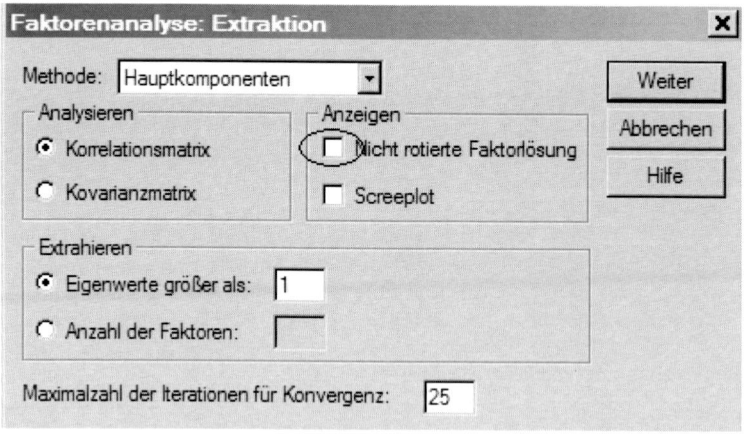

→ Unter der Schaltfläche „Optionen“ (s. Abb. 35) lässt sich die Behandlung der *fehlenden Werte* definieren. Es wird empfohlen, zwischen listenweisen und paarweisen Fallausschluss zu wählen. Bei *listenweisen Fallausschluss* werden all diejenigen Fälle (Fragebögen) vollständig ausgeschlossen, bei denen eine in die Analyse einbezogene Variable einen fehlenden Wert aufweist. Der *paarweise Fallausschluss* erhält alle Fälle, die für das zu analysierende Variablenpaar gültige Werte aufweisen (geringerer Datenverlust aber differierendes n).

Wenn unter Extraktion die Anzeige „Nicht rotierte Faktorlösung“ angeklickt wird, so bekommt man nach dem Ausführen der Hauptkomponentenanalyse im Ausgabefenster folgenden Ausdruck bzgl. der *Kommunalitäten* (s. Abb. 37). ***Kommunalitäten*** (h^2) sind Messgrößen, die sich auf die einzelnen Items beziehen. Sie geben an, welcher Beitrag der Streuung einer Untersuchungsvariable durch alle Faktoren gemeinsam statistisch erklärt wird. Unter der Überschrift „Extraktion“ wird für jedes Item angegeben, welchen Anteil seiner Varianz alle Faktoren zusammen erklären. So sagt der erste Wert ($h^2 = 0.642$), dass 64.2% der Varianz der ersten Variable („gelobt“) durch die Gesamtheit der extrahierten Faktoren statistisch erklärt werden. Entsprechend sind die anderen Werte zu interpretieren.

Abbildung 37: Ergebnisse der Hauptkomponentenanalyse: Kommunalitäten

Kommunalitäten

	Anfänglich	Extraktion
v24.1 gelobt	1,000	,642
v24.2 Hausarrest	1,000	,731
v24.3 getröstet	1,000	,782
v24.4 gestoßen	1,000	,711
v24.5 Fernsehverbot	1,000	,676
v24.8 Liebe	1,000	,685
v24.10 beruhigt	1,000	,667
v24.11 Taschengeld	1,000	,649
v24.12 Ohrfeige	1,000	,627
v24.14 verbietet-erlaubt	1,000	,732
v24.17 erlaubt-verbietet	1,000	,636
v24.18 anderes gesagt	1,000	,632

Extraktionsmethode: Hauptkomponentenanalyse.

Das nächste Ergebnis der Hauptkomponentenanalyse ist die ***erklärte Gesamtvarianz*** (s. Abb. 38). Klickt man auf die Schaltfläche Extraktion in der Dialogbox Faktorenanalyse und setzt keinen Haken bei *Anzeigen:* „Nicht rotierte Faktorlösung“, so umfasst der Ausdruck der erklärten Gesamtvarianz die „Anfänglichen Eigenwerte“ und die „Rotierte Summe der quadrierten Ladungen“. Der ***Eigenwert*** bringt die Bedeutung eines Faktors bzw. einer Komponente zum Ausdruck und gibt einen Hinweis darauf, wie viele Faktoren sinnvollerweise extrahiert werden können. Der Eigenwert gibt also an, welchen Anteil dieser Faktor an der Gesamtvarianz aller Ausgangsvariablen aufklären kann.

Entscheidend für die weitere Interpretation sind die Komponenten mit einem *Eigenwert > 1* (*Kaiser-Kriterium*). Denn ist der Eigenwert einer Komponente niedriger, bedeutet dies, dass der Faktor nicht einmal in der Lage ist, die Varianz von zumindest einer Variable statistisch zu erklären. So kommt man durch das Ausscheiden der Faktoren mit einem Eigenwert kleiner als 1 dem Ziel der Informationsreduktion näher. SPSS ordnet die Faktoren so an, dass der mit der höchsten Erklärungskraft ganz oben steht, dann folgt der mit der zweithöchsten Erklärungskraft usw.

Abbildung 38: Analyseergebnisse: Erklärte Gesamtvarianz

Erklärte Gesamtvarianz

	Anfängliche Eigenwerte			Rotierte Summe der quadrierten Ladungen		
Komponente	Gesamt	% der Varianz	Kumulierte %	Gesamt	% der Varianz	Kumulierte %
1	4,211	35,093	35,093	3,372	28,096	28,096
2	2,634	21,950	57,042	2,758	22,981	51,078
3	1,322	11,021	68,063	2,038	16,985	68,063
4	,602	5,016	73,079			
5	,573	4,778	77,857			
6	,497	4,142	81,998			
7	,463	3,858	85,857			
8	,410	3,417	89,273			
9	,381	3,175	92,448			
10	,359	2,996	95,444			
11	,318	2,646	98,090			
12	,229	1,910	100,000			

Extraktionsmethode: Hauptkomponentenanalyse.

Der Ausdruck zeigt, dass drei Faktoren das Kriterium der Kaiser-Normalisierung erreicht bzw. überschritten haben. Der erste extrahierte Faktor erklärt statistisch 28.1% der Gesamtvarianz der 12 Untersuchungsvariablen. Alle drei Faktoren zusammen erklären 68.1% („Kumulierte %“) der Gesamtstreuung der beobachteten Variablen; dies ist für sozialwissenschaftliche Datenbestände ein gutes Ergebnis.

→ Wenn die *50%-Marke* beim *erklärten Varianzanteil* überschritten wird, ist man in der Praxis meist schon recht zufrieden (SCHÖNECK/VOß 2005, 203).

Mit den drei Faktoren können mit hinreichender Güte die 12 Ausgangsvariablen ersetzt werden; es wurde eine Dimensionsreduzierung von 12 auf 3 Komponenten erreicht.

Das nächste Ausgabeergebnis ist die ***rotierte Komponentenmatrix***, die bereits *nach Größe sortiert* ist (s. Abb. 39). Die dort angegebenen *Faktorladungen* (Ladungskoeffizienten = a) sind als Korrelationskoeffizienten zwischen der betreffenden Variable und den Faktoren zu verstehen. So korreliert die Variable v24.2 am höchsten mit dem Faktor 1 (Ladung: a = 0.84). Entsprechend sind auch die anderen Koeffizienten zu interpretieren. Da man auch von *Ladungskoeffizienten* spricht, wird die Matrix auch als *Ladungsmuster* bezeichnet.

Nun kommt der spannendste und kreative Teil der Hauptkomponenten- bzw. Faktorenanalyse, nämlich die Bezeichnung der extrahierten Komponenten. Hierzu nimmt man am besten einen Stift zur Hand und markiert (wie in Abb. 39) die ermittelten Faktoren.

Abbildung 39: Analyseergebnisse: Rotierte Komponentenmatrix

Rotierte Komponentenmatrix[a]

	Komponente			
	1	2	3	Erziehungsweisen
v24.2 Hausarrest	,840	,068	,143	
v24.4 gestoßen	,799	,012	,268	
v24.11 Taschengeld	,798	,025	,109	sanktionierend
v24.5 Fernsehverbot	,797	,110	,169	
v24.12 Ohrfeige	,762	,089	,194	
v24.3 getröstet	,104	,878	-,019	
v24.8 Liebe	,022	,827	,003	empathisch
v24.1 gelobt	-,042	,800	,017	
v24.10 beruhigt	,179	,796	,041	
v24.14 verbietet-erlaubt	,244	-,044	,818	
v24.17 erlaubt-verbietet	,163	,051	,779	inkonsistent
v24.18 anderes gesagt	,205	,018	,768	

Extraktionsmethode: Hauptkomponentenanalyse.
Rotationsmethode: Varimax mit Kaiser-Normalisierung.
a. Die Rotation ist in 5 Iterationen konvergiert.

Das inhaltliche Substrat der Items eines Faktors sollte mit einem Begriff charakterisiert werden. Der inhaltliche Zusammenhang muss also aufgespürt und bezeichnet werden. In diesem Fall wurden die Erziehungsweisen des ersten Faktors als „sanktionierend“ bezeichnet, d.h. dass die ersten fünf Items einen „sanktionierenden Erziehungsstil“ kennzeichnen (das „Ergebnis“ entspräche einem „induktiven Operationalisierungsschema“). Der zweite Faktor ist durch empathische Erziehungsweisen gekennzeichnet und der dritte Faktor beinhaltet inkonsistentes Verhalten.

Allerdings gelingt nicht immer die Charakterisierung der Faktoren in dieser Klarheit wie im gegebenen Beispiel. Kann kein inhaltlicher Zusammenhang der Faktoren gefunden werden, muss das Messinstrument überarbeitet werden.

!	Die dargestellte Hauptkomponentenanalyse stellt bereits die ***optimierte Lösung*** nach einer *Itemselektion* dar, d.h. es wurden sukzessiv Analysen wiederholt und bei jedem Schritt aus der Gesamtskala (Item-Batterie) jene *Items eliminiert*, → deren Faktorenladungen stark abfielen und a < 0.7 waren, sowie jene, die hohe Nebenladungen a > 0.3 auf einen anderen Faktor hatten; außerdem sollten *mind. 3 Items* einen Faktor bilden.

Für eine weiterführende Analyse wie z.B. der multiplen Regressionsanalyse (vgl. Kap. 7.4) können die generierbaren ***Faktorwerte*** (Factorscores) – der einzelnen Merkmalsträger – sehr gut als unabhängige Variablen einbezogen werden, da diese Variablen untereinander nicht korrelieren (vgl. FROMM 2004a, 254f.; SCHÖNECK/VOß 2005, 206). Die Faktorwerte werden dann am rechten Rand der Datenansicht des SPSS Daten-Editors angefügt.

SPSS	SPSS-Applikation Faktorenanalyse (s. S. 108) 6. Menüwahl: *Faktorenanalyse -> Werte* 7. „*Als Variablen speichern*“ anklicken (s. Abb. 40) 8. *Weiter* bestätigen

Abbildung 40: Dialogbox „Faktorenanalyse: Faktorwerte“

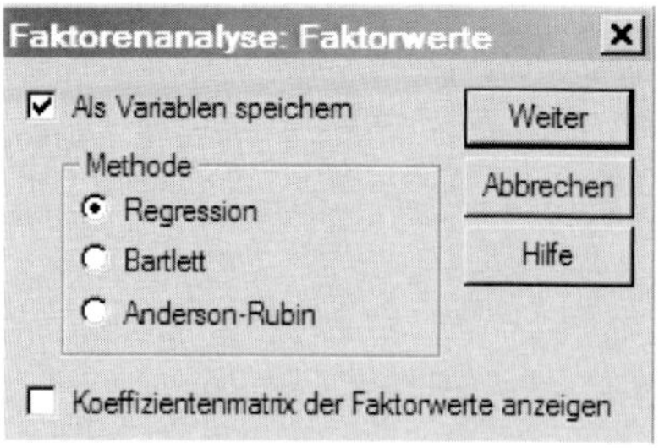

Es ist anzumerken, dass es sich hier um standardisierte Variablen handelt, die in *Z-Werte* transformiert werden. Das bedeutet, dass jede Variable eine Standardabweichung von 1 und einen Mittelwert von 0 aufweist.

6.6.4 Reliabilitätsanalyse

Die Reliabilitätsanalyse (Itemanalyse) beschäftigt sich mit der Zusammenstellung von einzelnen Items zu einem Messinstrument bzw. Test. Sie prüft nach verschiedenen Kriterien, welche Items sich für das Messinstrument als brauchbar bzw. unbrauchbar erweisen. Die Beschreibung der Methoden zur Reliabilitätsanalyse (Test-Retest-Methode, Paralleltest-Methode, Methode der Testhalbierung) ist in Kap. 4.4.2 ausgeführt (vgl. Lienert 1969; Lienert/Raatz 1998).

Nun bietet SPSS mehrere Modelle (Methoden) zur Berechnung – besser gesagt zur Schätzung – der Reliabilität an. Im Folgendem sei ausschließlich auf das *Cronbachs Alpha*-Modell eingegangen, da dieses die Standardmethode darstellt. Der *Cronbachs Alpha-Koeffizient* (Cronbach 1951) stellt heute die gängige Methode zur Schätzung der internen (inneren) Konsistenz dar. Bei der Überprüfung der internen Konsistenz wird das Messinstrument bzw. der Test in so viele „Untertests" zerlegt, wie es/er Items besitzt.

Cronbachs Alpha liefert dann eine genaue Schätzung der Reliabilität, wenn es sich bei allen Items um im Wesentlichen oder essenziell tau-äuqivalente Messungen handelt. (Für tau-äquivalente Messungen wird gefordert, dass die Mittelwerte der Items gleich sind). Ist diese Voraussetzung nicht erfüllt, stellt Cronbachs Alpha eine untere Grenze der Reliabilität dar, d.h. die wahre Reliabilität ist mindestens so hoch wie der Wert, wahrscheinlich jedoch höher (vgl. Bühner 2004, 121f.).

Die Reliabilitätsanalyse per SPSS ist wie folgt durchzuführen (s. Abb. 41 u. 42):

SPSS	Voraussetzung: metrisches Skalenniveau oder dichotome Variablen, gleiches Antwortspektrum, gleichgepolte Items (evtl. rekodieren) 1. Menüwahl: *Analysieren -> Skalieren -> Reliabilitätsanalyse...* 2. *Modell:* Alpha 3. zu analysierende Variablen ins Editierfeld „*Items:*" übertragen 4. *Statistik:* Deskriptive Statistik für: „*Skala wenn Item gelöscht*" 5. *Weiter* 6. *OK* bestätigen

Fehlende Werte werden bei dieser Prozedur fallweise ausgeschlossen (SPSS ermöglicht keinen paarweisen Ausschluss). Das kann bedeuten, dass sich durch fehlende Werte die Stichprobengröße in der Analyse reduziert.

Abbildung 41: Dialogbox „Reliabilitätsanalyse“

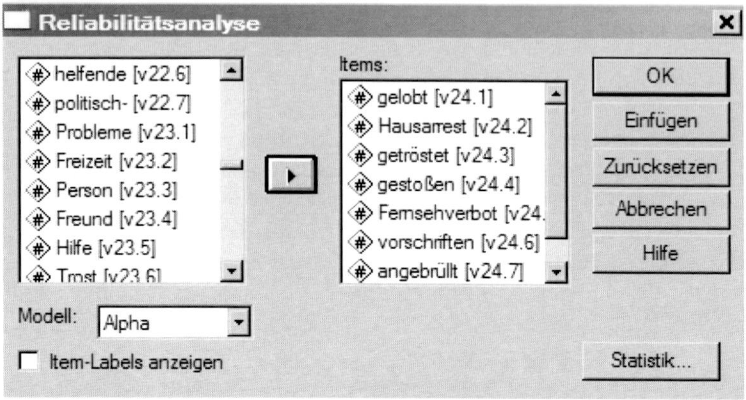

Abbildung 42: Dialogbox „Reliabilitätsanalyse: Statistik“

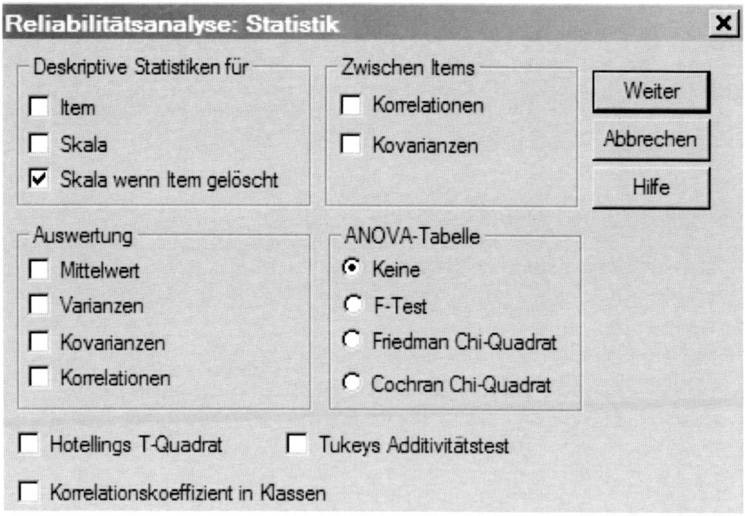

Das Ergebnis der Reliabilitätsanalyse kann Abbildung 43 entnommen werden. Hier kann als erstes ein *Cronbachs Alpha-Koeffizient* von $\alpha = 0.82$ festgestellt werden, der als gut zu bezeichnen ist.

→ Alphawerte über $\alpha = 0.80$ können als akzeptabel betrachtet werden. In der Praxis werden meist weit niedrigere Koeffizienten noch akzeptiert (SCHNELL/HILL/ESSER 2005, 153).

! Bei der Interpretation des Alpha-Koeffizienten nach Cronbach ist zu beachten, dass dieser mit der Anzahl der Items ansteigt, und dies ebenfalls, umso mehr die Items zu einer Skala passen (Homogenität).

Für die wenigen Fälle, in denen *Cronbachs Alpha negativ ausfällt*, können folgende Gründe verantwortlich sein: (1) Kodierungen von negativ gepolten Items sind mit positiv gepolten Items vermengt oder einzelne Items weisen hohe negative Trennschärfen auf; (2) die Items sind nicht eindimensional; (3) kleine Stichprobengröße; (4) Ausreißerwerte oder Inkonsistenzen in der Beantwortung der Fragen (vgl. BÜHNER 2004, 123).

Abbildung 43: Ergebnisse der Reliabilitätsanalyse

Zuverlässigkeitsstatistik

Cronbachs Alpha	Anzahl der Items
,818	15

Gesamt-Itemstatistik

	Skalenmittelwert, wenn Item weggelassen	Skalenvarianz, wenn Item weggelassen	Korrigierte Item-Skala-Korrelation	Cronbachs Alpha, wenn Item weggelassen
v24.1 gelobt	30,9077	92,761	,264	,817
v24.2 Hausarrest	32,6793	85,564	,578	,797
v24.3 getröstet	31,1940	89,707	,348	,813
v24.4 gestoßen	32,7276	85,697	,613	,796
v24.5 Fernsehverbot	32,7984	85,419	,595	,796
v24.8 Liebe	30,8399	91,323	,276	,818
v24.10 beruhigt	31,5428	88,803	,375	,811
v24.11 Taschengeld	32,9522	85,632	,562	,798
v24.12 Ohrfeige	32,7898	86,056	,609	,796
v24.14 verbietet-erlaubt	32,1387	86,879	,465	,805
v24.17 erlaubt-verbietet	32,0691	83,199	,425	,810
v24.18 anderes gesagt	32,3788	88,098	,451	,806
v24.9 geprügelt	33,1231	87,060	,493	,803
v24.13 egal	32,6603	89,956	,353	,812
v24.15 tun und lassen	31,9642	92,445	,203	,824

Betrachtet man nun die „Gesamt-Itemstatistik“, so sind vor allem die letzten beiden Spalten von Interesse: Dies sind der *Trennschärfekoeffizient* (korrigierte Item-Skala-Korrelation) und der sich verändernde Wert von *Cronbachs Alpha,* wenn dieses Item bei der Analyse unberücksichtigt bliebe. Wenn sich der Alpha-Koeffizient bei einer Berechnung der Skala ohne dieses Item verbessern würde, ist das ein Hinweis auf „mangelnde“ Eignung des Items. Im Anwendungsbeispiel trifft das auf Item v24.15 zu: der Alphawert würde ohne diese Items von α = .818 auf α = .824 steigen.

Die *Trennschärfe* sagt aus, wie gut ein Item inhaltlich alle anderen Items der Skala widerspiegelt bzw. wie prototypisch ein Item für diese Skala ist. Folgt man dem Trennschärfekoeffizienten, erweist sich ebenfalls Item v24.15 als am ungünstigsten, aber auch Item v24.1 und v24.8 sollten evtl. eliminiert werden.

→ Beurteilungsrichtlinien für Testkennwerte (BÜHNER 2004, 129):

	niedrig	mittel	hoch
-*Reliabilität* (r_{tt})	< .80	.80 – .90	> .90
-*korr. Trennschärfe* (r_{itc})	< .30	.30 – .50	> .50

Reliabilitätsverbesserung

Es empfiehlt sich bei der sogenannten *„Alpha-Maximierung“* durch Itemselektion sukzessiv vorzugehen. Das heißt, es wird mit dem Ziel der Reliabilitätsverbesserung des Messinstrumentes je Analyseprozess nur ein Item ausgeschlossen, da sich bei jeder neuen Berechnung die Werte ändern. Allerdings ist Vorsicht davor geboten, die „Güte“ der Skala nicht ausschließlich nach dem Kriterium der Homogenität und der Itemschwierigkeit zu optimieren. Denn dabei besteht die Gefahr, besonders leichte oder schwere Items aus der Skala zu entfernen.

Die **Itemselektion** sollte nach zwei Gesichtspunkten erfolgen: zum einen nach *statistischen Kennwerten* und zum anderen nach *inhaltlichen Gründen*. Der Inhalt des Items muss bei der Itemanalyse immer einbezogen werden. Möglicherweise ist auch eine Modifikation der Itemformulierung sinnvoller als eine Eliminierung des Items (wenn das Item inhaltlich passt). Eine weitere Möglichkeit der Reliabilitätsverbesserung ist die Skalenverlängerung durch Hinzunahme inhaltshomogener Items.

Generell sind auch beeinflussende Faktoren wie *Homogenität vs. Heterogenität* der Items, *Streuung der Testkennwerte* und *Messfehler* zu berücksichtigen. Homogene Skalen sind fast immer hoch reliabel, da sie meist ähnliche oder „gleiche“ Items enthalten. Heterogene Skalen enthalten sehr unterschiedliche

Items und sind in der Regel nur bedingt reliabel. Die Höhe der inneren Konsistenz hängt neben der mittleren Interitemkorrelation (Homogenität) von der Testlänge ab. Je mehr homogene Items einer Skala hinzugefügt werden, desto höher fällt der Cronbachs Alpha-Koeffizient aus (BÜHNER 2004, 126f.).

7 Datenauswertung mit SPSS

7.1 Statistische Grundbegriffe und Vorbemerkungen zur Datenauswertung

7.1.1 Bezeichnungen statistischer Analysen

Nachdem die Daten einer Untersuchung erhoben und aufbereitet wurden, müssen sie ausgewertet werden. Erst durch die Analyse der erhobenen Daten sind Aussagen über die Annahme oder Verwerfung von Hypothesen möglich. Auch wenn der Prozess der Datenanalyse keineswegs ein einfacher und geradliniger Vorgang mit einer klar definierten Abfolge einzelner Arbeitsschritte ist, sondern fast immer als ein iterativer Prozess verläuft, lassen sich dennoch bestimmte Phasen einer Datenanalyse beginnend mit *univariaten* über *bivariate* bis zu *multivariaten/multiplen* statistischen Analysemethoden sinnvoll unterscheiden (vgl. z.B. SCHÖNECK/VOß 2005, 99). Einen Überblick über einzelne Verfahren uni-, bi- und multivariater Methoden gibt Abbildung 44.

Abbildung 44: Überblick über uni-, bi- und multivariate/multiple Analysemethoden

Analysemethode		*Ziel*	*Verfahren*
univariat	*eine Variable*	Analyse einer Variable (Ermittlung univariater statistischer Kennwerte)	Häufigkeiten, Mittelwerte, Anteilswerte, Streuungsmaße
bivariat	*zwei Variablen*	Zusammenhangsanalyse von zwei Variablen; Signifikanztestung	Kreuztabellen, Korrelation, bivariate Regression, Mittelwertvergleich
multivariat multipel *mehr als zwei Variablen*	***strukturen-prüfend***	Überprüfung von Zusammenhängen die auf theoretischen Überlegungen basieren (Deduktion); Signifikanztestung	Partielle Korrelation, multiple Regressionsanalyse, Varianzanalyse, Diskriminanzanalyse, Strukturgleichungsmodelle
	strukturen-entdeckend	Entdeckung von Zusammenhängen (Induktion)	Faktorenanalyse, Clusteranalyse, Multidimensionale Skalierung

Die ***univariate Statistik*** umfasst solche Auswertungsmethoden, die sich nur auf eine einzige Untersuchungsvariable beziehen (uni = eins). Gegenstand sind univariate Häufigkeitsauszählungen und das Berechnen von statistischen Maßzahlen, die den gegebenen Datenbestand in Hinblick auf jeweils eine Untersuchungsvariable zusammenfassen und durch statistische Kennziffern charakterisieren. Die wichtigsten Maßzahlen sind Anteilswerte, Mittelwerte und Streuungsmaße. Mit diesem Schritt sollte jeder Auswertungsprozess beginnen.

Bei der ***bivariaten Statistik*** werden gleichzeitig zwei Untersuchungsvariablen betrachtet (bi = zwei). Es können Assoziationen zwischen zwei Variablen (bivariate Korrelation) geprüft und in Form von Zusammenhangsmaßen quantifiziert werden (*Stärke* des statistischen Zusammenhangs). Weiterhin ist es möglich Informationen darüber zu gewinnen, in welcher Weise die Variation einer interessierenden Variable durch den Einfluss einer anderen statistisch erklärt werden kann (*Art* des statistischen Zusammenhangs).

Die bivariate Statistik kann als Grundbaustein der ***multivariaten/multiplen (multivariablen) Statistik*** verstanden werden, bei welcher mehr als zwei Variablen gleichzeitig in die Analyse einbezogen werden (multi = mehr). Die Bezeichnung *multivariat* bezieht sich dabei im engeren Sinne auf die Anzahl der abhängigen Variablen, bei mehreren unabhängigen Variablen sowie mehreren unabhängigen und abhängigen Variablen spricht man von *multipel*. Die Schlussfolgerung gegenüber der bivariaten Analyse kann durch die Berücksichtigung einer oder mehrerer weiteren Variable(n) eine andere sein. Die *„Drittvariablenkontrolle“* ist bei der Überprüfung von Theorien in der Regel unverzichtbar.

Die vorgestellten statistischen Verfahren zur Datenauswertung können entsprechend ihrer Hauptfunktionen nach einer *beschreibenden* und *schließenden* Aufgabenstellung differenziert werden. Uni- und bivariate Methoden sind der beschreibenden Statistik zuzuordnen, während multivariate/multiple Methoden Verfahren der schließenden Statistik sind.

Die ***beschreibende (deskriptive) Statistik*** zielt darauf ab, die in einem Datensatz enthaltenen Informationen möglichst übersichtlich darzustellen, so dass das „Wesentliche“ schnell erkennbar wird. Diese Beschreibungen beschränken sich in ihrer Geltung auf die Menge von Fällen, für die Daten erhoben wurden. Diese Aufbereitung der Daten kann entweder mit dem Ziel der *Informationsverdichtung* oder *Informationsreduktion* erfolgen.

Die ***schließende Statistik (analytische bzw. Inferenzstatistik)*** begnügt sich nicht mit der Deskription der erhobenen Daten. Vielmehr macht sie sich zur Aufgabe, *Schlussfolgerungen* von der Stichprobe *auf die Grundgesamtheit zu ziehen*. Dies erfolgt über Wahrscheinlichkeitsberechnungen.

7.1.2 Normalverteilung und andere Verteilungstypen

Eine wichtige Voraussetzung für die Anwendung zahlreicher statistischer Verfahren, die intervallskalierte und höherskalierte Variablen betreffen (das sind die meisten bivariaten und alle multivariaten Analyseverfahren – vgl. Abb. 44), ist eine (approximative) *Normalverteilung* (s. Abb. 45) der zu analysierenden Variablen.

> Eine **Normalverteilung** ist eine symmetrische, eingipflige Verteilung, bei der sich die meisten Werte um den Mittelwert gruppieren, während die Häufigkeiten nach beiden Seiten gleichmäßig abfallen.

Abbildung 45: Standardisierte bzw. Gauß'sche Normalverteilung

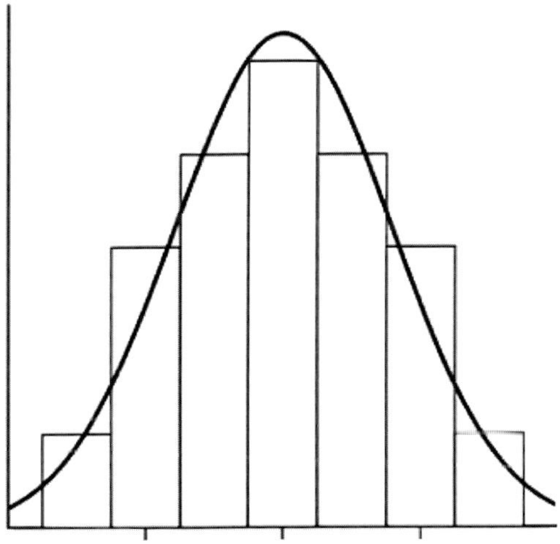

> **!** Die Gauß'sche *Normalverteilung* ist eine sehr wichtige Verteilung in der Statistik. Für eine Reihe von Test-/Analyseverfahren ist die Normalverteilung der Untersuchungsvariablen **Voraussetzung**! Doch kommen üblicherweise in der Praxis keine genau normalverteilten Werte vor; so gilt es nur festzustellen, ob die Werte hinreichend normalverteilt sind.

Als klassisches Beispiel eines Tests, der Normalverteilung erfordert, sei der *t-Test nach Student* zum Vergleich von zwei unabhängigen Stichproben genannt (vgl. Kap. 7.3.3). Liegt allerdings keine Normalverteilung vor, ist stattdessen ein entsprechender nichtparametrischer Test, hier der *U-Test nach Mann und Whit-*

ney, zu benutzen. Man kann bei den eingipfligen asymmetrischen Verteilungen u.a. zwischen rechts-schiefen (links-steilen) oder links-schiefen (rechts-steilen) Verteilungen unterscheiden (s. Abb. 46). Weitere wesentliche anormale Verteilungsformen sind exzessive (flache und steile), U-förmige, J-förmige oder zweigipflige Verteilungen (vgl. KROMREY 2002, 424; LIENERT/RAATZ 1998, 152).

Abbildung 46: Rechts-schiefe (links-steile) und links-schiefe (rechts-steile) Verteilung

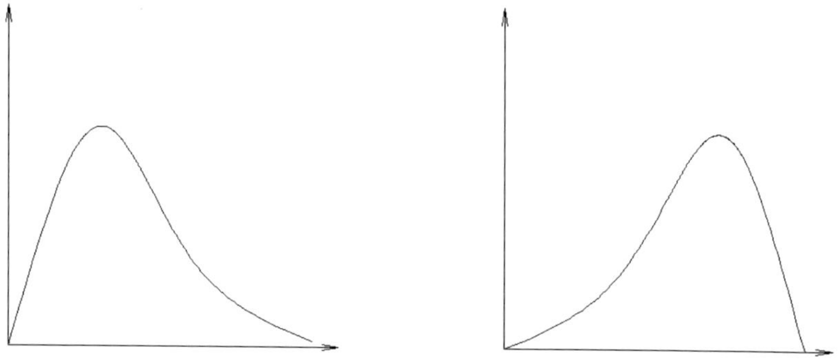

Eine anormale Rohwertverteilung kann dreierlei Gründe haben (LIENERT/ RAATZ 1998, 151): (1) Die Analysestichprobe kann heterogen sein. (2) Das Erhebungsinstrument kann mangelhaft konstruiert sein. (3) Das untersuchte Merkmal kann anormal verteilt sein.

Die Feststellung, ob eine Verteilung normalverteilt ist, kann über mehrere Wege erfolgen: Es kann ein *Histogramm mit Normalverteilungskurve* per SPSS erstellt werden (vgl. Kap. 7.2), hier erfolgt eine optische Überprüfung. Möchte man sich damit nicht zufrieden geben, kann der *Kolmogorov-Smirnov-Test* bei einer Stichprobe (in SPSS unter: Analysieren -> Nichtparametrische Tests) angewandt werden oder innerhalb der *explorativen Datenanalyse* (in SPSS unter: Analysieren -> Deskriptive Statistiken -> explorativen Datenanalyse...) können beispielsweise *Normalverteilungsplots* erstellt werden.

Die Erstellung eines *Histogramms mit Normalverteilungskurve* (wie in Abb. 45) vermittelt einen guten und meist ausreichenden Eindruck, ob die Variable noch als normalverteilt betrachtet werden kann, denn, wie bereits erwähnt, kommen in der Praxis gewöhnlicherweise keine genau (idealtypisch) normalverteilten Werte vor (die SPSS-Applikation für ein *Histogramm mit Normalverteilungskurve* wird im Kapitel 7.2 beschrieben).

7.1.3 Irrtumswahrscheinlichkeit p, Signifikanz und Signifikanzniveau

Bei der Anwendung bi- und multivariater/multipler Analyseverfahren (analytische Statistik) geht es hauptsächlich darum festzustellen, ob ein Zusammenhang zwischen den Untersuchungsvariablen zufällig zustande gekommen ist oder nicht, bzw. ob ein theoretisch angenommener Zusammenhang sich auch statistisch bestätigen lässt, also systematisch und somit signifikant ist.

Signifikanz ist ein wichtiges Kriterium für die Beurteilung der Gültigkeit von Untersuchungsergebnissen. Mit der statistischen *Signifikanz* kann eine Aussage über die Bedeutsamkeit der Befunde getroffen werden. Sie ist eine Bezeichnung für die Wahrscheinlichkeit, mit der angenommen werden kann, dass die Unterschiede zwischen den Stichproben nicht zufällig, sondern Kennzeichen der Untersuchungseinheit sind.

In der Prüfstatistik wurden Verfahren entwickelt, um Prüfgrößen zu berechnen. Diese Prüfgrößen folgen bestimmten theoretischen Verteilungen (z.B. t-Verteilung, F-Verteilung, χ^2-Verteilung), welche die Berechnung der sogenannten Irrtumswahrscheinlichkeit erlauben. Die Irrtumswahrscheinlichkeit (p) bezeichnet die Wahrscheinlichkeit, sich zu irren, wenn man die Nullhypothese verwirft und die Alternativhypothese annimmt (vgl. Kap. 4.1). Sie kann zwischen 0 und 1 liegen ($0 \leq p \leq 1$) und je näher sie an Null liegt, desto kleiner ist die Irrtumswahrscheinlichkeit. Mit je größerer Sicherheit man eine Fehlentscheidung vermeiden will, desto niedriger wählt man die Grenze der Irrtumswahrscheinlichkeit, unterhalb derer die Nullhypothese verworfen wird.

Aussagen, die mit einer Irrtumswahrscheinlichkeit $p \leq 0{,}05$ (5%-ige Irrtumswahrscheinlichkeit) behaftet sind, nennt man schwach signifikant, solche mit einer Irrtumswahrscheinlichkeit $p \leq 0{,}01$ heißen signifikant und solche mit einer Irrtumswahrscheinlichkeit $p \leq 0{,}001$ sehr bzw. hoch signifikant (s. Abb. 47). Je geringer die Irrtumswahrscheinlichkeit, desto größer ist umgekehrt die Wahrscheinlichkeit, dass in der Grundgesamtheit ein Zusammenhang zwischen den Variablen vorliegt. Im Rahmen einer Stichprobenbetrachtung kann allerdings auch mit Hilfe von Signifikanztests (vgl. Kap. 7.1.4) nie mit letztendlicher Sicherheit geklärt werden, ob ein solcher Zusammenhang besteht oder nicht.

!	Bei einem *statistisch signifikanten Zusammenhang* wird die Nullhypothese, derzufolge keine Assoziation zwischen den Variablen besteht, zurückgewiesen und stattdessen wird ein systematischer Zusammenhang – also die Alternativhypothese – angenommen.

Abbildung 47: Signifikanzniveaus

Irrtumswahrscheinlichkeit	Bedeutung	Symbolisierung
$p > 0.05$	nicht signifikant	n.s.
$p \leq 0.05$	schwach signifikant	*
$p \leq 0.01$	signifikant	**
$p \leq 0.001$	sehr/hoch signifikant	***

Oft wird in Veröffentlichungen (und teilweise in SPSS-Ausdrucken) das Signifikanzniveau durch die Angaben von Sternchen symbolisiert (s. Abb. 47). Ist ein „theoretischer Zusammenhang" zwar statistisch nicht signifikant, liegt aber nahe bei p = 0,05 (0,05 < p ~< 0,07), so kann von einem statistisch *tendenziellen Zusammenhang* gesprochen werden.

!	Die *Signifikanz* von Ergebnissen hängt von der Stichprobengröße n ab! Je größer n, desto eher werden Zusammenhänge als signifikant ausgewiesen.

7.1.4 Signifikanztests

Von wissenschaftlichem Interesse sind nicht nur die Ergebnisse in der Untersuchungsstichprobe, sondern auch die Übertragung der Ergebnisse auf die jeweilige Grundgesamtheit. Bei „echten" Zufallsstichproben ist diese Verallgemeinerung durch Anwendung der Inferenzstatistik möglich und es kann mittels *Signifikanztests* geprüft werden, ob ein in Stichproben beobachteter Effekt zufällig entstanden ist, während er in der Grundgesamtheit überhaupt nicht besteht.

Unterschiedliche Signifikanztests werden nach den Kriterien Skalenniveau und Stichproben in Abbildung 48 zum Überblick benannt. Es handelt sich hierbei um Verfahren, die entweder für normal- oder für nichtnormalverteilte Werte geeignet sind – also um parametrische oder nichtparametrische Tests. Im Kapitel bivariate Methoden (Kap. 7.3) wird auf die am meisten angewendeten Verfahren, den ***χ^2-Test*** (Chi-Quadrat-Test), den ***t-Test nach Student*** und die ***einfaktorielle (einfache) Varianzanalyse*** eingegangen.

Zu der Begrifflichkeit **abhängige** und **unabhängige Stichproben**: Zwei bzw. mehrere Stichproben gelten dann als voneinander *abhängig*, wenn jedem Wert der einen Stichprobe auf sinnvolle und eindeutige Weise genau ein Wert der anderen Stichprobe(n) zugeordnet werden kann. Bei abhängigen (auch: gebundenen, gepaarten) Stichproben handelt es sich meist um Messungen zu mehreren Zeitpunkten (Zeitreihenuntersuchungen, Panels).

Ist solch eine sinnvolle und eindeutige Wertezuordnung zwischen den Stichproben nicht möglich, liegen *unabhängige Stichproben* vor. Führt man einen Signifikanztest bzw. Mittelwertvergleich mit Querschnittdaten durch, so werden in der Regel mit Hilfe einer (nominalskalierten) Gruppierungsvariable (z.B. Jungen vs. Mädchen) unabhängige Analysestichproben für die Testdurchführung generiert.

Abbildung 48: Signifikanztests im Überblick (KRIZ/LISCH 1988, 230-231)

Stichproben	Skala		
	Nominal	*Ordinal*	*Intervall (normalverteilt)*
1	χ^2-Test, Binominaltest	Iterationstest	t-Test, χ^2-Test (für Varianzen), Standardnormalverteilung
2 unabhängige	χ^2-Test, Fischer-Yates-Test	Median-Test, U-Test, Moses-Test, Kolmogorov-Smirnov-Test, Iterationstest	t-Test nach Student, F-Test
mehrere unabhängige	χ^2-Test	Erweiteter Mediantest, H-Test	Einfache Varianzanalyse
2 abhängige	McNemar-Test	Vorzeichentest, Wilcoxon-Test	t-Test, Paardifferenzentest
mehrere abhängige	Cochran-Q-Test	Friedman-Test	Mehrfache Varianzanalyse, Bartlett-Test

! ***Das Signifikanz-Relevanz-Problem:*** Das Signifikanztesten ist in der empirischen Sozialforschung eine der meistverwendetsten statistischen Methoden auf der Suche nach neuen Erkenntnissen. Allerdings wird hierbei im zunehmenden Maße die praktische Relevanz der zu testenden Hypothesen aus den Augen verloren; zudem steigt die Signifikanz mit der Stichprobengröße generell. Deshalb ist es – im Sinne eines deduktiven Forschungsvorgehens – von *kardinaler Wichtigkeit* immer erst die Relevanz eines Sachverhaltens festzustellen und theoretisch zu fundieren.

7.1.5 Umgang mit fehlenden Werten in der Datenanalyse

Das Phänomen „fehlende Werte“ (missing value) stellt sich im Kontext standardisierter empirischer Erhebungen de facto immer. Denn (fast) jede Untersuchung enthält Fragen, Items oder Statements, die von den Befragten nicht oder nur teilweise beantwortet werden, wobei hierfür unterschiedliche Aspekte verantwortlich sein können. Beispielsweise kann ein Befragter die vollständige Beantwortung schlicht vergessen oder übersehen haben. Doch kann auch der Inhalt einer Frage einem Interviewten zu persönlich oder intim sein, so dass der Befragte – auch bei Zusicherung von Anonymität – diese Frage nicht beantwortet (Verweigerung [nonresponse errors] oder Itemverweigerung [item nonresponse]). Auch können spezifische Befragungssettings Verweigerungen oder Nichtbeantwortungen von Fragen provozieren. Eine weitere Ursache für fehlende Werte kann auch in der Dateneingabe liegen [processing errors].

Fehlende Werte machen dadurch auf sich aufmerksam, dass einige Variablen des Datensatzes durch geringere Häufigkeiten aufgrund fehlender Werte auffallen. Im Zusammenhang mit der Anwendung von multivariaten Analyseverfahren stellen missing values ein gewichtiges Problem dar. Im Extremfall führt ein fehlender Wert in nur einer von mehreren Dutzend Variablen zum Ausschluss des betreffenden Falls aus allen weiteren Analysen. Dieser Selektionsmechanismus kann sehr schnell dazu führen, dass ein erheblicher Teil der Stichprobe und damit der darin enthaltenen Informationswerte verloren geht. Dies ist bei der einfachsten Möglichkeit der Behandlung fehlender Werte, nämlich beim Ausschluss aller entsprechenden Fälle mit der Option „*listenweiser Fallausschluss*“ bei SPSS der Fall. Soll allerdings der vorhandene Informationsgehalt aller Fälle bestmöglichst genutzt werden, besteht die Möglichkeit der Berechnung bedingter Mittelwerte und Varianzen bei paarweiser Berechung der Kovarianzen. Diese Berechnung wird für jedes Variablenpaar durchgeführt und als „*paarweiser Fallausschluss*“ von fehlenden Werten bezeichnet. Bei der Option „paarweise“ werden nur die Fälle aus der Analyse ausgeschlossen, in denen keine gültigen Werte in den zu untersuchenden Variablen vorkommen. Gegenüber „listenweise“ werden also die Informationen der Datenbasis besser ausgenutzt und die Untersuchungsgröße weniger stark reduziert.

SPSS: Oft lässt sich unter der Schaltfläche **„Optionen"** des jeweiligen Analyseverfahrens die Behandlung der *fehlenden Werte* definieren. Beim *listenweisen Fallausschluss* werden all diejenigen Fälle (Fragebögen) vollständig ausgeschlossen, bei denen eine in die Analyse einbezogene Variable einen fehlenden Wert aufweist. Der *paarweise Fallausschluss* erhält alle Fälle, die für das zu analysierende Variablenpaar gültige Werte aufweisen.

7.2 Univariate Methoden

Die univariate Statistik lässt sich grob in drei Analysebereiche unterteilen: Häufigkeitsverteilungen, die Charakterisierung der Verteilung mit Hilfe von Mittelwerten, Streuungs- und Schiefemaßen sowie grafischen Darstellungen. In diesem Kapitel werden folgende zentrale univariate Methoden beschrieben:

- Häufigkeitsverteilungen (mit Anteilswerten)
- Maße der zentralen Tendenz: *Mittelwerte*
- Streuungsmaße

7.2.1 Häufigkeitsverteilungen und Anteilswerte

Ein erster Schritt bei der Analyse von Daten ist in der Regel eine Häufigkeitsauszählung. Häufigkeitsverteilungen geben an, von wie viel Befragten die einzelnen Antwortvorgaben je Variable angekreuzt wurden. Sie bieten die Möglichkeit, alle Werte in übersichtlicher Form darzustellen.

SPSS	Voraussetzung: keine: jedoch sind diskrete Variablen geeigneter 1. Menüwahl: *Analysieren -> Deskriptive Statistiken -> Häufigkeiten...* (s. Abb.49) 2. zuanalysierende Variablen ins Editierfeld „*Variable(n):*" übertragen 3. *OK* bestätigen

Abbildung 49: Dialogbox „Häufigkeiten“

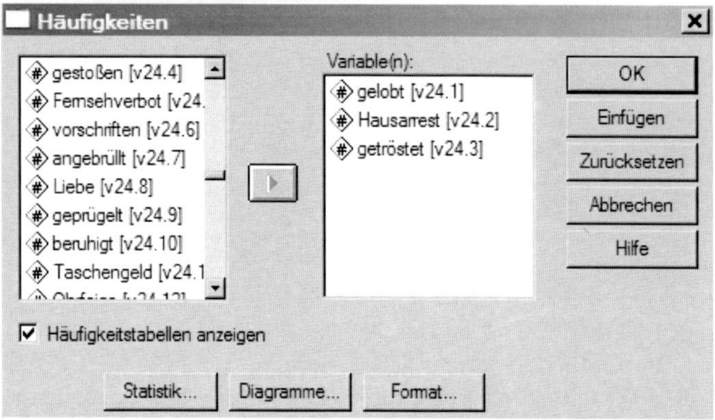

Es kann zwischen absoluten und relativen Häufigkeiten unterschieden werden: Die ***absolute Häufigkeit*** gibt die absolute Anzahl der Merkmalsträger an, die über eine gemeinsame Merkmalsausprägung verfügen. Die ***relative Häufigkeit*** gibt den prozentualen Anteil (***Anteilswerte*** = prozentuale Anteile einer gegebenen Häufigkeitsverteilung) an, d.h. sie bezieht die absolute Häufigkeit auf die Gesamtmasse (z.B. Anteil der weiblichen Personen an der Gesamtheit der Befragten).

Die Ergebnisse erscheinen im SPSS-Viewer (Ausgabefenster). Jede Zeile der Häufigkeitstabelle (s. Abb. 50) beschreibt unter dem Label „Gültig“ eine Merkmalsausprägung. Die Zeile mit dem Label „Fehlend“ repräsentiert diejenigen Fälle, bei denen keine Antwort vorliegt. In der letzten Zeile steht jeweils die Gesamtsumme der einzelnen Spalten.

Abbildung 50: Ausgabefenster Häufigkeitstabelle

v24.1 gelobt

		Häufigkeit	Prozent	Gültige Prozente	Kumulierte Prozente
Gültig	1,00 nie	23	3,8	3,8	3,8
	2,00 selten	78	12,8	12,9	16,7
	3,00 manchmal	187	30,8	31,0	47,8
	4,00 oft	209	34,4	34,7	82,4
	5,00 sehr oft	106	17,4	17,6	100,0
	Gesamt	603	99,2	100,0	
Fehlend	9,00	3	,5		
	System	2	,3		
	Gesamt	5	,8		
Gesamt		608	100,0		

Die erste Spalte enthält die Wertelabels (z.B. „nie", „selten" usw.). In der zweiten Spalte steht unter der Überschrift *Häufigkeit* die absolute Anzahl der jeweiligen Nennungen (so haben z.B. 23 Personen mit „nie" geantwortet). In der dritten Spalte *Prozent* wird die prozentuale (relative) Häufigkeit jeder Merkmalsausprägung angegeben. Diese prozentuale Häufigkeit bezieht sich dabei auf alle gegebenen Antworten inklusive fehlender Werte. Die in der nächsten Spalte angegebenen *gültigen Prozente* beziehen sich ausschließlich auf die gültigen Werte und klammern bei der prozentualen Bereichung die fehlenden Werte aus. Die letzte Spalte enthält den kumulativen Prozentsatz der gültigen Prozente. Der kumulative Prozentsatz summiert zeilenweise die prozentuale Häufigkeit der gültigen Antworten auf.

7.2.1.1 Grafische Darstellung diskreter Variablen durch Diagramme

Die Häufigkeitsauszählungen können für diskrete Variablen mit einer „überschaubaren" Ausprägungsanzahl (ansonsten siehe unter stetigen Variablen) grafisch als *Histogramm* oder *Kreisdiagramm* abgebildet werden. Beim ***Histogramm (Balken-, Säulen- oder Stabdiagramm)*** werden die Häufigkeitsverteilungen durch Säulen bzw. Stäbe vertikal oder durch Balken horizontal dargestellt, deren Höhe oder Breite der Häufigkeit der Messwerte entspricht. Das ***Kreisdiagramm (Tortendiagramm)*** eignet sich zur Veranschaulichung nominalskalierter Daten, da hier meist von insgesamt 100% ausgegangen wird.

SPSS	Dialogbox „Häufigkeiten" (vgl. Abb. 49) 3. *Diagramme...*: anklicken 4. *Diagrammtyp:* Balkendiagramme [ist allerdings ein Säulendiagramm] 5. *Diagrammwerte:* Prozente 6. mit *Weiter* bestätigen 7. Zum Abschluss *OK* bestätigen

Abbildung 51 zeigt ein Säulendiagramm (in SPSS aber als Balkendiagramm bezeichnet) der Variable v24.1 „gelobt", welche in Abb. 50 anhand einer Häufigkeitstabelle dargestellt wurde.

Abbildung 51: Ergebnis der Häufigkeitsberechnung: „Balkendiagramm“

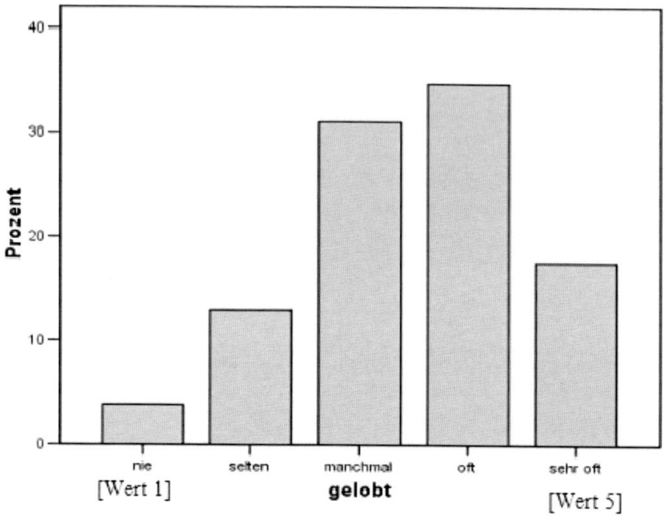

Möchte man die Verteilung der Variable in Hinsicht auf ***Normalverteilung*** grafisch prüfen, so ist wie folgt vorzugehen:

SPSS	Dialogbox Häufigkeiten 3. *Diagramme...*: anklicken 4. *Diagrammtyp:* Histogramme und „Mit Normalverteilungskurve“ 5. mit *Weiter* bestätigen 6. Zum Abschluss *OK* bestätigen

In den nachfolgenden beiden Abbildungen werden Beispiele für unterschiedliche Verteilungsarten dargestellt. Abbildung 52 zeigt für die Variable „gelobt“ ein Säulendiagramm mit einer Normalverteilung, während das Säulendiagramm in Abb. 53 eine rechts-schiefe (links-steile) Verteilung aufzeigt – diese Variable dürfte nicht in Analysen mit der Voraussetzung einer Normalverteilung einbezogen werden.

Abbildung 52: Histogramm mit Normalverteilung

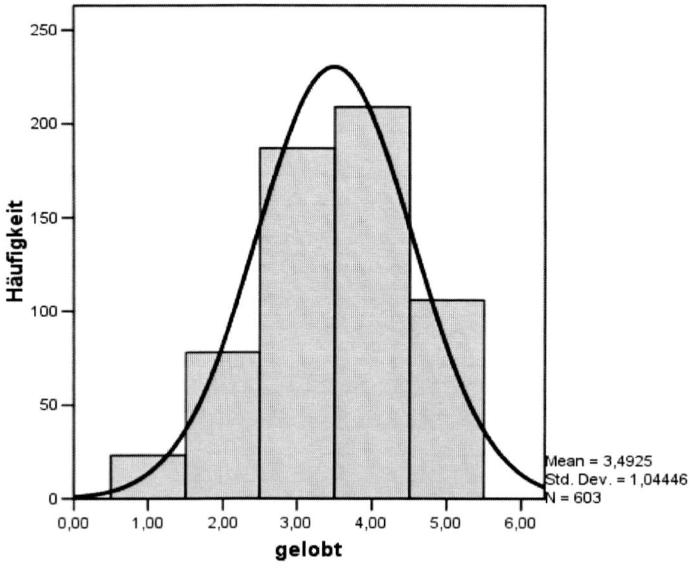

Abbildung 53: Histogramm mit rechts-schiefer (links-steiler) Verteilung

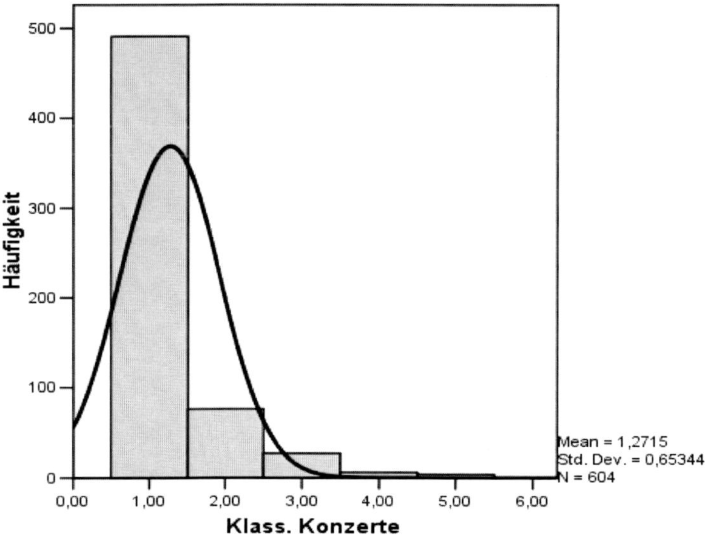

7.2.1.2 Grafische Darstellung stetiger Variablen durch Verteilungskurve

Um eine *stetige (kontinuierliche) Variable* grafisch zu illustrieren, lässt sich eine andere Darstellungsart anwenden. Man konstruiert einen Linienzug, der durch die Punkte geht, die jeweils durch die Kategorienmitte und die Wertehäufigkeit bestimmt wird. Ein solcher Linienzug wird ***Polygon*** (Liniendiagramm) genannt. Durch dieses Polygon erhält man ein Bild von der Verteilungsform der Daten (s. Abb. 56).

Möchte man jedoch eine Darstellung wie bei diskreten Variablen so ist eine *Klassenbildung bzw. Klassifizierung* oder eine *Kategorienreduzierung* erforderlich (vgl. Kap. 6.4 und Kap. 6.5). Dies empfiehlt sich allerdings auch, wenn eine diskrete Variable sehr viele Ausprägungen aufweist. Beispielsweise dürfte es bei der Variable Alter zweckmäßig sein, Klassen von jeweils 5 oder 10 Jahren zu bilden, je nachdem, wie detailliert die sich ergebende Häufigkeitsverteilung sein soll. Bei einer stetigen Variable – wie der Körpergröße – ist zu berücksichtigen, dass die Klassen „nahtlos“ aneinander stoßen. Deshalb muss gewährleistet werden, dass erfragte Werte eindeutig zuzuordnen sind.

Zur Erstellung eines Polygons ist folgende SPSS-Prozedur zu wählen:

SPSS	1. Menüwahl: *Grafiken -> Linie...* 2. *Liniendiagramme: Einfach -> Definieren* bestätigen (s. Abb. 54) 3. zu analysierende Variablen ins Editierfeld *„Kategorienachse:“* übertragen (s. Abb. 55) 4. *Linie entspricht:* Option wählen (i.B. *% der Fälle*) 5. *OK* bestätigen

Abbildung 54: Dialogbox „Liniendiagramme“

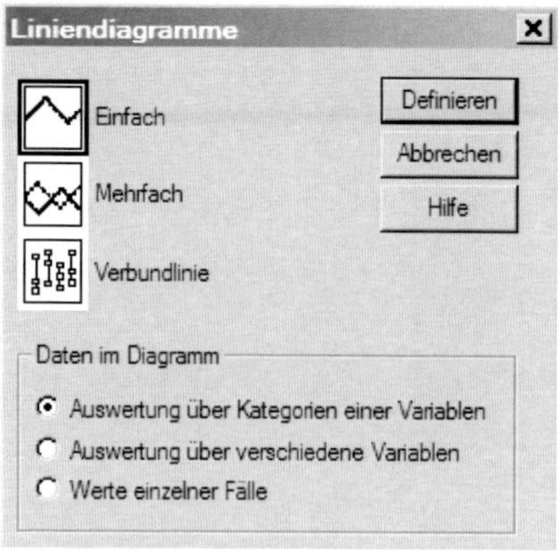

Abbildung 55: Dialogbox „Einfaches Liniendiagramm definieren“

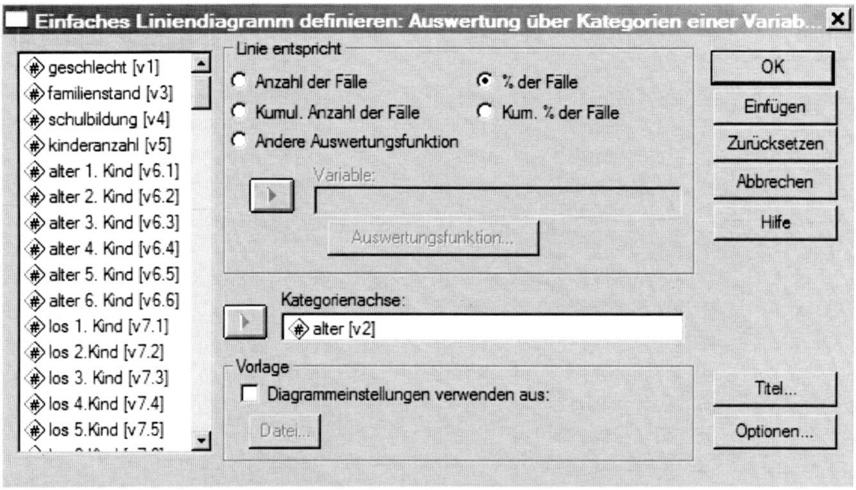

Abbildung 56: Liniendiagramm (Angaben in Prozent)

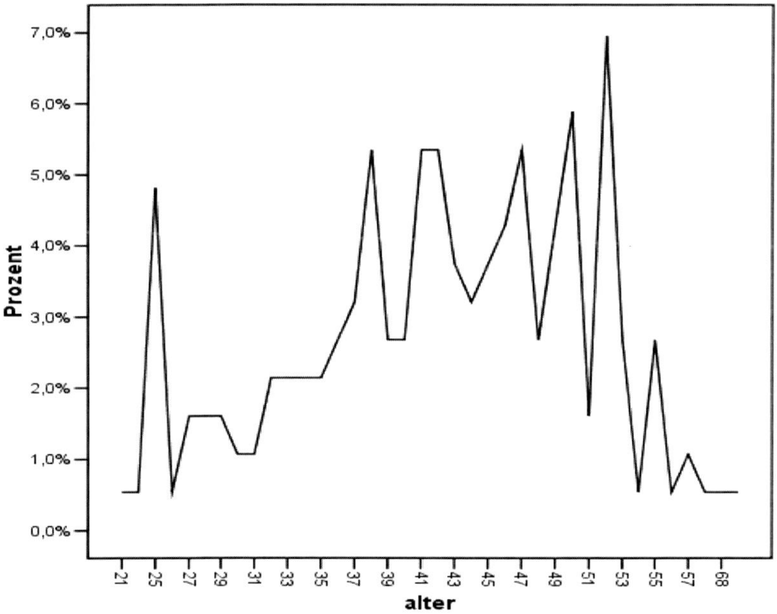

7.2.2 Univariate Maßzahlen

Die wichtigsten Maßzahlen in der univariaten Statistik sind Anteilswerte (vgl. Kap. 7.2.1), Mittelwerte und Streuungsmaße.

Mittelwerte (Maße der zentralen Tendenz) geben die „Mitte" (das Schwergewicht) einer gegebenen Häufigkeitsverteilung an: Diese sind das arithmetische Mittel, der Modalwert und der Median.

Streuungsmaße (Dispersionsmaße) zeigen, wie weit die einzelnen Befragten im Schnitt von der Mitte der gegebenen Häufigkeitsverteilung abweichen (z.B. die Altersangaben der Befragten weichen im Schnitt um 9,7 Jahre vom Durchschnittsalter ab). Die Berechnung von Streuungsmaßen setzt die Berechnung von Mittelwerten voraus.

In Abhängigkeit von dem Skalenniveau der zu analysierenden Variablen bieten sich unterschiedliche Maßzahlen an (s. Abb. 57).

Abbildung 57: Univariate Maßzahlen in Abhängigkeit des Skalenniveaus

Skalenniveau	Mittelwerte	Streuungsmaße
nominal	Modus (häufigster Wert)	Keine Streuungsmaße, Anteilswerte als Ersatz
ordinal	Median (Zentralwert)	Semiquartilsabstand
metrisch	Arithmetische Mittel	Standardabweichung

Modus und *Median* nennt man *lagetypische* Mittelwerte, weil sie von der Gestalt einer gegebenen Häufigkeitsverteilung bestimmt werden. Das *arithmetische Mittel* ist hingegen ein *rechnerischer* Mittelwert. Entsprechend ist der Semiquartilsabstand ein lagetypisches, die Standardabweichung ein rechnerisches Streuungsmaß.

A1) Der ***Modus* bzw. *Modalwert*** (dichtester bzw. häufigster Wert) bezieht sich auf die Verteilung der Merkmalsausprägungen einer Variable. Er ist der am häufigsten vorkommende Wert der Variable. Er dient zur Charakterisierung einer ausgeprägten eingipfligen Verteilung und ist nur bei diskreten Merkmalen eine sinnvolle Maßzahl.

!	Der Modus wird bestimmt, um einen Wert zur Charakterisierung der Verteilung zu erhalten und mehrgipflige Verteilungen schnell zu erkennen. *Vorteil:* Der Modus ist ohne Berechnung aus jeder Verteilung sofort ablesbar. *Nachteil:* Er kennzeichnet nur Größen einer bestimmten Stelle (vgl. SCHARNBACHER 1986, 72).

A2) Der ***Median*** (Zentralwert) bezieht sich auf die Häufigkeitsverteilung. Er teilt die Anzahl der Merkmalsträger in zwei gleich große Hälften.

!	Der Median kann bestimmt werden bei kleinen Stichproben, Verteilungen mit offenen Klassen und stark asymmetrischen Verteilungen (genau dem arithmetischen Mittel entgegengesetzt). *Vorteil:* Extremwerte haben keinen verzerrenden Einfluss; charakterisiert kleine Stichproben. *Nachteil:* Als lagetypischer Mittelwert haben die Werte der Verteilung keinen Einfluss, sondern lediglich ihre Rangnummern. Der Median kann ein „künstlicher" Wert sein, der zwischen zwei konkreten Werten der Verteilung liegt (vgl. ebd.).

A3) Das ***arithmetische Mittel*** (M) als gebräuchlichstes Maß der zentralen Tendenz gibt das an, was umgangssprachlich als „Durchschnitt" und bei SPSS als „Mittelwert" bezeichnet wird. Es teilt eine Datenmenge wertmäßig in zwei gleich große Hälften.

!	Das arithmetische Mittel kann bei allen Verteilungen angewandt werden, außer bei mehrgipfligen Verteilungen, kleinen Stichproben und stark asymmetrischen Verteilungen. *Vorteil:* Jeder Wert einer Verteilung hat Einfluss auf das arithmetische Mittel, deshalb lassen sich mathematische Beziehungen formulieren. *Nachteil:* Da jeder Wert einer Verteilung Einfluss nimmt, können Extremwerte das arithmetische Mittel verzerren. Das arithmetische Mittel kann ein „künstlicher" Wert sein, der in der Verteilung selbst nicht vorkommt (vgl. ebd.).

B) Die **Standardabweichung** (s) ist in der praktischen statistischen Arbeit so bedeutsam geworden, dass man meistens diese Messzahl meint, wenn von „Streuung" gesprochen wird. Es handelt sich um eine rechnerische Maßzahl für metrische Daten die angibt, wie weit die einzelnen Merkmalswerte von ihrem eigenen arithmetischen Mittel abweichen. Die *Varianz* (s^2) ist die quadrierte Standardabweichung.

Die Ermittlung univariater Maßzahlen ist wie folgt durchzuführen:

SPSS	Voraussetzung: Skalenniveau der Variable beachten (vgl. Abb. 57) 1. Menüwahl: *Analysieren -> Deskriptive Statistiken -> Häufigkeiten...* (vgl. Kap. 7.2.1, Abb.49) 2. zu analysierende Variablen ins Editierfeld „*Variable(n):*" übertragen 3. Schaltfläche *Statistik* anklicken (s. Abb. 58) 4. *Lagemaße:* Optionen wählen 5. *Streuung:* Optionen wählen 6. *Weiter* bestätigen 7. Zum Abschluss *OK* bestätigen

Abbildung 58: Dialogbox „ Häufigkeiten: Statistik“

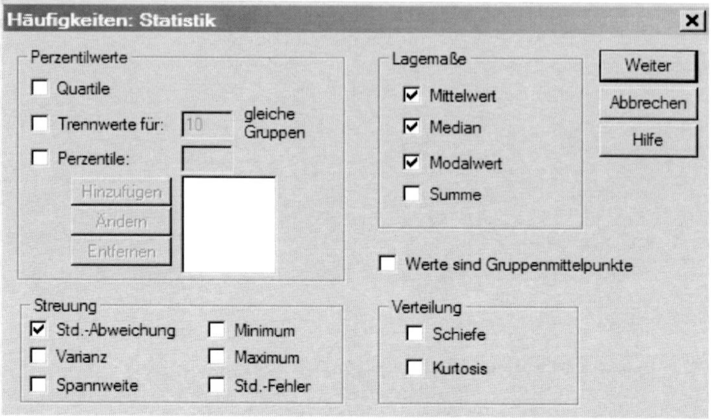

Abbildung 59: Ausgabefenster „Statistiken“

Statistiken

v24.1 gelobt

N	Gültig	603
	Fehlend	5
Mittelwert		3,4925
Median		4,0000
Modus		4,00
Standardabweichung		1,04446

Die SPSS-Ausgabe ist Abbildung 59 zu entnehmen: Der *Median* (Median = 4,00) gibt an, dass *die Hälfte* der Befragten die Antwortkategorie 1 (= nie), 2 (= selten), 3 (= manchmal) oder zum Teil 4 (= oft) und die *andere Hälfte* zum Teil Antwortkategorie 4 oder 5 (= sehr oft) angekreuzt hat (vgl. auch Abb. 51). Der *Modus* ist der häufigste Wert, d.h. die Antwortkategorie 4 (= oft). Der rechnerische Mittelwert der Beantwortungen, also das *arithmetische Mittel*, liegt bei 3,49.

Die *Standardabweichung* wird mit 1.04 ausgegeben, d.h., die Befragten weichen im Schnitt um 1.04 Einheiten vom arithmetischen Mittel ab.

7.3 Bivariate Methoden

Die bivariate Statistik befasst sich mit der Erforschung (Ermittlung und/oder Prüfung) von Zusammenhängen (Assoziationen) zweier Untersuchungsvariablen, dem Herausarbeiten von Beziehungen zwischen zwei Merkmalen – auf der Basis sogenannter *verbundener „Beobachtungen“* (KROMREY 2002, 458) – und ihrer Quantifizierung anhand von Zusammenhangsmaßen. Zusammenhangsmaße versuchen durch eine Messzahl (Kontingenz-, Korrelations- oder Regressionskoeffizient) die Stärke des Zusammenhangs zwischen zwei Variablen zum Ausdruck zu bringen. Für den üblichen Fall der verbundenen Beobachtung gilt, dass für jede Untersuchungseinheit gleichzeitig mehrere Merkmale erhoben wurden und dass diese einander zugeordnet werden können.

!	Bei bivariaten Analysen ist zu beachten, dass sie möglichen verzerrenden Einflüssen durch *Drittvariablen* keine Rechnung tragen. Dies geschieht erst in multivariaten/multiplen Analysen (vgl. Kap. 7.4).

Die **Darstellung von Beziehungen** zwischen zwei Variablen ist durch drei verschiedene Analyseverfahren möglich, die in diesem Kapitel vorgestellt werden:

- *Kreuztabellierung* (Kreuz- bzw. Kontingenztabelle)
- *Korrelation*srechnung (*Stärke* des statistischen Zusammenhangs)
- *Regression*srechnung (*Art* des statistischen Zusammenhangs)

!	Im Falle *nominal- oder ordinalskalierter Merkmale* werden die möglichen Ausprägungen der beiden Variablen einander in Form einer ***Kreuztabelle*** zugeordnet. Für die Anwendung der ***Korrelations-*** und ***linearen Regressionsrechnung*** ist hingegen *Intervall-Skalenniveau* notwendig.

Die **Testung/Prüfung eines bivariaten Zusammenhangs** auf statistische Signifikanz kann mittels folgender Verfahren erfolgen, die ebenfalls in diesem Kapitel vorgestellt werden:

- *Chi-Quadrat-Test* (χ^2-Test für nominal- oder ordinalskalierte Merkmale)
- *t-Test* (Mittelwertsdifferenzentest für intervallskalierte Testvariable und binäre Gruppenvariable [zwei unabhängige Stichproben])
- *Einfaktorielle Varianzanalyse* (für intervallskalierte abhängige Variable und nominal-/ordinalskalierten Faktor [mehr als zwei unabhängige Stichproben])

7.3.1 Das Konzept der statistischen Beziehung bzw. der Assoziation

Statistische Beziehungen (Zusammenhänge) werden auch als Assoziation, Kontingenz oder Korrelation benannt. Im vorliegenden Lehrbuch wird „*Assoziation*" als Oberbegriff für unterschiedliche Modelle der Messung statistischer Zusammenhänge verwendet, während die Begriffe Kontingenz und Korrelation auf die Bezeichnung spezifischer Modelle der Assoziationsmessung (Kontingenztabelle, Kontingenzkoeffizient; Korrelationskoeffizient) beschränkt bleiben (vgl. auch KROMREY 2002, 462).

Bei dem Konzept der Assoziation geht es um die Frage, ob die beiden Variablen *gemeinsam* oder *unabhängig* voneinander variieren. Es geht um die Feststellung, ob es in den gemessenen Ausprägungen beider Merkmale *Regelmäßigkeiten* gibt; etwa derart: Wenn eine Person bei Variable X einen hohen Wert aufweist, dann hat sie auch bei Variable Y einen relativ hohen Wert, bzw. umgekehrt. In diesem Fall besteht eine *positive statistische Beziehung*. Ist allerdings X hoch und Y niedrig bzw. umgekehrt, so handelt es sich um eine *negative statistische Beziehung*. Um von einer statistischen Beziehung sprechen zu können, muss diese Regelmäßigkeit allerdings nicht bei allen Personen (Untersuchungseinheiten) zutreffen, sondern es genügt schon ein relativ großer Anteil.

Für die Prüfung einer a priori angenommenen Assoziation (im Rahmen eines deduktiven Vorgehens) ist oft die Explizierung der Hypothesen über das Verhältnis der Variablen zueinander bzgl. einer *Abhängigkeit* (Kausalität) relevant; beispielsweise dass die Studienwahl vom Geschlecht abhängt und sich nicht umgekehrt das Geschlecht an die Studienwahl anpasst! Diejenige Variable, die als abhängig von einer anderen angenommen wird, heißt in der Datenanalyse *abhängige Variable*. Die Variable, die als Ursache oder als Bedingung für eine andere angesehen wird – anders formuliert: die Variable, von der man annimmt, dass sie auf eine andere einwirkt –, heißt *unabhängige (oder explikative) Variable*.

!	„Es ist wichtig, sich klarzumachen, dass eine Variable nicht „von Natur aus“ oder ein für allemal „unabhängig“ ist; sie wird lediglich im Zuge einer spezifischen Auswertung als solche *definiert*“ (KROMREY 2002, 466).

Kausalitäts-Annahmen sind allerdings für Assoziationsprüfungen nicht zwingend notwendig, allerdings muss dann auch die Ergebnisinterpretation entsprechend „unverbindlich“ sein.

7.3.2 Kreuztabelle, Chi-Quadrat-Test (χ^2-Test) und weitere Maßzahlen

Eine **Kreuz- bzw. Kontingenztabelle** dient dazu, die gemeinsame Häufigkeitsverteilung zweier Variablen darzustellen und Zusammenhänge zu entdecken bzw. zu prüfen. Wird beispielsweise eine Kreuztabelle für die Variablen Geschlecht und Familienstand erstellt, so gibt diese Tabelle die Anzahl der ledigen Frauen, der ledigen Männer, der verheirateten Frauen, der verheirateten Männer usw. an. Es werden also Fallgruppen – in diesem Beispiel Personengruppen – betrachtet, die durch die Kombination der Merkmalsausprägungen beider Variablen definiert werden. Hier wird bereits deutlich, dass sich Kreuztabellen in erster Linie zur Betrachtung von diskreten (kategorialen), nominal- oder ordinalskalierten Variablen mit nicht allzu vielen Kategorien eignen. Der besondere Vorteil liegt also in der relativen Voraussetzungslosigkeit des Verfahrens, welches für Variablen aller Skalenniveaus durchführbar ist. Doch stehen für Zusammenhangsanalysen mit metrischen Variablen sehr viel leistungsfähigere Verfahren zur Verfügung.

Die Prozedur Kreuztabelle bietet neben der tabellarischen Verteilungsdarstellung zweier Variablen auch statistische Tests wie den χ^2-Test an, mit dem überprüft werden kann, ob ein statistisch signifikanter Zusammenhang zwischen den Variablen besteht. Die Stärke und Richtung des Zusammenhangs kann durch entsprechende **Maßzahlen** (z.B. Cramers’V, Phi, Eta) ausgedrückt werden, die die in der Kreuztabelle enthaltenen Informationen zusammenfassen.

7.3.2.1 Die Prozedur Kreuztabelle

Im Folgenden wird die Durchführung der Prozedur *Kreuztabelle* beschrieben:

SPSS	Voraussetzung: nominal- oder ordinalskalierte Variablen mit nicht allzu vielen Kategorien 1. Menüwahl: *Analysieren -> Deskriptive Statistiken -> Kreuztabellen...* (s. Abb. 60) 2. zu analysierende Variable in der Quellvariablenliste markieren und ins Editierfeld „*Zeilen:*“ übertragen 3. neu markierte Variable ins Editierfeld „*Spalten:*“ übertragen (ins Editierfeld „*Schicht*“ kann eine sogenannte Kontrollvariable eingefügt werden, die die Kreuztabelle untergliedert) 4. Schaltfläche *Zellen...* anklicken (s. Abb. 61) 5. *Prozentwerte* zeilen- und/oder spaltenweise wählen 6. *Weiter* bestätigen 7. Zum Abschluss *OK* bestätigen

Abbildung 60: Dialogbox „Kreuztabellen“

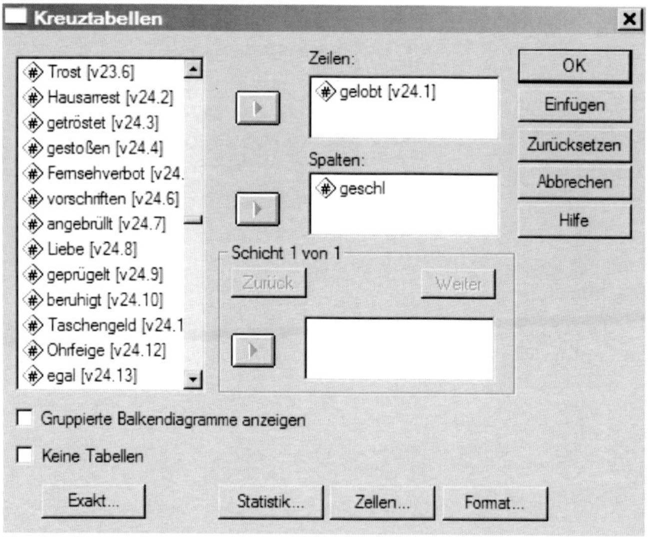

Abbildung 61: Dialogbox „Kreuztabellen: Zellen anzeigen“

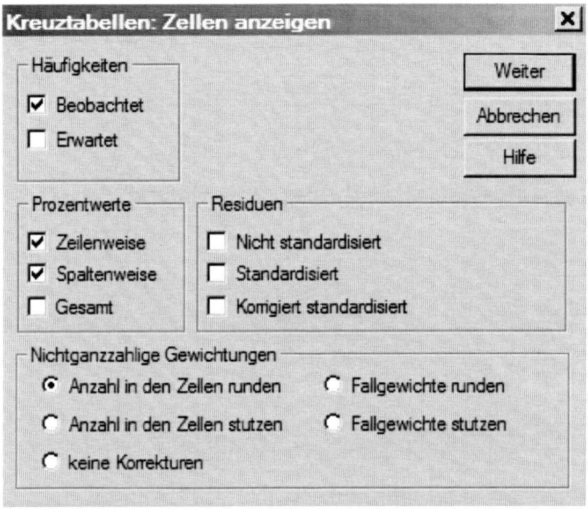

Es können auch mehrere Variablen gleichzeitig als Zeilen- und Spaltenvariablen verwendet werden. Für jede Kombination wird eine Kreuztabelle erstellt. Stehen beispielsweise drei Variablen in der Liste Zeilen und zwei Variablen in der Liste Spalten, so erhält man 3 • 2 = 6 Kreuztabellen. Im abgebildeten Beispiel (s. Abb. 60) wird eine Kreuztabelle aus den Variablen „geschl“ (Geschlecht) und „v24.1“ (gelobt) generiert, da die Zellenverteilung festgestellt und im späteren Schritt der Zusammenhang überprüft werden soll. Möchte man als Verteilungsangaben in der Kreuztabelle nicht nur die absoluten Häufigkeiten (Anzahl der Fälle) dargestellt haben, so ist entsprechend Abbildung 61 zu wählen.

Die sich aus diesen Einstellungen ergebende Kreuztabelle zeigt Abbildung 62. Das Geschlecht bildet die Spaltenvariable, weshalb jede Merkmalsausprägung (weiblich, männlich) in einer Spalte der Tabelle ausgegeben wird. „Gelobt“ ist die Zeilenvariable und jeder einzelne Wert erscheint in einer Zeile. Der Ertrag in jeder Zelle gibt die Anzahl und Prozentwerte der Fälle (Häufigkeiten) an. So gaben in dem Analysebeispiel (Jugendstudie) 6 Mädchen an, als Kind nie gelobt geworden zu sein; und unter den befragten Jungen gaben 17 Personen entsprechendes an. Der obere Prozentwert in der ersten Zelle (26,1%) gibt den zeilenweisen Anteil an und der untere Prozentwert (2,1%) den spaltenweisen Anteil. Die Zahlen rechts neben der Kreuztabelle und in der untersten Zeile „Gesamt“ werden *Randsummen*, und zwar Zeilen- bzw. Spaltensummen, genannt.

Abbildung 62: Ausgabefenster Kreuztabelle

v24.1 gelobt * geschl Kreuztabelle

			geschl		
			0 weibl.	1 männl.	Gesamt
v24.1 gelobt	1 nie	Anzahl	6	17	23
		% von v24.1 gelobt	26,1%	73,9%	100,0%
		% von geschl	2,1%	5,4%	3,8%
	2 selten	Anzahl	42	36	78
		% von v24.1 gelobt	53,8%	46,2%	100,0%
		% von geschl	14,5%	11,5%	12,9%
	3 manchmal	Anzahl	90	97	187
		% von v24.1 gelobt	48,1%	51,9%	100,0%
		% von geschl	31,0%	31,0%	31,0%
	4 oft	Anzahl	97	112	209
		% von v24.1 gelobt	46,4%	53,6%	100,0%
		% von geschl	33,4%	35,8%	34,7%
	5 sehr oft	Anzahl	55	51	106
		% von v24.1 gelobt	51,9%	48,1%	100,0%
		% von geschl	19,0%	16,3%	17,6%
Gesamt		Anzahl	290	313	603
		% von v24.1 gelobt	48,1%	51,9%	100,0%
		% von geschl	100,0%	100,0%	100,0%

7.3.2.2 Der χ^2-Test und weitere Maßzahlen

Zur Durchführung unterschiedlicher statistischer Prozeduren:

SPSS	Voraussetzung: → die erwartete Häufigkeit sollte in jeder Zelle der Kreuztabelle mindestens 5 betragen (BROSIUS 2004, 425) -> Dialogbox „Kreuztabellen" (s. Abb. 60) 4. Schaltfläche *Statistik* anklicken 5. gewünschte Prozeduren anklicken (s. Abb. 63) 6. *Weiter* bestätigen 7. Zum Abschluss *OK* bestätigen

Abbildung 63: Dialogbox „Kreuztabellen: Statistik“

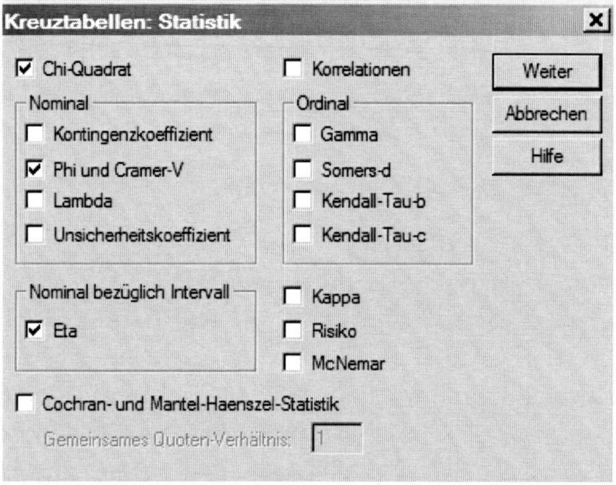

In der Dialogbox „Kreuztabellen: Statistik“ findet sich eine Auswahl an statistischen Tests zur Ermittlung der Stärke und Richtung eines vermuteten Zusammenhangs. Hierbei sind die entsprechenden Skalenanforderungen zu beachten. Eine Beschreibung aller Maße und Verfahren findet sich z.B. bei BÜHL/ZÖFEL (2005, 245ff) oder BROSIUS (2004, 421ff.). An dieser Stelle seien nur die sehr häufigen Formen *χ^2-Test*, *Phi* und *Cramers'V* sowie *Eta* benannt.

Der *χ^2-Test* überprüft die Unabhängigkeit der beiden Variablen der Kreuztabelle und damit indirekt den Zusammenhang der beiden Merkmale (Signifikanztest). Zwei Variablen einer Kreuztabelle gelten dann als voneinander unabhängig, wenn die beobachteten Häufigkeiten der einzelnen Zeilen mit den erwarteten Häufigkeiten übereinstimmen. Abbildung 64 zeigt das Ergebnis des χ^2-Tests für die Kreuztabelle (aus Abbildung 62). Der am häufigsten verwendete χ^2-Test ist der nach Pearson, weshalb dieser hier exemplarisch interpretiert wird. Es wird eine χ^2-Wert von 6,34 ausgewiesen. Für diesen Wert ergibt sich bei den vorliegenden vier Freiheitsgraden eine Signifikanz von 0,175 bzw. 17,5% Irrtumswahrscheinlichkeit. Da der Richtwert von max. 5% Irrtumswahrscheinlichkeit ($p \leq 0{,}05$) deutlich überschritten ist (vgl. Kap. 7.1.3), kann die Nullhypothese beibehalten werden, was bedeutet, dass kein systematischer Zusammenhang zwischen den beiden Variablen besteht.

Abbildung 64: χ^2-Test für die Variablen „Geschlecht“ und „gelobt“

Chi-Quadrat-Tests

	Wert	df	Asymptotische Signifikanz (2-seitig)
Chi-Quadrat nach Pearson	6,344[a]	4	,175
Likelihood-Quotient	6,557	4	,161
Zusammenhang linear-mit-linear	,629	1	,428
Anzahl der gültigen Fälle	603		

a. 0 Zellen (,0%) haben eine erwartete Häufigkeit kleiner 5. Die minimale erwartete Häufigkeit ist 11,06.

Um auch den Fall eines signifikanten Zusammenhangs vorzustellen sei auf Abbildung 65 zum Zusammenhang von Geschlecht und violenten Erziehungsverhalten am Beispiel „gestoßen“ verwiesen. Für den Pearson'schen Test wurde ein χ^2-Wert von 23,62 ermittelt mit einer Signifikanz von $p < 0{,}001$. Hier handelt es sich um eine statistisch hoch signifikante Beziehung. In diesem Fall ist die Nullhypothese zurückzuweisen und die Alternativhypothese anzunehmen. Auch für das Signifikanzniveau der Kontingenzkoeffizienten (Assoziationsmaße nominalskalierter Variablen) *Phi* und *Cramers'V* kann die Nullhypothese verworfen werden. Die Koeffizienten liegen in der Regel zwischen 0 und 1, wobei ein Wert um 0 völlige Unabhängigkeit der Variablen bedeutet und ein Wert um 1 größte Abhängigkeit. Negative Werte treten bei Assoziationsmaßen nicht auf, da die Frage nach einer Richtung des Zusammenhangs wegen des Fehlens einer Ordnungsrelation sinnlos ist.

Der *Phi-Koeffizient* liegt für 2x2-Tabellen zwischen 0 und 1, und sein Betrag ist mit dem Korrelationskoeffizienten von Pearson identisch (vgl. Kap. 7.3.3). Für größere Tabellen ist der Koeffizient dagegen ungeeignet, da er Werte über 1 annehmen kann und nicht mehr normiert ist, so dass Interpretationsschwierigkeiten auftreten können. *Cramers'V* liegt stets zwischen 0 und 1, wobei der Wert 1 auch erreicht werden kann.

Der Koeffizient *Eta* ist geeignet, wenn die *abhängige Variable* Intervall- und die *unabhängige Variable* Ordinal- oder Nominalskalenniveau besitzt. Das Quadrat von Eta ist der Anteil der Gesamtvarianz, der durch die unabhängige Variable erklärt wird.

Abbildung 65: χ^2-Test Maßzahlen für die Variablen „Geschlecht" und „gestoßen"

Chi-Quadrat-Tests

	Wert	df	Asymptotische Signifikanz (2-seitig)
Chi-Quadrat nach Pearson	23,616[a]	4	,000
Likelihood-Quotient	24,250	4	,000
Zusammenhang linear-mit-linear	13,681	1	,000
Anzahl der gültigen Fälle	601		

a. 0 Zellen (,0%) haben eine erwartete Häufigkeit kleiner 5. Die minimale erwartete Häufigkeit ist 7,67.

Symmetrische Maße

		Wert	Näherungsweise Signifikanz
Nominal- bzgl. Nominalmaß	Phi	,198	,000
	Cramer-V	,198	,000
Anzahl der gültigen Fälle		601	

a. Die Null-Hyphothese wird nicht angenommen.

b. Unter Annahme der Null-Hyphothese wird der asymptotische Standardfehler verwendet.

Richtungsmaße

			Wert
Nominal- bzgl. Intervallmaß	Eta	v24.4 gestoßen abhängig	,151
		geschl abhängig	,198

Das *Eta* im Beispiel (Abb. 65) beträgt .15, da unterstellt wird, dass die erhaltenen „Erziehungsweisen" (in dem Fall „gestoßen worden") vom Geschlecht des Kindes abhängen. (Hierbei handelt es sich um eine theoretisch plausible Kausalbeziehung). In diesem Beispiel gaben mehr Jungen als Mädchen an, von ihren Eltern gestoßen worden zu sein.

!	Aufgrund des χ^2-*Tests* sind *keine* Rückschlüsse auf eine *Kausalität* möglich. Der Signifikanztest sagt lediglich, dass bestimmte Werte der einen Variable systematisch mit bestimmten Werten der jeweils anderen Variable assoziiert sind (gemeinsam auftreten). Die Ursache davon kann allein mit statistischen Verfahren nicht ermittelt werden. Vielmehr sind hierzu bereits vor der statistischen Analyse entsprechende theoretische Überlegungen erforderlich (Deduktion).

7.3.3 Mittelwertdifferenzentest: Der t-Test nach Student (für zwei unabhängige Stichproben)

Der Vergleich von Mittelwerten gehört zu den gängigsten statistischen Analysen. Dabei soll stets die Frage geklärt werden, ob auftretende Mittelwertunterschiede der zu vergleichenden Variablen sich zufällig erklären lassen oder nicht. Im letzteren Fall spricht man von einem überzufälligen oder statistisch signifikanten bzw. systematischen Unterschied – die zu prüfende Nullhypothese, dass es in der Grundgesamtheit keinen Mittelwertsunterschied gibt, ist zu verwerfen.

!	**Grundvoraussetzung** für Mittelwertsvergleiche ist, dass die zu analysierenden Variablen *normalverteilt* sind. Ist dies nicht der Fall, wäre der Median in einem nichtparametrischen Test zum Vergleich heranzuziehen.

Die Signifikanztests (vgl. auch Kap. 7.1.4) werden nach der Begrifflichkeit „unabhängige vs. abhängige Stichproben“ differenziert. *Unabhängige Stichproben* zeichnen sich dadurch aus, dass die Werte mindestens zweier Stichproben unabhängig voneinander zustande gekommen sind. Wir haben allerdings nur eine Stichprobe. Diese ist sich jedoch – gedanklich – gewissermaßen aufgeteilt vorzustellen; nämlich beispielsweise in eine „Frauen-Stichprobe“ und eine „Männer-Stichprobe“. Diese beiden Stichproben sind in der Tat unabhängig voneinander, weil das Ankreuzverhalten der weiblichen Befragten nicht davon beeinflusst wird, wie die männlichen Befragten ankreuzen und umgekehrt.

Als Analysebeispiel zur Darstellung der Durchführung des t-Tests für zwei unabhängige Stichproben mittels SPSS soll getestet werden, ob ein systematischer Geschlechtsunterschied bezüglich des actiongenrebezogenen Medienkonsums unter Jugendlichen besteht. Sollte der Zusammenhang zwischen Geschlecht und Medienkonsum signifikant von 0 verschieden sein, würde das bedeuten, dass es systematische Unterschiede im actionbezogenen Medienkonsum zwischen Mädchen und Jungen gibt.

SPSS	<u>Voraussetzung:</u> Normalverteilung, intervallskalierte Testvariable 1. Menüwahl: *Analysieren -> Mittelwerte vergleichen -> T-Test bei unabhängigen Stichproben...* (s. Abb. 66) 2. *„Gruppenvariable"* aus der Quellvariablenliste ins entsprechende Editierfeld übertragen 3. *Gruppen def.* : entsprechend ausführen (i.B. Gruppe 1 = 0 [weibl.]; Gruppe 2 = 1 [männl.]; entspricht der Verkodung von Geschlecht) 4. *„Testvariable(n):"* aus der Quellvariablenliste ins entsprechende Editierfeld übertragen 5. *OK* bestätigen

Abbildung 66: Dialogbox „T-Test bei unabhängigen Stichproben"

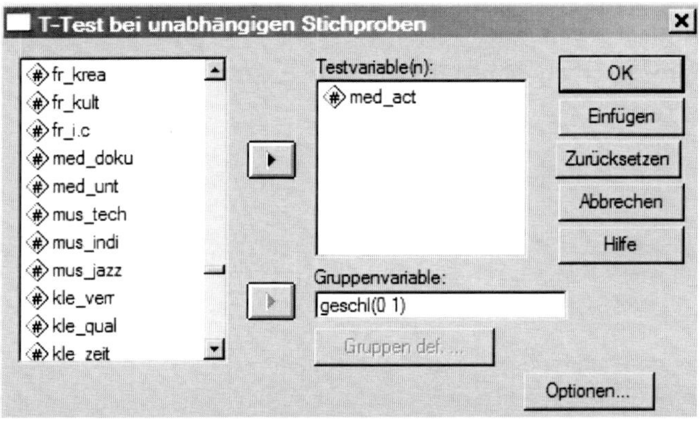

Die gekürzte Ausgabetabelle mit den entscheidenden Ergebnissen zeigt Abbildung 67. Das erste Ergebnis ist der *Levene-Test der Varianzgleichheit.* Was bedeutet das? Es geht hier um die zu testende Nullhypothese, die eine Mittelwert*gleichheit* bei Mädchen und Jungen behauptet. Diese Behauptung geht mit der Annahme, die Mädchen-Grundgesamtheit und die Jungen-Grundgesamtheit seien identisch, einher. Wenn dies zutrifft, müssten die Varianzen gleich sein. Diese (Null)Hypothese der Varianzgleichheit (Varianzenhomogenität) wird mit einer Irrtumswahrscheinlichkeit von $p < 0{,}05$ (i.B. $p = 0{,}025$) verworfen; es ist eine Varianzenheterogenität zu konstatierten.

Abbildung 67: Gekürzte Ergebnistabelle t-Test bei unabhängigen Stichproben

Test bei unabhängigen Stichproben

		Levene-Test der Varianzgleichheit		T-Test für die Mittelwertgleichheit		
		F	Signifikanz	T	df	Sig. (2-seitig)
med_act	Varianzen sind gleich	5,049	,025	-14,978	606	,000
	Varianzen sind nicht gleich			-15,048	605,955	,000

Im *T-Test* interessiert demzufolge nur noch die zweite Zeile, da die Varianzen nicht gleich sind. Die Mittelwerte unterscheiden sich statistisch hoch signifikant und die Prüfgröße T beträgt -15,05. Folglich besteht ein systematischer Geschlechtsunterschied im Medienkonsum von Actioninhalten, wobei die Jungen signifikant mehr mediale Actioninhalte konsumieren als die Mädchen.

7.3.4 Einfaktorielle Varianzanalyse: Der Vergleich von mehr als zwei unabhängigen Stichproben

Mit der einfaktoriellen Varianzanalyse (auch als One-Way-ANOVA bezeichnet) lässt sich ähnlich wie mit dem „t-Test bei unabhängigen Stichproben" die Nullhypothese überprüfen, der zufolge eine Variable in unterschiedlichen Teilgruppen der Grundgesamtheit einen gleich hohen Mittelwert aufweist oder anders ausgedrückt: Alle miteinander verglichenen Gruppenmittelwerte der betrachteten Variable sind in der Grundgesamtheit identisch. Ein wesentlicher Unterschied besteht allerdings darin, dass mit der einfaktoriellen Varianzanalyse mehrere Mittelwerte (mehrere Teilgruppen) miteinander verglichen werden können, während der t-Test nur den Vergleich zweier Mittelwerte ermöglicht. Es ist also mittels einfaktorieller Varianzanalyse ein Vergleich von mehr als zwei unabhängigen Stichproben möglich, d.h. es lässt sich untersuchen, ob plausibel angenommen werden kann, dass mehrere Mittelwerte in der Grundgesamtheit identisch sind oder nicht.

Als Analysebeispiel zur Darstellung der Durchführung der einfaktoriellen Varianzanalyse mittels SPSS soll getestet werden, ob ein bildungsspezifischer Unterschied bezüglich des Medienkonsums von Actioninhalten unter Jugendlichen besteht. Sollte der Zusammenhang zwischen Bildung und Medienkonsum signifikant von 0 verschieden sein, würde das bedeuten, dass es systematische Unterschiede im actiongenrebezogenen Medienkonsum anhand des Bildungsstatus gibt.

SPSS	Voraussetzung: Normalverteilung, intervallskalierte abhängige Variable und nominal-/ordinalskalierter Faktor 1. Menüwahl: *Analysieren -> Mittelwerte vergleichen -> Einfaktorielle ANOVA...* (s. Abb. 68) 2. *„Abhängige Variable"* aus der Quellvariablenliste ins entsprechen- de Editierfeld übertragen 3. *Faktor*: aus der Quellvariablenliste die *unabhängige Variable* ins entsprechende Editierfeld übertragen 4. *Optionen...*: **Deskriptive Statistik** anklicken 5. *Post Hoc...*: **Duncan** anklicken 6. *OK* bestätigen

Durch betätigen der Schaltfläche *„Optionen..."* öffnet sich die entsprechende Dialogbox (s. Abb. 69). Um beispielsweise die einzelnen Mittelwerte zu erhalten, aber auch andere deskriptive Daten, ist die Option „Deskriptive Statistik" anzuklicken.

Abbildung 68: Dialogbox „Einfaktorielle Varianzanalyse"

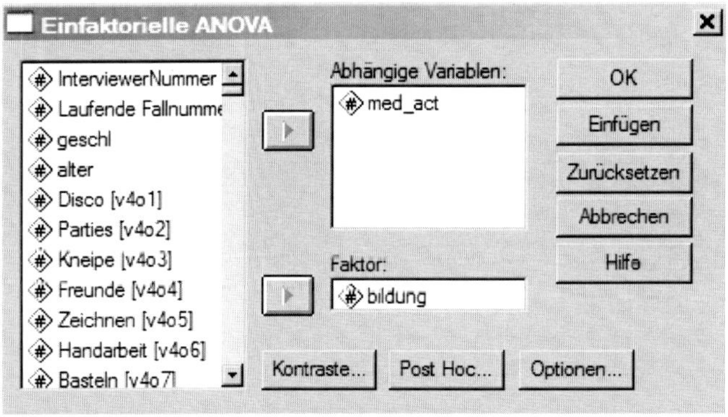

Abbildung 69: Dialogbox „Einfaktorielle Varianzanalyse: Optionen“

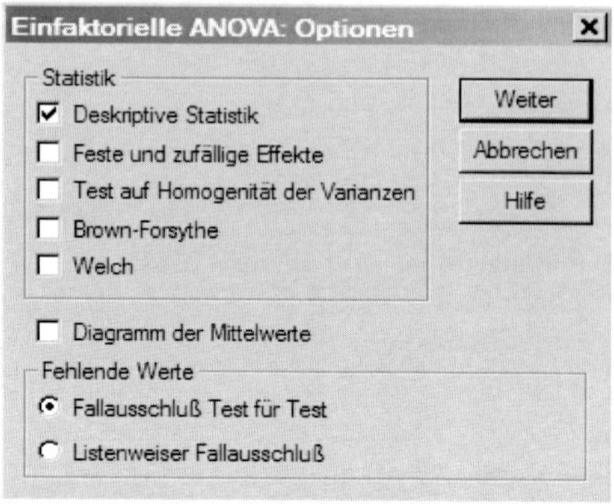

Durch betätigen der Schaltfläche „*Post Hoc...*“ können in der entsprechenden Dialogbox (s. Abb. 70) ***multiple Vergleichstests*** durchgeführt werden, wobei verschiedene Berechnungsverfahren zur Verfügung stehen – eine Kurzbeschreibung der Verfahren bietet BROSIUS (2004, 512ff). Neben der möglichen Wahl eines auch *A-posteriori-Test* genannten Post-Hoc-Tests ist gleichzeitig das Signifikanzniveau zu bestimmen (die Voreinstellung bei SPSS ist ein 5%-Signifikanzniveau). Ein signifikantes Ergebnis der Varianzanalyse (des F-Testes), d.h., dass nicht alle Gruppenmittelwerte in der Grundgesamtheit gleich sind, bedeutet jedoch nicht, dass sich alle Mittelwerte voneinander unterscheiden. Es kann durchaus sein, dass mehrere Mittelwerte miteinander übereinstimmen und nur einer oder wenige Gruppenmittelwerte von diesem einheitlichen Mittelwert abweichen. Die einzelnen Gruppen können jeweils untereinander auf mögliche Mittelwertsunterschiede hin anhand multipler Vergleichstests untersucht werden.

Ein häufiges Testverfahren (bei Annahme gleicher Varianzen) ist der *Duncan-Test*, der stufen-/paarweise Vergleiche zwischen den Gruppen durchführt; ein ähnliches Verfahren ist der Test nach *Student-Newman-Keuls* (*S-N-K*). Der Duncan-Test fasst jeweils alle Gruppen, deren Mittelwerte sich nicht signifikant voneinander unterscheiden, zu einer als homogen unterstellten Gruppe zusammen. Im Falle eines signifikanten Ergebnisses der Varianzanalyse zeigt er an, welche Gruppen (i.B. Bildungsgruppen) sich im Einzelnen signifikant voneinander unterschieden.

Abbildung 70: Dialogbox „Einfaktorielle ANOVA: Post-Hoc-Tests"

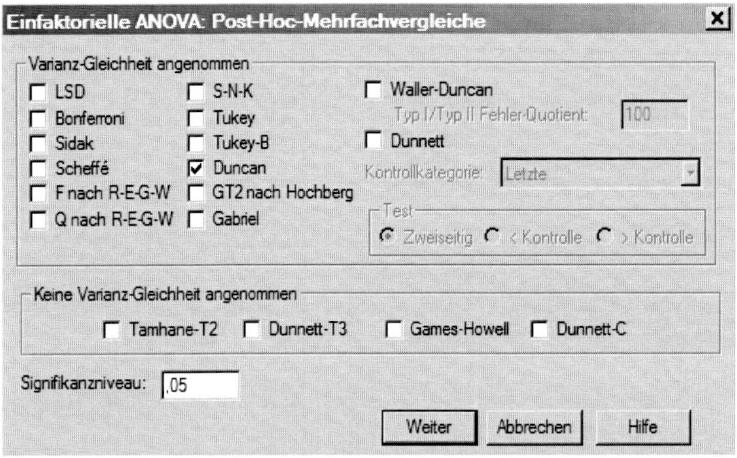

Die erste Ergebnistabelle des Analysebeispiels gibt einige deskriptive Maßzahlen für die drei miteinander verglichenen Fallgruppen wieder (s. Abb. 71). In der Spalte *N* ist beispielsweise abzulesen, dass die Kategorie mit dem höchsten Bildungsstatus mit 211 Jugendlichen die größte Gruppe darstellt. Die Spalte *Mittelwert* weist die drei Gruppenmittelwerte aus, die durch die einfaktorielle Varianzanalyse miteinander verglichen werden sollen. Es ist zu erkennen, dass die Hauptschüler mit 3,08 den höchsten Grad des actiongenrebezogenen Medienkonsum aufweisen. Der durchschnittliche Medienkonsum liegt bei 2,69 auf einer Fünferskala, wobei 5 sehr häufiger und 1 kein Konsum ist.

Die beiden letzten Spalten *Minimum* und *Maximum* zeigen, dass in allen drei Gruppen zwar der niedrigste Skalenwert aber nicht auch der höchste Skalenwert vertreten ist. D.h. in jeder Gruppe gibt es mindestens einen Jugendlichen, der angab, überhaupt keine Actionmedien zu konsumieren; allerdings gibt es unter den Realschülern keinen Einzigen, der den höchsten Medienkonsumwert erreicht. (Da es sich bei der Variable Medienkonsum um einen Index handelt, kommen auch Dezimalwerte zustande). Zusätzlich wird für die drei Mittelwerte jeweils ein 95%-Konfidenzintervall ausgewiesen. Dies sind die Wertbereiche, in denen die drei Gruppenmittelwerte in der Grundgesamtheit mit einer Wahrscheinlichkeit von 95% (5%-Signifikanzniveau) liegen. Die Tatsache, dass sich die Mittelwertbereiche von Hauptschülern mit denen der beiden anderen Gruppen nicht überschneiden, deutet bereits an, dass die Mittelwerte dieser beiden Gruppen (HS vs. RS/GY) mit gewisser Wahrscheinlichkeit auch in der Grundgesamtheit voneinander verschieden sind.

Abbildung 71: Ergebnistabellen der einfaktoriellen Varianzanalyse

ONEWAY deskriptive Statistiken

med_act

	N	Mittelwert	Standardabweichung	Standardfehler	95%-Konfidenzintervall für den Mittelwert Untergrenze	Obergrenze	Minimum	Maximum
1,00 HS	188	3,0801	,93332	,06807	2,9458	3,2143	1,00	5,00
2,00 RS	183	2,5139	,77469	,05727	2,4009	2,6269	1,00	4,40
3,00 GY	211	2,4983	,76769	,05285	2,3942	2,6025	1,00	5,00
Gesamt	582	2,6912	,86817	,03599	2,6205	2,7618	1,00	5,00

ONEWAY ANOVA

med_act

	Quadratsumme	df	Mittel der Quadrate	F	Signifikanz
Zwischen den Gruppen	42,025	2	21,013	30,732	,000
Innerhalb der Gruppen	395,882	579	,684		
Gesamt	437,907	581			

Die Überprüfung der Nullhypothese, welche unterstellt, dass der Grad des actionbezogenen Medienkonsums in allen drei betrachteten Fallgruppen in der Grundgesamtheit einen gleich hohen Mittelwert aufweist, erfolgt anhand des *F-Testes*. Im vorliegenden Analysebeispiel liefert die einfaktorielle Varianzanalyse („ONEWAY ANOVA“) ein hoch signifikantes Ergebnis ($p < 0,001$). Der für den Gruppenvergleich berechnete F-Wert beträgt 30,73. Aufgrund der sehr geringen Irrtumswahrscheinlichkeit kann die Nullhypothese, der zufolge kein Unterschied zwischen den Mittelwerten besteht, zurückgewiesen werden.

Der Duncan-Test (s. Abb. 72) liefert auf dem voreingestellten Niveau p = 0,05 zwei getrennte „homogene“ Untergruppen, von denen die eine aus den Gymnasiasten (M = 2,50) und Realschülern (M = 2,51) und die andere aus den Hauptschülern (M = 3,08) besteht. Dies bedeutet, dass sich die Hauptschüler von den Jugendlichen mit mittlerem und hohem Bildungsstatus signifikant unterscheiden, diese beiden Bildungsgruppen aber untereinander keinen signifikanten Unterschied aufweisen (denn hier liegt das Signifikanzniveau bei 0,85) sondern eine homogene Untergruppe bilden.

Abbildung 72: Post-Hoc-Test: Homogene Untergruppen (Duncan-Test)

med_act

Duncan[a,b]

bildung	N	Untergruppe für Alpha = .05	
		1	2
3,00 GY	211	2,4983	
2,00 RS	183	2,5139	
1,00 HS	188		3,0801
Signifikanz		,853	1,000

Die Mittelwerte für die in homogenen Untergruppen befindlichen Gruppen werden angezeigt.

a. Verwendet ein harmonisches Mittel für Stichprobengröße = 193,262.

b. Die Gruppengrößen sind nicht identisch. Es wird das harmonische Mittel der Gruppengrößen verwendet. Fehlerniveaus des Typs I sind nicht garantiert.

So stellt sich mittels *A-posteriori-Tests* heraus, dass die Bestätigung der Alternativhypothese durch die einfaktorielle Varianzanalyse, nämlich dass ein Zusammenhang zwischen Action-Medienkonsum und Bildung besteht, auf die differenten Untergruppen zwischen auf der einen Seite Hauptschülern und auf der anderen Seite Realschülern und Gymnasiasten zurückzuführen ist. Somit erhält man durch die Anwendung des Duncan-Tests einen differenzierteren Erkenntnisgewinn, als dies nur durch die einfaktorielle Varianzanalyse der Fall ist.

7.3.5 Korrelation

Mit der Korrelationsrechnung wird die Stärke des statistischen Zusammenhangs ermittelt. Es geht um die Überprüfung, ob und wenn ja, in welchem Maße ein Zusammenhang (Korrelation) zwischen den Ausprägungen zweier Größen, also zwischen *zwei Variablen*, besteht. Die Berechnung bivariater Zusammenhangsmaße gründet auf der Bildung von Wertepaaren. Zusammenhänge zwischen mehr als zwei Variablen können anhand der sogenannten *multiplen Korrelation* analysiert werden (dies ist Teil der multiplen linearen Regression; Kap. 7.4.2.1).

Eine Messzahl für die Eindeutigkeit des linearen Zusammenhangs ist der *Korrelationskoeffizient*, der maximal den Wert 1 für extrem positive Korrelation und minimal den Wert von -1 für extrem negative Korrelation annehmen kann. Ein Korrelationskoeffizient von 0 zeigt an, dass kein linearer Zusammenhang gemessen werden konnte. (Da der Korrelationskoeffizient auf die Entdeckung linearer Zusammenhänge beschränkt ist, kann aber auch bei einem Koeffizienten von 0 ein hoher, aber nicht linearer Zusammenhang vorliegen). Der Korrelationskoeffizient ist umso kleiner, je geringer der lineare Zusammenhang zwischen den Merkmalen ist. Für die Bezeichnungen (Interpretationen) bestehen unterschiedliche Konventionen (s. Abb. 73; BÜHL/ZÖFEL 2005, 322).

Abbildung 73: Interpretation von Korrelationskoeffizienten

Korrelationskoeffizient	**Interpretation**
bis 0,2	sehr geringe Korrelation
bis 0,5	geringe Korrelation
bis 0,7	mittlere Korrelation
bis 0,9	hohe Korrelation
über 0,9	sehr hohe Korrelation

Abbildung 74: Positiver linearer Zusammenhang

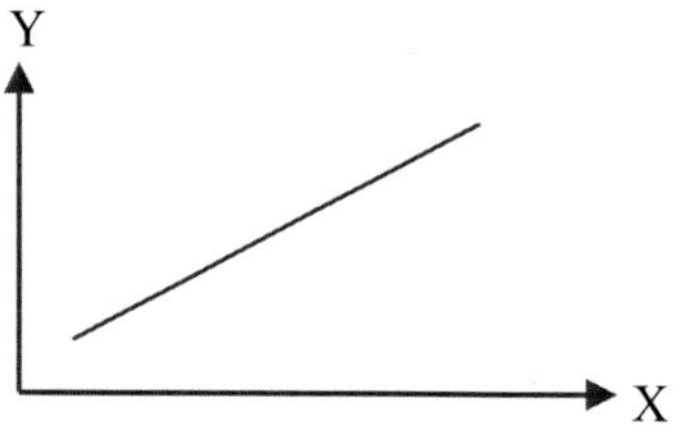

Von einer *positiven Korrelation* spricht man dann, wenn große x-Werte großen y-Werten entsprechen (s. Abb. 74). Hingegen liegt eine *negative Korrelation* bei kleinen y-Werten und großen x-Werten (bzw. im umgekehrten Verhältnis) vor.

!	In Abhängigkeit von der **Skalenqualität** der zu analysierenden Variablen kommen unterschiedliche **Korrelationsmaße** zum Einsatz: - ***intervallskalierte, normalverteilte Variablen***: Produkt-Moment-Korrelation nach Pearson (r) - ***mind. eine Variable ist ordinalskaliert oder nicht normalverteilt***: Rangkorrelation nach Spearman (ρ; sprich: Rho) oder Kendalls Tau (τ) - ***nominalskalierte Variablen***: Kontingenzkoeffizient von Pearson (C) oder in speziellen Fällen: Vier-Felder-Koeffizient (Φ; sprich: Phi)

7.3.5.1 Produkt-Moment-Korrelation nach Pearson

Die Durchführung der Korrelationsrechnung mittels SPSS wird am Beispiel der Zusammenhangsprüfung zwischen dem „actiongenrespezifischen Medienkonsum" Jugendlicher mit den „erfahrenen sanktionierenden Erziehungsweisen", dem Bildungsstatus und dem Geschlecht illustriert. Da es sich hier um metrische Daten handelt – das Geschlecht kann als dichotome Variable entsprechend einer metrischen Variable interpretiert werden –, wird das Verfahren nach Pearson gewählt.

SPSS	Voraussetzung: intervallskalierte (metrische) Variablen 1. Menüwahl: *Analysieren -> Korrelation -> Bivariat...* (s. Abb. 75) 2. zu analysierende Variable in der Quellvariablenliste markieren und ins Editierfeld „*Variablen:*" übertragen 3. *Korrelationskoeffizienten:* **Pearson** anklicken 4. *Test auf Signifikanz:* **Zweiseitig** [beide Seiten der Verteilungskurve] 5. *OK* bestätigen

Abbildung 75: Dialogbox „Bivariate Korrelationen"

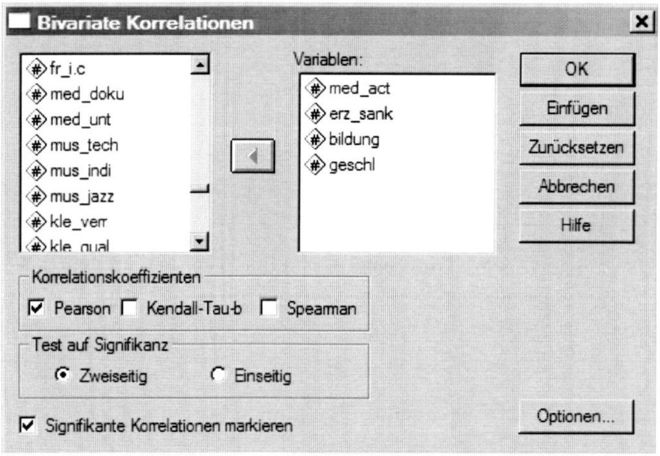

Die Ausgabetabelle (s. Abb. 76) liefert jeweils den Pearson-Korrelationskoeffizient r, die sich bei der Absicherung von r gegen 0 ergebende Irrtumswahrscheinlichkeit p und die Anzahl (N) der jeweiligen Wertepaare. Die stärkste Korrelation (r = 0,52) besteht zwischen dem actionbezogenen Medienkonsum und dem Geschlecht (weibl.=0; männl.=1). Dies bedeutet, dass mit einer Zunahme am Konsum medialer Actioninhalte die Wahrscheinlichkeit, dass diejenige

Person ein Junge ist, steigt. Zwischen dem Medienkonsum und dem Bildungsstatus besteht hingegen eine negative Beziehung und zwar so, dass mit steigendem Medienkonsum der Bildungsstatus abnimmt bzw. umgekehrt.

Abbildung 76: Ausgabefenster Korrelationen

Korrelationen

		med_act	erz_sank	bildung	geschl
med_act	Korrelation nach Pearson	1	,234**	-,273**	,520**
	Signifikanz (2-seitig)	.	,000	,000	,000
	N	608	606	582	608
erz_sank	Korrelation nach Pearson	,234**	1	-,180**	,152**
	Signifikanz (2-seitig)	,000		,000	,000
	N	606	606	580	606
bildung	Korrelation nach Pearson	-,273**	-,180**	1	-,233**
	Signifikanz (2-seitig)	,000	,000		,000
	N	582	580	582	582
geschl	Korrelation nach Pearson	,520**	,152**	-,233**	1
	Signifikanz (2-seitig)	,000	,000	,000	
	N	608	606	582	608

**. Die Korrelation ist auf dem Niveau von 0,01 (2-seitig) signifikant.

Nun gilt es die Frage zu beantworten, ob dieser in der Stichprobe beobachtete Korrelationskoeffizient signifikant von 0 verschieden ist, d.h., ob die Nullhypothese, in der Grundgesamtheit gäbe es keinen Zusammenhang, widerlegt werden kann. Im vorliegenden Beispiel sind alle Koeffizienten hoch signifikant ($p < 0{,}001$), somit ist die Alternativhypothese, es bestehen Zusammenhänge zwischen den untersuchten Variablen, zu bestätigen.

Signifikante Korrelationen werden von SPSS bei einem Signifikanzniveau von 5% (zweiseitig) automatisch mit einem Sternchen (*) versehen, bei einem Signifikanzniveau von 1% (zweiseitig) mit zwei Sternchen (**).

An dieser Stelle sei noch ein Hinweis zur Interpretation von r angebracht: Wenn der r-Wert quadriert wird, erhält man den sogenannten *Determinationskoeffizienten*. Der Determinationskoeffizient liegt beispielsweise für die Variable Bildung bei $r^2 = (-0{,}27)^2 = 0{,}07$. Dieser Wert besagt, dass 7% der Variation (Streuung) der abhängigen Variable Y (actionbezogener Medienkonsum) über die Variation der Variable X (Bildung) statistisch erklärt werden. Es handelt sich hier um die sogenannte *Varianzaufklärung*, weil die Streuung der Variable Y über den Einfluss der Variable X aufzuklären versucht wird.

(!) In sozial-/erziehungswissenschaftlichen Datenbeständen wird sich selten ein Determinationskoeffizient, der deutlich über 20% liegt, ergeben. Denn das Datenmaterial streut in der Regel sehr stark, weshalb Varianzaufklärungen einzelner Werte eher klein sind.

!	Der Korrelationskoeffizient alleine sagt allerdings noch nichts darüber aus, ob es sich um einen kausalen Zusammenhang handelt (vgl. ATTESLANDER 2003, 297). Ohne theoretische Fundierung lässt sich z.B. nicht behaupten, dass ein niedriger Bildungsstatus einen vermehrten Medienkonsum von Actioninhalten bedingt.

7.3.5.2 Rangkorrelation sowie Kontingenzkoeffizient

Die *Rangkorrelationen nach **Spearman** oder **Kendall*** sind bei ordinalskalierten oder nichtnormalverteilten intervallskalierten Variablen anstelle der Produkt-Moment-Korrelation nach Pearson zu berechnen. Die SPSS-Applikation und die Ergebnisinterpretation unterscheiden sich lediglich in der *Wahl des Korrelationskoeffizienten*. Die Kendall-Korrelation berechnet durchweg deutlich niedrigere Koeffizienten als die Spearman-Korrelation. Der Kendall-Koeffizient ist beim Auftreten von Ausreißern vorteilhaft.

Die Korrelationsrechnung für nominalskalierte Variablen – der *Kontingenzkoeffizient oder Φ (Phi)* – wurde bereits im Kapitel „χ^2-Test und weitere Maßzahlen" (vgl. Kap. 7.3.2.2) ausgeführt.

7.3.6 Bivariate Regression

Während die Korrelationsrechnung (vgl. Kap. 7.3.5) die Stärke des Zusammenhangs zwischen zwei Variablen ermittelt, dient die Regressionsanalyse dazu, die Art dieses Zusammenhangs aufzudecken bzw. Möglichkeiten an die Hand zu geben, den Wert einer (abhängigen) Variable aus dem Wert einer anderen (unabhängigen) Variable vorherzusagen. Die *bivariate Regressionsanalyse* ist dadurch gekennzeichnet, dass nur eine unabhängige Variable untersucht wird, während in der *multiplen Regressionsanalyse* mehrere unabhängige Variablen berücksichtigt werden und somit eine Drittvariablenkontrolle möglich ist (vgl. Kap. 7.4.2).

Die Regressionsanalyse wird insbesondere eingesetzt, um

- Zusammenhänge quantitativ zu beschreiben und sie zu erklären,
- Werte der abhängigen Variable zu schätzen bzw. zu prognostizieren.

Der primäre Anwendungsbereich der Regressionsanalyse ist die Untersuchung von *Kausalbeziehungen.* Diese *Ursache-Wirkungs-Beziehung*, die auch als Je-Desto-Beziehung bezeichnet werden kann, lässt sich folgendermaßen skizzieren:

X ⟶ Y

Bei der einfachen Regressionsanalyse geht es also darum, die Art des Zusammenhangs zwischen einer unabhängigen Variable X (Prädiktor) und einer abhängigen Variable Y (Kriterium) zu beschreiben. Mit diesem Ansatz (Regressionsmodell) wird der zu betrachtende Ausschnitt der komplexen Realität auf zwei Variablen reduziert.

Alternative Bezeichnungen der Variablen in der Regressionsanalyse sind für:
- *Unabhängige Variable:* Prädiktor, erklärende oder beeinflussende Variable.
- *Abhängige Variable:* Kriterium, Prognosevariable, erklärte oder beeinflusste Variable.

Mit der Beschreibung der Art eines bivariaten Zusammenhangs wird genau genommen mehr geleistet als lediglich eine Beschreibung: Mit der Beantwortung der Frage, wodurch die Streuung der Variable Y beeinflusst wird, wird gleichzeitig eine statistische Erklärung geliefert (vgl. SCHÖNECK/VOß 2005, 164).

Es lassen sich je nach skalenniveaubezogenen Voraussetzungen der zu analysierenden Variablen unterschiedliche Formen von bivariaten (und auch multivariaten) Regressionsanalysen unterscheiden (s. Abb. 77):

- *Einfache lineare Regression* (ausschließlich bivariat)
- *Binäre logistische Regression* (bi-/multivariat)
- *Multinominale logistische Regression* (bi-/multivariat)

Abbildung 77: Skalenniveaubezogene Voraussetzungen normalverteilter Variablen

		Unabhängige Variable (Prädiktor)	
	Skalenniveau	metrisch	nominal/ordinal
Abhängige *Variable (Kriterium)*	metrisch	**Einfache lineare Regression**	
	nominal		**Multinominale logistische Regression**
	dichotom	**Binäre logistische Regression**	

Wie in Abbildung 77 zu sehen ist, sind für die *einfache lineare Regressionsanalyse* (mind.) intervallskalierte (möglicherweise auch ordinalskalierte) Variablen Voraussetzung. (!) Eine **Ausnahme** stellen allerdings die sogenannten „***Dummy-Variablen***" (binäre Variablen) dar, die ebenfalls wie intervallskalierte Variablen benutzt werden können.

Die *binäre logistische Regression* prüft die Abhängigkeit einer dichotomen Variable von einer (mehreren) anderen Variable(n) beliebiger Skalierung. Ist die abhängige Variable nominalskaliert mit mehr als zwei Kategorien, so ist das passende Verfahren die *multinominale logistische Regression*, die eine Variante der logistischen Regression (Logit-Analyse) darstellt (vgl. Kap. 7.4.2.2).

Bei der *linearen Regressionsanalyse* wird von einer *linearen Beziehung* (lineare Funktion) ausgegangen. Ist der untersuchte Zusammenhang nicht linear, so kann für intervallskalierte Variablen die *nichtlineare Regression* gewählt werden (vgl. z.B. BÜHL/ZÖFEL 2005, 347ff); diese wird in dem Buch nicht beschrieben, da sie in der Praxis der empirischen Sozialforschung nur außerordentlich selten zu nutzen ist (SCHÖNECK/VOß 2005, 166). Die *logistische Regression* geht von einer *logistischen Funktion* (Logit-Modell) aus.

Für die Durchführung der Regressionsanalyse und ihre Beurteilung empfiehlt sich folgende **Vorgehensweise** (vgl. BACKHAUS et al. 2006, 52ff):

1) *Modellformulierung* (SPSS-Applikation)
2) Prüfung und Bestimmung der Regressionsfunktion (globale Prüfung)
3) Prüfung der Regressionskoeffizienten
4) *Prüfung der Modellprämissen* (vgl. BACKHAUS et al. 2006, 78ff)

Die einfache lineare Regression

Ein *linearer Zusammenhang* bedeutet, dass sich beide Variablen im gleichen Verhältnis entwickeln. Die einzelnen Fälle (Untersuchungseinheiten) verteilen sich im Koordinatensystem als eine (grafische) Punktewolke, die sich idealtypisch (von einigen Ausnahmen abgesehen) an eine Gerade anschmiegt. Die Aufgabe der Regressionsrechung besteht darin, in die Punktewolke aller erhobenen Untersuchungseinheiten eine sie zusammenfassend beschreibende Funktion hineinzulegen. Diese Funktion wird als *Regressionsfunktion* bezeichnet. Im einfachsten und auch häufigsten Fall handelt es sich dabei um eine *lineare Funktion*, die *Regressionsgerade.*

Da die Parameter der linearen Funktion für die inhaltliche Interpretation der Auswertungsergebnisse sehr wichtig sind, wird darauf kurz eingegangen. Die *lineare Funktion* sieht mathematisch wie folgt aus:

$$y = a + bx$$

Die grafische Darstellung ist Abbildung 78 zu entnehmen:

Abbildung 78: Lineare Funktion

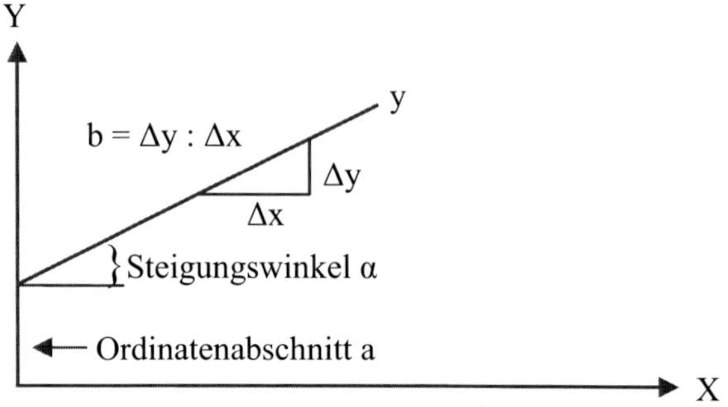

a = *Ordinatenabschnitt bzw. konstantes Glied* markiert den Abschnitt bis zum Schnittpunkt der Regressionsgeraden mit der Y-Achse (vertikale Achse bzw. Ordinante).

b = *Regressionskoeffizient* (geometrisch gesehen ist b die Steigung od. Neigung der Regressionsgeraden bzw. Tangens des Steigungswinkels).

y = *Schätzung der abhängigen Variable* x = *Unabhängige Variable*

Die Regressionsanalyse ermittelt a und b rechnerisch so, dass die Regressionsgerade optimal durch die Punktewolke, also mitten hindurch verläuft. Diese Berechnung führt SPSS mit Hilfe der „Methode der kleinsten Quadrate" durch.

Im Folgendem wird auf die Durchführung und **Ergebnisinterpretation** der einfachen linearen Regression anhand des Beispiels der Zusammenhangsprüfung zwischen „erfahrenen sanktionierenden Erziehungsweisen" (Prädiktor) und dem „actiongenrespezifischen Medienkonsum" (Prognosevariable) unter Jugendlichen eingegangen.

!	**Voraussetzung** für die Durchführung der *einfachen linearen Regressionsanalyse* ist, dass die zu analysierenden Variablen *normalverteilt* und *intervallskaliert* (möglicherweise auch ordinalskaliert) sind. Es besteht aber auch die Möglichkeit mit Hilfe sogenannter *Dummy-Variablen* qualitative (nominalskalierte) Variablen in binäre Variablen umzuwandeln und diese dann wie metrische Variablen zu behandeln.

Für die Ergebnisinterpretation sind folgende Maße besonders wichtig:

F-Test und R^2 (Prüfung und Bestimmung der Regressionsfunktion)

Die *F-Statistik* bietet ein Prüfkriterium das ausdrückt, wie gut sich die Regressionsfunktion an die beobachteten Daten anpasst. Hierbei geht es um die Frage, ob das geschätzte Modell auch über die Stichprobe hinaus für die Grundgesamtheit Gültigkeit besitzt. Der *F-Test* kann zur Prüfung der Nullhypothese verwendet werden. Er besteht im Kern darin, dass ein empirischer F-Wert berechnet und mit einem kritischen Wert verglichen wird.

→ Bei Gültigkeit der Nullhypothese ist zu erwarten, dass der F-Wert 0 ist. Weicht er dagegen stark von 0 ab und überschreitet einen kritischen Wert, so spricht dies dafür, die Alternativhypothese anzunehmen und auf einen Zusammenhang in der Grundgesamtheit zu schließen.

Das *Bestimmtheitsmaß* R^2 ist eine normierte Größe, deren Wertebereich zwischen 0 und 1 liegt. R^2 ist umso größer, je höher der Anteil der erklärten Streuung an der Gesamtstreuung ist (im theoretischen Extremfall ist $R^2 = 1$, wenn die gesamte Streuung erklärt wird). R^2 lässt sich alternativ durch Streuungszerlegung oder als Quadrat der Korrelation *R (multipler Korrelationskoeffizient)* zwischen den beobachteten und den geschätzten Y-Werten berechnen. Das Bestimmtheitsmaß R^2 wird in seiner Höhe durch die Zahl der Prädiktoren (unabhängige Variablen) beeinflusst. Bei jedem hinzukommenden (auch irrelevanten) Prädiktor wird ein mehr oder weniger großer Erklärungsanteil hinzugefügt. Diesen Sachverhalt berücksichtigt das *korrigierte Bestimmtheitsmaß* (*Korr.* R^2), weshalb dieses Maß prioritär (!) für die Interpretation herangezogen werden sollte.

t-Test (Prüfung der Regressionskoeffizienten B und Beta)
Ein geeignetes Prüfkriterium zur Beurteilung des Regressionskoeffizienten ist die t-Statistik. Durch den *t-Test* wird die Frage überprüft, ob die unbekannten, wahren Regressionskoeffizienten sich von 0 unterscheiden. Der t-Wert einer unabhängigen Variable errechnet sich sehr einfach, indem der entsprechende Regressionskoeffizient durch dessen Standardfehler dividiert wird. Bei Gültigkeit der Nullhypothese gilt für die t-Statistik, das ein Wert von 0 zu erwarten ist. Die Beurteilung, ob der Regressionskoeffizient statistisch signifikant ist, kann entweder über die „Konsultation" der t-Tabelle erfolgen oder direkt bei SPSS durch Inspektion des Signifikanzniveaus. → Hier sollte wiederum eine Vertrauenswahrscheinlichkeit von mind. 95% bzw. $p < 0{,}05$ als Annahmekriterium der Alternativhypothese gewählt werden.

Der standardisierte Regressionskoeffizient *Beta* (β) kann zwischen -1 und +1 variieren, wobei der Wert 0 keinen Zusammenhang bedeutet. Das Vorzeichen bestimmt die Richtung des Zusammenhangs (- = negative Beziehung; + = positive Beziehung).

SPSS	Voraussetzung: intervallskalierte Variablen 1. Menüwahl: *Analysieren -> Regression -> Linear...* (s. Abb. 79) 2. *Abhängige Variable* ins entsprechende Editierfeld übertragen 3. *Unabhängige Variable* ins entsprechende Editierfeld übertragen 4. *Methode:* **Einschluss** wählen 5. *OK* bestätigen

Abbildung 79: Dialogbox(ausschnitt) „Lineare Regression“

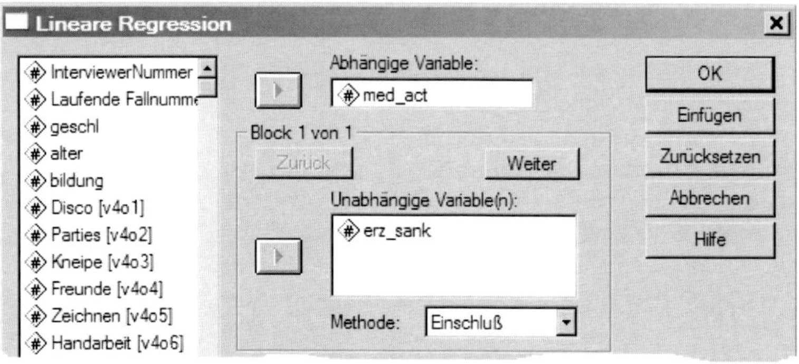

Zur **Prüfung und Bestimmung der Regressionsfunktion** und somit des gesamten Regressionsmodells sind die ersten beiden abgebildeten Ergebnistabellen in Abbildung 80 relevant. In der *ANOVA-Tabelle* – was für Varianzanalyse steht – ist der *F-Test* und hierbei vor allem die Signifikanz entscheidend. Der F-Test weißt einen statistisch hoch signifikanten Zusammenhang ($p < 0.001$) aus. Dies bedeutet, dass die Alternativhypothese, in der Grundgesamtheit gibt es einen Zusammenhang zwischen Erziehungserfahrungen und Medienkonsum, bestätigt werden kann und somit die Nullhypothese verworfen werden muss. Über die Stärke des Zusammenhangs gibt das *Bestimmtheitsmaß* in der *Tabelle Modellzusammenfassung* Auskunft. Das korrigierte $R^2 = .05$, was einer Varianzaufklärung der Prognosevariable (actionbezogener Medienkonsum) von 5% entspricht.

Abbildung 80: Ergebnistabellen Modellzusammenfassung

Modellzusammenfassung

Modell	R	R-Quadrat	Korrigiertes R-Quadrat	Standardfehler des Schätzers
1	,234[a]	,055	,053	,84652

a. Einflußvariablen : (Konstante), erz_sank

ANOVA[b]

Modell		Quadrat-summe	df	Mittel der Quadrate	F	Signifikanz
1	Regression	25,142	1	25,142	35,085	,000[a]
	Residuen	432,828	604	,717		
	Gesamt	457,970	605			

a. Einflußvariablen : (Konstante), erz_sank

b. Abhängige Variable: med_act

Die **Prüfung des Regressionskoeffizienten** erfolgt anhand der Ausgabetabelle für die Regressionskoeffizienten (s. Abb. 81). Unter der Bezeichnung „(Konstante)" wird der *Ordinatenabschnitt* a der linearen Regressionsfunktion mit 2,33 (durchschnittliche sanktionierende Erziehungserfahrungen) angegeben. Darunter findet sich mit 0,21 die *Steigung* b. Dieser Wert bedeutet, dass mit Zunahme der Variable X (Erziehungserfahrungen) um eine Einheit die Variable Y (actionbezogener Medienkonsum) tendenziell um 0,21 Einheiten ansteigt. Anhand des Vorzeichens (- oder +) ist der Verlauf des Zusammenhangs zu ersehen; hier handelt es sich um einen positiven Zusammenhang.

Abbildung 81: Ausgabetabelle Regressionskoeffizienten

Koeffizienten[a]

Modell		Nicht standardisierte Koeffizienten		Standardisierte Koeffizienten	T	Signifikanz
		B	Standardfehler	Beta		
1	(Konstante)	2,326	,070		33,013	,000
	erz_sank	,212	,036	,234	5,923	,000

a. Abhängige Variable: med_act

Für die **Ergebnisinterpretation** sind vor allem der standardisierte Regressionskoeffizient *Beta* (β) und der *t-Test* von Interesse. Der Beta-Koeffizient berücksichtigt die Anteile der Standardabweichung. (Wenn die Prädiktorvariable um eine Einheit steigt, dann steigt die Kriteriumsvariable um den Beta-Anteil der Varianz).

In der Beispielanalyse ist festzustellen, dass zwischen sanktionierenden Erziehungserfahrungen und dem Medienkonsum von Actioninhalten ein statis-tisch hoch signifikanter positiver Zusammenhang mit einem β von 0,23 besteht.

7.4 Multivariate/multiple Methoden

Die bivariate Statistik kann als Grundbaustein der multivariaten/multiplen Statistik verstanden werden. Bei den *mehrvariablen Verfahren* werden mehr als zwei Untersuchungsvariablen gleichzeitig in die Analyse einbezogen. Die Schlussfolgerung gegenüber der bivariaten Analyse kann durch die Berücksichtigung einer oder mehrerer weiteren Variable(n) eine andere sein.

Die Vielzahl multivariater Analyseverfahren differenzieren BACKHAUS et al. (2006, 7ff) in „strukturen-entdeckende" und „strukturen-prüfende" Verfahren:

- Das Ziel ***strukturen-entdeckender Verfahren*** liegt in der Entdeckung von Zusammenhängen zwischen Variablen oder zwischen Objekten. Der Anwender besitzt zu Beginn der Analyse noch keine Vorstellung darüber, welche Beziehungszusammenhänge in einem Datensatz existieren (z.B. Faktoren-/Hauptkomponentenanalyse; vgl. Kap. 6.6).
- Das primäre Ziel ***strukturen-prüfender Verfahren*** ist die Überprüfung von Zusammenhängen zwischen Variablen. Der Anwender besitzt eine auf sachlogischen oder theoretischen Überlegungen basierende Vorstellung über die Beziehungen zwischen Variablen und möchte diese überprüfen.

Im Weiteren wird sich ausschließlich mit strukturen-prüfenden Verfahren auseinandergesetzt: Liegt ein statistischer Zusammenhang zwischen zwei Variablen X und Y vor sollte sichergestellt werden, dass keine dritte Variable Z *(Drittvariable)* die bivariate Beziehung verursacht bzw. stark beeinflusst, also ein Effekt einer Drittvariable, ein sogenannter *Drittvariableneinfluss*, vorliegt. Mittels multivariater (strukturen-prüfender) Verfahren können Drittvariablen kontrolliert bzw. ihre Auswirkungen abgeschätzt werden.

Die *Drittvariablenkontrolle* ist bei der Überprüfung von Theorien in der Regel unverzichtbar. Sie dient dazu,

- Stärke und Richtung einer gemessenen bivariaten Beziehung einzuschätzen,
- Aufschluss über die kausale Anordnung der miteinander in Beziehung gesetzten Variablen zu erhalten.

Dabei sind folgende vier Möglichkeiten des Drittvariableneinflusses sowie der kausalen Strukturierung denkbar (BAUR 2004, 203):

Modell additiver Multikausalität

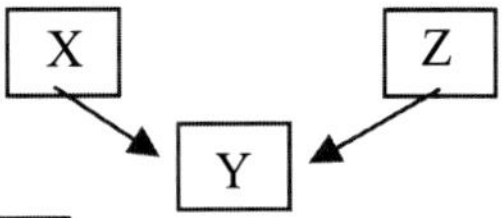

Modell der gemeinsamen Ursache

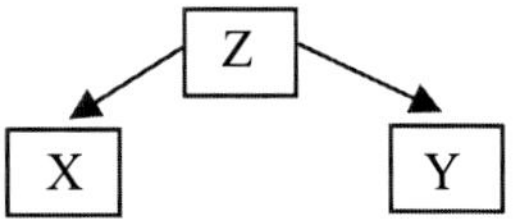

Interaktionsmodell

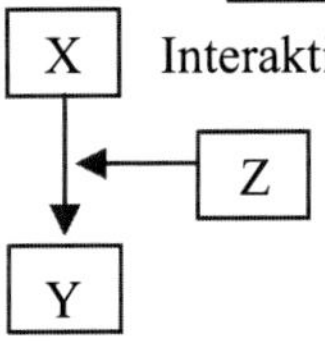

Interventionsmodell

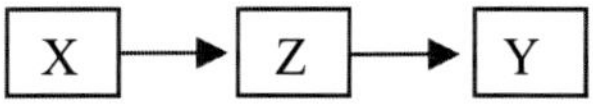

Dreiecksbeziehungen der vorgestellten Art können mit Hilfe der Technik des Konstanthaltens von Drittvariablen überprüft werden. Wird das Vorliegen eines Dreivariablen-Kausalmodells vermutet, sollte *theoretisch* überlegt werden, welche Kausalmodelle inhaltlich sinnvoll sind. Auch wenn ein bestimmtes Kausalmodell vermutet wird, sollten alle für plausibel gehaltenen Kausalmodelle aufgestellt und überprüft werden. Bei dieser *falsifikatorischen Forschungsstrategie* werden alle theoretisch wahrscheinlichen Kausalmodelle gegenseitig abgewogen, ohne ausschließlich ein präferiertes Modell – wie bei einer *konfirmatorischen Forschungsstrategie* – zu überprüfen, wodurch möglicherweise die tatsächlichen Zusammenhänge nicht erkennbar werden.

Die Auswahl eines statistischen Analyseverfahrens zur Überprüfung von Drei- bzw. Mehrvariablenmodellen hängt immer vom Skalenniveau der zu analysierenden Variablen ab. In Abbildung 82 sind die skalenbezogenen Voraussetzungen für grundlegende strukturen-prüfende multivariable Methoden dargestellt.

Abbildung 82: Skalenniveaubezogene Voraussetzungen für grundlegende strukturen-prüfende multivariable Analyseverfahren

		Unabhängige Variable	
	Skalenniveau	metrisch	nominal
Abhängige Variable	metrisch	**Partielle Korrelation, Multiple lineare Regression**	**Varianzanalyse**
	nominal	**Diskriminanzanalyse**	**„Kontingenzanalyse"**
	dichotom	**Binäre logistische Regression**	

Nachfolgend werden die drei häufigsten multivariablen strukturen-prüfenden Analyseverfahren vorgestellt, diese sind:

- Partielle Korrelation
- Multiple Regressionsanalyse (linear und binär logistisch)
- Varianzanalyse

7.4.1 Partielle Korrelation

Bei der Bewertung der Stärke und/oder Art eines Zusammenhangs zwischen Untersuchungsvariablen besteht leicht die Gefahr von Fehlinterpretationen aufgrund von sogenannten *Scheinkorrelationen*. „Störvariablen“, die eine Scheinkorrelation bedingen, können mit Hilfe der partiellen Korrelation kontrolliert bzw. herausgerechnet (*auspartialisiert*) werden.

Beispiel:	Hier wird das Analysebeispiel aus Kap. 7.3.5 (Korrelation) unter dem Aspekt des Drittvariableneinflusses (der Störvariable) beleuchtet: Die Korrelationsmatrix zeigte – ausgehend von der Fragestellung, ob sanktionierende Erziehungsweisen einen Einfluss auf den Medienkonsum von Actioninhalten haben –, dass zwischen dem Medienkonsum des Actionformats und den sanktionierenden Erziehungserfahrungen ein statistischer Zusammenhang (r = 0,21) besteht. Gleichzeitig korreliert aber das Geschlecht mit den Erziehungserfahrungen und vor allem mit dem Medienkonsum relativ stark (r = 0,51). Aus diesem Sachverhalt heraus erwächst die Vermutung, dass das Geschlecht einen Drittvariableneinfluss ausübt (s. Abb. 83).

Abbildung 83: Drittvariableneinfluss

Wenn der Einfluss der dritten Variable Z aus dem interessierenden Zusammenhang zwischen X und Y herausgerechnet wird, dann bleibt der eigentliche Zusammenhang zwischen X und Y übrig. Dieses Herausrechnen nennt man *Auspartialisieren*. Dies ist die Aufgabe der partiellen Korrelationsrechnung, indem ein partieller Korrelationskoeffizient berechnet wird.

Im Folgendem werden die gleichen Variablen wie in Kapitel 7.3.5.1 in die Korrelation einbezogen und zum direkten Vergleich der sich verändernden Korrelationskoeffizienten die Option „Korrelationen nullter Ordnung“ gewählt.

SPSS	Voraussetzung: intervallskalierte Variablen 1. Menüwahl: *Analysieren -> Korrelation -> Partiell...* (s. Abb. 84) 2. zu analysierende Variablen in der Quellvariablenliste markieren und ins Editierfeld „*Variablen:*“ übertragen 3. *Kontrollvariablen* ins entsprechende Editierfeld übertragen 4. *Test auf Signifikanz:* **Zweiseitig** (i.B. *Optionen...*: **Korrelationen nullter Ordnung**) 5. *OK* bestätigen

Abbildung 84: Dialogbox „Partielle Korrelation“

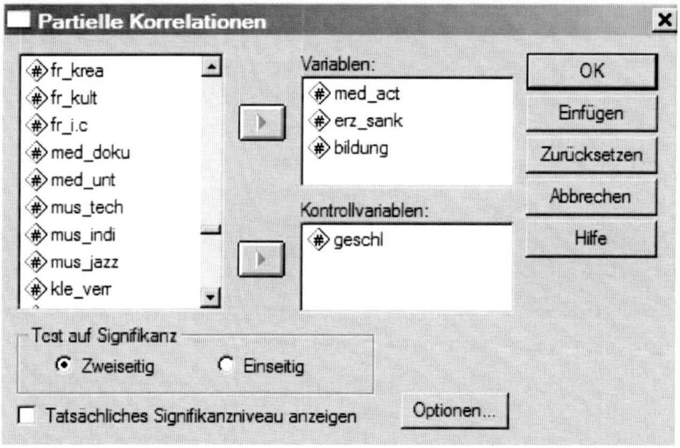

In Abbildung 85 sind nun die bivariaten und die partiellen Korrelationskoeffizienten zu ersehen. Es ist erkennbar, dass die *partiellen Korrelationskoeffizienten* r_p deutlich kleiner sind als die *bivariaten Korrelationskoeffizienten* r der ursprünglichen Korrelation bzw. „Korrelationen nullter Ordnung“. Dennoch bleiben die partiellen Korrelationen statistisch signifikant, wenngleich sich die Zusammenhangsstärke reduziert hat. Dieses Ergebnis zeigt, dass das Geschlecht für den getesteten Zusammenhang zwischen dem Konsum actionbezogener Medieninhalte und sanktionierender Erziehungserfahrungen eine „Störvariable“ darstellt. Weiterhin zeigt sich, dass auch der Bildungsstatus mit dem Geschlecht korrespondiert, weshalb auch für die Zusammenhangsanalyse mit dem Bildungsstatus eine Auspartialisierung der Variable Geschlecht angebracht ist.

Abbildung 85: Ergebnis der partiellen Korrelationsrechnung (mit Option „Korrelationen nullter Ordnung“)

Korrelationen

Kontrollvariablen			med_act	erz_sank	bildung	geschl
-keine-[a]	med_act	Korrelation	1,000	,213**	-,266**	,509**
	erz_sank	Korrelation	,213**	1,000	-,180**	,140**
	bildung	Korrelation	-,266**	-,180**	1,000	-,229**
	geschl	Korrelation	,509**	,140**	-,229**	1,000
geschl	med_act	Korrelation	1,000	,166**	-,178**	
	erz_sank	Korrelation	,166**	1,000	-,153**	
	bildung	Korrelation	-,178**	-,153**	1,000	

**. Die Korrelation ist auf dem 0,01-Niveau signifikant

7.4.2 Multiple Regressionsanalyse

Die multiple Regressionsanalyse ist gegenüber der bivariaten Regressionsanalyse durch den *Einbezug mehrerer unabhängiger Variablen* und einer damit verbundenen „Drittvariablenkontrolle“ gekennzeichnet. Dadurch können komplexere Fragestellungen analysiert werden, gegenüber der außerordentlich starken Vereinfachung der Realität mittels bivariater Regressionsmodelle. Denn die Annahme, dass eine interessierende Untersuchungsvariable nur von einer einzigen anderen Variable beeinflusst wird, entspricht einer äußerst abstrahierten Betrachtung der sozialen Wirklichkeit. Die prognostische Kraft der Regressionsfunktion steigt und wird sicherer, je mehr Informationen, sprich Variablen, in die Regressionsrechung einfließen.

Der primäre Anwendungsbereich der multiplen wie der bivariaten Regressionsanalyse ist die Analyse von *Kausalbeziehungen.* Der einfachste Fall der Multikausalität ist der Drei-Variablen-Fall, der sich folgendermaßen skizzieren lässt:

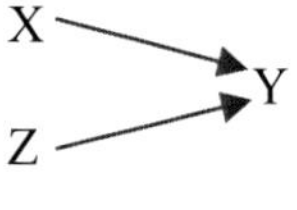

Im Drei-Variablen-Fall stellt sich jeder Merkmalsträger als Punkt in einem dreidimensionalen Achsenkreuz dar: Y (Kriterium) ist die senkrechte Achse, X und Z (Prädiktoren) sind zwei waagrechte Achsen, die rechtwinklig angeordnet sind. Die *lineare Regressionsfunktion* (vgl. Kap. 7.3.6) stellt sich im dreidimensionalen Achsenkreuz als *lineare Regressionsfläche* dar. Diese Regressionsfläche kann mathematisch wie folgt beschrieben werden:

$$y = a + b_1x + b_2z$$

a = Ordinantenabschnitt
b_1 = Steigung in Richtung der X-Achse b_2 = Steigung in Richtung der Z-Achse

Die Steigungskoeffizienten b_1 und b_2 werden partielle Regressionskoeffizienten genannt.

Im Fall von vier oder mehr Variablen resultiert ein höheres dimensionales Achsenkreuz – obgleich dies gedanklich nicht mehr vorstellbar ist. Die lineare Regressionsfläche wird zu einer linearen Hyperfläche und die Zahl der partiellen Regressionskoeffizienten steigt entsprechend.

!	Der Einbezug dritter Variablen muss allerdings nicht zwingend zu einer höheren statistischen „Aufklärungsquote" führen. So ist auch die Feststellung, dass eine bestimmte dritte Variable zu keiner signifikanten Verbesserung der Regressionsfunktion und des Regressionsmodells beiträgt ein Erkenntnisgewinn, nämlich, dass die Variable entbehrlich ist.

Um Redundanzen zu vermeiden, werden grundsätzliche Annahmen, Ziele und die Vorgehensweise der Ergebnisbeurteilung der Regressionsanalyse hier nicht ausgeführt, da sie bereits in Kapitel 7.3.6 beschrieben wurden.

Gegenüber der bivariaten Regressionsanalyse (vgl. Kap. 7.3.6) ist im Fall der multiplen Regressionsanalyse die Wahl der **Methode** (Dropdown-Liste in der Dialogbox Regression) eine relevante Option. Die Methoden sind:

- *Einschluss:* Bei der voreingestellten Einschlussmethode werden alle unabhängigen Variablen gleichzeitig (simultan) in die Regressionsgleichung aufgenommen. SPSS nimmt keine Auswahl zwischen den Variablen vor.
- *Vorwärts:* Bei dieser Variante werden die unabhängigen Variablen schrittweise mit dem höchsten partiellen Korrelationskoeffizienten (zur abhängigen Variable) in die Gleichung aufgenommen.
- *Rückwärts:* Die unabhängigen Variablen werden nacheinander von SPSS darauf geprüft, ob sie in der Regressionsgleichung verbleiben sollen. Es

werden schrittweise jeweils die Variablen mit dem kleinsten partiellen Korrelationskoeffizienten ausgeschlossen, soweit der Koeffizient statistisch nicht signifikant ist.

- *Schrittweise:* Diese gängige Methode funktioniert ähnlich wie die Vorwärts-Methode, wobei aber nach jedem Schritt die jeweils aufgenommene Variable nach der Rückwärts-Methode untersucht. Es werden also alle unabhängigen Variablen schrittweise nach den Grenzwerten der Aufnahme bzw. des Ausschlusses geprüft.

Nachfolgend wird auf die multiple lineare Regression sowie die binäre logistische Regression (Logit-Analyse) eingegangen.

7.4.2.1 Multiple lineare Regression

Im Folgenden wird auf die Durchführung und Ergebnisinterpretation der multiplen linearen Regression eingegangen. Als Analysebeispiel wird das Beispiel der einfachen linearen Regression (vgl. Kap. 7.3.6) der Zusammenhangsprüfung zwischen „erfahrenen sanktionierenden Erziehungsweisen" (Prädiktor) und dem „actiongenrespezifischen Medienkonsum" (Prognosevariable) unter Jugendlichen um die Variablen Geschlecht und Bildung als Prädiktoren erweitert. Da das Geschlecht eine dichotome Variable ist, kann sie als sog. *Dummy-Variable* in die Regressionsrechung aufgenommen werden und ähnlich wie eine intervallskalierte Variable interpretiert werden.

SPSS	Voraussetzung: normalverteilte, intervallskalierte Variablen 1. Menüwahl: *Analysieren -> Regression -> Linear...* (s. Abb. 86) 2. *Abhängige Variable* ins entsprechende Editierfeld übertragen 3. *Unabhängige Variablen* ins entsprechende Editierfeld übertragen 4. *Methode:* **Einschluß** wählen 5. *OK* bestätigen

Als **Modellvoraussetzungen** sind folgende Kriterien zu erfüllen:

- *Skalenniveau*: Die Prognosevariable muss mindestens Intervallskalenniveau aufweisen. Die Prädiktoren müssen ebenfalls intervallskalierte oder können auch dichotome bzw. dichotomisierte Variablen (Dummy-Variablen) sein.
- *Vorliegen einer linearen Beziehung zwischen abhängiger Variable und Prädiktoren*: Nichtlineare Beziehungen können ggf. linearisiert werden (z.B. durch Logarithmieren einer exponentiellen Funktion). Allerdings darf

der lineare Zusammenhang nicht zu hoch sein, da sonst zweimal die gleiche Information erfasst werden würde.

- *Die Prädiktoren dürfen (sollten) nicht korrelieren – das Problem der (Mulit-) Kollinearität*: Das Modell der multiplen linearen Regression setzt „additive Kausalität" voraus, was bedeutet, dass die unabhängigen Variablen nicht miteinander korrelieren dürf(t)en. Nur dann ist es möglich, die Varianzaufklärungsanteile der einzelnen Prädiktoren genau zu bestimmen, und nur dann ist die im Modell erklärte Gesamtvarianz gleich der Summe der Varianzaufklärungspotenziale der einzelnen Prädiktoren. Da allerdings die *Annahme additiver Kausalität* in der Forschungspraxis fast immer verletzt wird, müssen Interaktionseffekte beachtet werden (auf die Multikollinearitätsproblematik wird am Schluss des Unterkapitels weiter eingegangen).

Abbildung 86: Dialogbox „Lineare Regression"

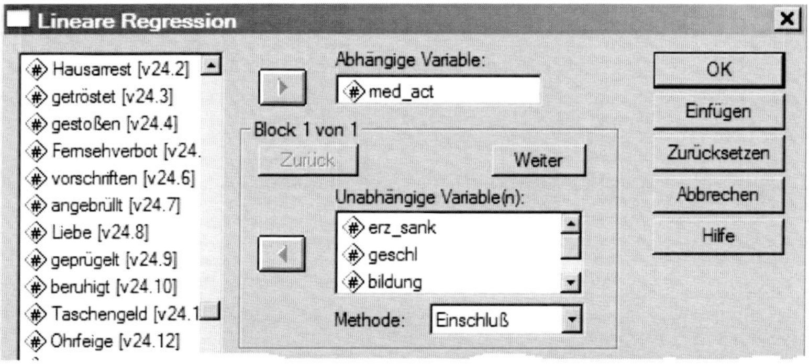

Die Ausgabetabellen in Abbildung 87 dienen der **Prüfung und Bestimmung der Regressionsfunktion.** In der *ANOVA-Tabelle* (Varianzanalyse) ist der *F-Test* und hierbei vor allem die Signifikanz entscheidend. Der F-Test weist einen statistisch hoch signifikanten Zusammenhang ($p < 0.001$) aus. Dies bedeutet, dass die Alternativhypothese, in der Grundgesamtheit gibt es einen Zusammenhang zwischen den Untersuchungsvariablen, bestätigt werden kann und somit die Nullhypothese verworfen wird. Über die Stärke des Zusammenhangs gibt das *Bestimmtheitsmaß* in der *Tabelle Modellzusammenfassung* Auskunft. Das korrigierte $R^2 = .293$, was einer Varianzaufklärung der Prognosevariable (actionbezogener Medienkonsum) von 29,3% entspricht.

Abbildung 87: Ausgabetabellen Modellzusammenfassung

Modellzusammenfassung

Modell	R	R-Quadrat	Korrigiertes R-Quadrat	Standardfehler des Schätzers
1	,545[a]	,297	,293	,72488

a. Einflußvariablen : (Konstante), bildung, erz_sank, geschl

ANOVA[b]

Modell		Quadratsumme	df	Mittel der Quadrate	F	Signifikanz
1	Regression	127,935	3	42,645	81,159	,000[a]
	Residuen	302,660	576	,525		
	Gesamt	430,594	579			

a. Einflußvariablen : (Konstante), bildung, erz_sank, geschl

b. Abhängige Variable: med_act

Die **Prüfung der partiellen Regressionskoeffizienten** kann für die abhängige Variable Y (Medienkonsum) der Ausgabetabelle (s. Abb. 88) entnommen werden: Der *Ordinatenabschnitt* a (Konstante) liegt bei 2,38; die Steigung b_1 in Richtung der X_1-Achse (erz_sank) bei 0,11, die Steigung b_2 in Richtung der X_2-Achse (Geschlecht) bei 0,79 und die Steigung b_3 in Richtung der X_3-Achse (Bildung) bei -0,14. Alle vier Parameter sind statistisch hoch signifikant ($p < 0.001$). Was sagen die partiellen Regressionskoeffizienten nun aus (der Ordinatenabschnitt ist in der Regel kaum von Interesse)? Der Wert b_1 bedeutet, dass mit Zunahme der Variable X_1 (sanktionierende Erziehungserfahrungen) um eine Einheit, der actionbezogene Medienkonsum um 0,11 Einheiten zunimmt. Der Koeffizient $b_2 = 0{,}79$ bedeutet, dass mit Zunahme der Variable X_2 (Geschlecht) um eine Einheit, d.h. beim Übergang von einer zufällig ausgewählten weiblichen Person zu einer zufällig ausgewählten männlichen Person, der actiongenrespezifische Medienkonsum um 0,79 Einheiten steigt – und dies unabhängig davon, welchen Wert die Variable X_1 (erz_sank) hat. Die Variable X_3 (Bildung) steht in einem negativen Verhältnis mit dem Medienkonsum, d.h., dass mit Zunahme der Variable X_3 (Bildung) der Medienkonsum von Actioninhalten um 0,14 Einheiten sinkt.

Abbildung 88: Ausgabetabelle partielle Regressionskoeffizienten

Koeffizienten[a]

Modell		Nicht standardisierte Koeffizienten		Standardisierte Koeffizienten	T	Signifikanz
		B	Standardfehler	Beta		
1	(Konstante)	2,378	,114		20,898	,000
	erz_sank	,111	,032	,124	3,465	,001
	geschl	,793	,062	,460	12,746	,000
	bildung	-,144	,038	-,138	-3,805	,000

a. Abhängige Variable: med_act

Für die **Ergebnisinterpretation** sind vor allem die standardisierten partiellen Regressionskoeffizienten *Beta* (β) und der *t-Test* von Interesse. Die standardisierten Beta-Werte sind direkt miteinander vergleichbar.

Eine Standardisierung von Werten bedeutet, das der Mittelwert 0 und die Standardabweichung 1 ist. Aufgrund dieser Standardisierung ist ein direkter Vergleich der Variablen möglich.

Für die Variable „sanktionierende Erziehungserfahrungen" ergibt sich der Wert $\beta_1 = 0{,}12$; für das Geschlecht ergibt sich $\beta_2 = 0{,}46$; bei der Bildung beträgt $\beta_3 = -0{,}14$. Für den Ordinatenabschnitt ergibt sich übrigens bei standardisierten Ausgangswerten immer der Wert 0, der in der Ausgabetabelle nicht angegeben wird.

Die partiellen Regressionskoeffizienten weisen die Zusammenhangsstärke mit der Prognosevariable aus, wobei die Prädiktoren „kontrolliert" sind. Das führt dazu, dass sich die β-Koeffizienten von den Korrelationskoeffizienten (s. Abb. 89) unterscheiden.

Abbildung 89: Ergebnis der Korrelationsrechnung (vgl. Kap. 7.3.5.1)

Korrelationen

		med_act	erz_sank	geschl	bildung
med_act	Korrelation nach Pearson	1	,234**	,520**	-,273**
	Signifikanz (2-seitig)		,000	,000	,000
	N	608	606	608	582

Im Vergleich der Beta-Werte zeigt sich, dass die Variable „Geschlecht" den stärksten Einfluss auf den actiongenrebezogenen Medienkonsum ausübt, und zwar in der Richtung (Vercodung von Geschlecht: Mädchen = 0; Jungen = 1), dass Jungen statistisch hoch signifikant häufiger actionbezogene Medieninhalte konsumieren als Mädchen.

!	**(Multi-)Kollinearität**

Kollinearität (auch **Multikollinearität** genannt) bedeutet, dass zwischen unabhängigen Variablen eine deutliche Korrelation besteht. Die partiellen Regressionskoeffizienten können nur dann sauber interpretiert werden, wenn die Veränderung von X nicht auch mit einer Veränderung von Z einhergeht und umgekehrt. *Die multiple Regressionsanalyse setzt deshalb genau genommen voraus, dass die Prädiktoren nicht statistisch signifikant zusammenhängen.* Denn nur dann ist es möglich, die Varianzaufklärungsanteile der einzelnen Prädiktoren genau zu bestimmen, und nur dann ist die im Modell erklärte Gesamtvarianz gleich der Summe der Varianzaufklärungspotenziale der einzelnen Prädiktoren.

Diese Voraussetzung ist allerdings in der sozial-/erziehungswissenschaftlichen Forschungspraxis so gut wie nie gegeben. Somit müssen *Interaktionseffekte* beachtet werden, d.h. die erklärte Varianz von Y setzt sich zusammen aus dem jeweiligen Erklärungspotenzial der einzelnen Prädiktoren und einem gemeinsamen Erklärungspotenzial aller Prädiktoren. Das hat dann zur Folge, dass das Varianzaufklärungspotenzial der einzelnen Prädiktoren nicht genau bestimmt werden kann. Damit sind die Regressionskoeffizienten als Maß für die Bedeutsamkeit eines Prädiktors nicht mehr zuverlässig interpretierbar, da der Regressionskoeffizient eines Prädiktors rechnerisch nicht mehr ausschließlich vom Zusammenhang mit der Prognosevariable bestimmt wird, sondern zusätzlich durch die Interkorrelation der Prädiktoren (vgl. FROMM 2004b).

Um des empirischen Faktums schwacher Korrelationen Rechnung zu tragen, aber gleichzeitig Interaktionseffekte (Multikollinearitätsproblematik) möglichst gering zu halten, ***müssen hohe Korrelationen zwischen den Prädiktoren zwingend vermieden werden.*** Auf die grundsätzliche Problematik bei bestehender schwacher Interkorrelationen zwischen unabhängigen Variablen muss in der Ergebnisinterpretation eingegangen werden. Besteht allerdings eine hohe Interkorrelation muss entweder einer der betreffenden Prädiktoren aus dem Modell entfernt oder gänzlich auf die Anwendung der multiplen Regressionsanalyse verzichtet werden.

7.4.2.2 Binäre logistische Regression (logistische Regression, Logit-Analyse)

Die binäre logistische Regressionsanalyse prüft den Zusammenhang zwischen einer *abhängigen dichotomen (binären) Variable* und *unabhängigen Variablen beliebigen Skalenniveaus,* die als *Kovariaten* bezeichnet werden. Dieses Verfahren ist vor allem für einen dichotomen Gruppenvergleich geeignet.

Die logistische Regression greift zur Schätzung der Eintrittswahrscheinlichkeit der Kategorien der abhängigen Variable auf eine *logistische Funktion* (s-förmig verlaufende Wahrscheinlichkeitsverteilung) zurück. Im Unterschied zur linearen Regression wird hier keine Je-Desto-Hypothese unmittelbar zwischen den unabhängigen Variablen und der abhängigen Variable formuliert, sondern zwischen den unabhängigen Variablen (Kovariaten) und der Eintrittswahrscheinlichkeit für das Ergebnis y = 1 (vgl. BACKHAUS et al. 2006, 434ff).

Denn das lineare Wahrscheinlichkeitsmodell der linearen Regression weist zwei Schwächen auf: Zum einen hat der erklärte Teil der Variation der abhängigen Variable Y einen Wertebereich, der nicht auf die (sinnvollen) Grenzen zwischen 0 und 1 beschränkt ist; zum anderen ist das lineare Modell vielen praktischen Anwendungsfällen nicht angemessen (vgl. VOß 2000, 311).

Beispiel:	Es darf unterstellt werden, dass bei einer Erhöhung des Einkommens von 6.000 EUR auf 6.500 EUR die Neigung, eine teuere Fernreise zu buchen, weniger zunimmt, als bei einem Einkommensanstieg von z.B. 2.500 EUR auf 3.000 EUR. Der im linearen Modell stets konstante Zuwachs für die Wahrscheinlichkeit, die Fernreise zu buchen, ist nicht sehr plausibel.

Auf diesen nichtlinearen Zusammenhang reagiert das Logit-Modell. Abbildung 90 verdeutlicht die zwischen den einzelnen Größen der logistischen Regressionsanalyse unterstellten Zusammenhänge.

Abbildung 90: Grundlegende Zusammenhänge zwischen den Betrachtungsgrößen der logistischen Regression (BACKHAUS et al. 2006, 434)

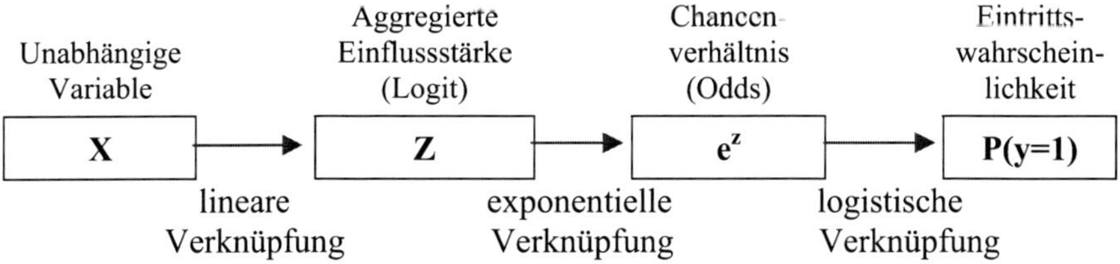

e = Euler'sche Zahl, die sogenannte Wachstumskonstante; e = 2,718...

Im Folgenden wird die Durchführung der binären logistischen Regression anhand von SPSS beschrieben. Im Analysebeispiel soll der Einfluss von Erziehungserfahrungen, Freizeitverhalten und Alkoholkonsum (unabhängige Variablen = Kovariaten) auf den Rauchstatus im Jugendalter geprüft werden (abhängige binäre Variable: „Nichtraucher-Raucher").

SPSS	1. Menüwahl: *Analysieren -> Regression -> Binär logistisch...* (s. Abb. 91) 2. *Abhängige Variable* ins entsprechende Editierfeld übertragen 3. *Unabhängige Variable* ins Editierfeld „*Kovariaten:*" übertragen 4. *Methode:* **Einschluß** wählen 5. *OK* bestätigen

Abbildung 91: Dialogbox „Binäre logistische Regression"

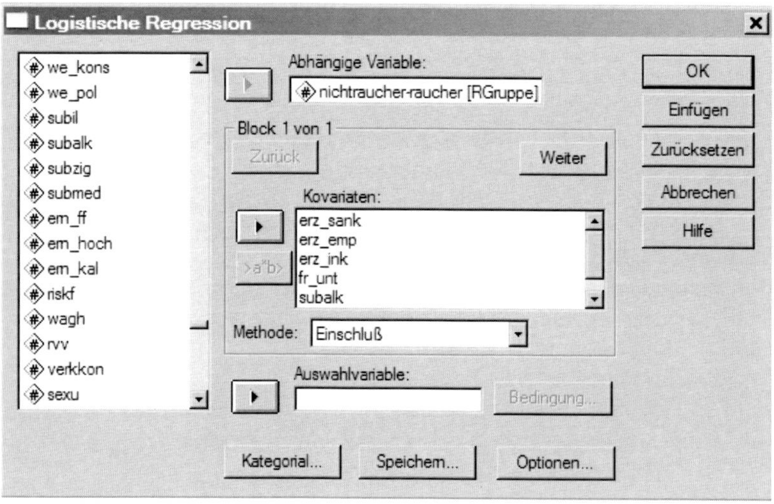

Die wesentlichen Ergebnisse (beginnend bei „Block 1: Methode = Einschluß") sind im Folgendem wiedergegeben.

Die **Güte der Anpassung der logistischen Regressionsfunktion** wird mit Hilfe der „Likelihood-Funktion" geschätzt. Als Anfangswert wird der Wert verwendet, der sich für das Regressionsmodell ergibt, das nur die Konstante enthält. Nach Hinzunahme der Einflussvariablen (Kovariaten) ist der -2LL-Wert 585,46; dieser Wert ist um 127,63 kleiner als der Anfangswert (s. Abb. 92). Eine solche Abnahme des Wertes bedeutet eine Verbesserung; die Differenz wird als χ^2-Wert ausgewiesen und ist hoch signifikant ($p < 0.001$).

Die Ermittlung der *Güte des Gesamtmodells* erfolgt auf Basis der Pseudo-R-Quadrat-Statistiken. Die Gütekriterien sind die Bestimmtheitsmaße „Cox und

Snell-R^2“ sowie „Nagelkerkes-R^2“, die, ähnlich wie bei der linearen Regression, den Anteil der durch die logistische Regression erklärten Varianz angeben.

→ Die Wertebereiche sind wie folgt zu bewerten (BACKHAUS et al. 2006, 456):
Cox und Snell-R^2 > 0,2 akzeptabel; > 0,4 gut
Nagelkerkes-R^2 > 0,2 akzeptabel; > 0,4 gut; > 0,5 sehr gut

Dabei hat das Maß nach *Cox und Snell* den Nachteil, dass der Wert 1 theoretisch nicht erreicht werden kann; dies ist bei der Modifikation dieses Maßes nach *Nagelkerke* sichergestellt. Der Anteil der erklärten Varianz beträgt für das Analysebeispiel 29,3% (s. Abb. 92).

Abbildung 92: Ausgabetabellen zur Modellzusammenfassung

Omnibus-Tests der Modellkoeffizienten

		Chi-Quadrat	df	Sig.
Schritt 1	Schritt	127,625	6	,000
	Block	127,625	6	,000
	Modell	127,625	6	,000

Modellzusammenfassung

Schritt	-2 Log-Likelihood	Cox & Snell R-Quadrat	Nagelkerkes R-Quadrat
1	585,461[a]	,219	,293

a. Schätzung beendet bei Iteration Nummer 5, weil die Parameterschätzer sich um weniger als ,001 änderten.

Als nächstes folgt eine Klassifizierungstabelle (s. Abb. 93), in der die beobachtete Gruppenzugehörigkeit (1 = Nichtraucher; 2 = Raucher) der aufgrund des berechneten Modells vorhergesagten gegenübergestellt wird. Der Tabelle ist zu entnehmen, dass von den insgesamt 241 Nichtrauchern vom Test 162 richtigerweise als Nichtraucher erkannt wurden (sog. „richtig Positive“). Die anderen 79 werden als „falsche Negative“ bezeichnet: Sie werden vom Test als Raucher beurteilt, obwohl sie Nichtraucher sind. Von den insgesamt 275 Rauchern werden vom Test 211 richtigerweise als Raucher eingeschätzt („richtige Negative“), während 64 als Nichtraucher beurteilt werden, obwohl sie Raucher sind („falsche Positive"). Insgesamt werden 72,3% der Fällen korrekt beurteilt.

Abbildung 93: Klassifizierungstabelle

Klassifizierungstabelle[a]

Beobachtet			Vorhergesagt: nichtraucher-raucher: Nichtraucher	Vorhergesagt: nichtraucher-raucher: Raucher	Vorhergesagt: Prozentsatz der Richtigen
Schritt 1	nichtraucher-raucher	Nichtraucher	162	79	67,2
		Raucher	64	211	76,7
	Gesamtprozentsatz				72,3

a. Der Trennwert lautet ,500

Das Ergebnis der **Prüfung der Regressionskoeffizienten** findet sich in Abbildung 94. Der Signifikanztest der einzelnen Regressionskoeffizienten erfolgt über die χ^2-verteilte Wald-Statistik, diese ist der quadrierte Quotient aus dem jeweiligen Koeffizienten und seinem Standardfehler. Im Analysebeispiel ergeben sich verschieden signifikante Regressionskoeffizienten (siehe unter Sig.). Das Vorzeichen gibt die Richtung des Zusammenhangs an.

Abbildung 94: Ausgabetabelle Regressionskoeffizienten

Variablen in der Gleichung

		Regressions koeffizientB	Standardf ehler	Wald	df	Sig.	Exp(B)
Schritt 1[a]	erz_sank	,466	,130	12,943	1	,000	1,594
	erz_emp	-,264	,105	6,364	1	,012	,768
	erz_ink	,111	,107	1,066	1	,302	1,117
	fr_unt	,859	,126	46,433	1	,000	2,360
	subalk	,354	,146	5,885	1	,015	1,425
	v4.12	-,206	,082	6,262	1	,012	,814
	Konstante	-2,699	,630	18,371	1	,000	,067

a. In Schritt 1 eingegebene Variablen: erz_sank, erz_emp, erz_ink, fr_unt, subalk, v4.12.

Den stärksten Zusammenhang (B = 0,86) mit dem Raucherstatus hat das Ausgehen in der Freizeit (Variable fr_unt). Hiernach folgen mit einem ebenfalls statistisch hoch signifikanten positiven Zusammenhang die sanktionierenden Erziehungserfahrungen (erz_sank) mit einer Stärke von B = 0,47. Eine negative signifikante Beziehung besteht mit empathischen Erziehungserfahrungen (erz_emp) sowie mit der Sportaktivität (v4.12). Unter der Bezeichnung „Konstante" wird a mit -2,699 angegeben.

7.4.3 Varianzanalyse

Die Varianzanalyse ist ein Verfahren, das die Wirkung einer oder mehrerer unabhängiger Variablen auf eine oder mehrere abhängige Variablen untersucht. Die **abhängige Variable** muss *metrisch* skaliert sein, während für die **unabhängige Variable** lediglich *nominales* Skalenniveau verlangt wird, aber auch *ordinales* Skalenniveau möglich ist. Eine Erweiterung der Varianzanalyse liegt in der Einbeziehung von *metrisch* skalierten unabhängigen Variablen, so genannten **Kovariaten**; die betreffende Analyse wird dann als Kovarianzanalyse bezeichnet. Die Varianz-/Kovarianzanalyse geht von einer *Normalverteilung* der Werte aus.

Es gibt eine Vielzahl von Typen der Varianzanalyse (s. Abb. 95): Dabei wird zwischen *ein- und mehrfaktoriellen Varianzanalysen* unterschieden (nach der Zahl der unabhängigen Variablen), zwischen *uni- und multivariaten Varianzanalysen* (nach der Zahl der abhängigen Variablen) und danach, ob Kovariaten in die Analyse einbezogen werden (*Kovarianzanalyse*). Wird beispielsweise der Einfluss von zwei Faktoren und einer Kovariate auf eine abhängige Variable getestet, so handelt es sich um eine „zweifaktorielle Kovarianzanalyse".

Abbildung 95: Typen der Varianzanalyse

<table>
<tr><td colspan="2" rowspan="2"></td><td colspan="5">Anzahl <u>un</u>abhängige Variable(n)</td></tr>
<tr><td colspan="4">nominal/ordinal = Faktor</td><td>metrisch = Kovariate</td></tr>
<tr><td></td><td>n</td><td>1</td><td>2</td><td>3</td><td>mehr</td><td>+ mind. 1</td></tr>
<tr><td rowspan="4">Anzahl abhängige Variable(n)
metrisch</td><td rowspan="3">1</td><td>Einfaktorielle VA</td><td>Zweifaktorielle VA</td><td>Dreifaktorielle VA</td><td>usw.</td><td rowspan="3">n-faktorielle KVA</td></tr>
<tr><td></td><td colspan="3">Mehrfaktorielle VA</td></tr>
<tr><td colspan="4">Univariate VA</td></tr>
<tr><td>mind. 2</td><td colspan="4">Multivariate VA bzw. Mehrdimensionale VA</td><td>Multivar. KVA</td></tr>
</table>

VA = Varianzanalyse; KVA = Kovarianzanalyse

→ Die einfaktorielle Varianzanalyse wurde unter bivariaten Verfahren behandelt (Kap. 7.3.4)

Da hier eine vollständige Darstellung aller Möglichkeiten der Varianz-/Kovarianzanalyse mit SPSS nicht gegeben werden kann, werden als hauptsächliche

Anwendungsbereiche die *zweifaktorielle Varianzanalyse* (univariate oder auch mehrfaktorielle Varianzanalyse) und darauf aufbauend die *zweifaktorielle Kovarianzanalyse* beschrieben.

7.4.3.1 Zweifaktorielle Varianzanalyse

Im Analysebeispiel einer *zweifaktoriellen Varianzanalyse* mit SPSS soll der Einfluss von Geschlecht und Bildung (unabhängige [nominale und ordinale] Variablen = Faktoren) auf den Action-Medienkonsum im Jugendalter sowie die Interaktion dieser beiden Faktoren untereinander in Bezug auf den Medienkonsum geprüft werden (abhängige [metrische] Variable). Folgendes Vorgehen ist durchzuführen:

SPSS	1. Menüwahl: *Analysieren -> Allgemeines lineares Modell -> Univariat...* (s. Abb. 96) 2. *Abhängige Variable* ins entsprechende Editierfeld übertragen 3. *Unabhängige Variable* ins Editierfeld „*Feste Faktoren:*" übertragen 4. *Optionen:* **Schätzer der Effektgröße** wählen 5. *OK* bestätigen

Abbildung 96: Dialogbox „Univariate Varianzanalyse"

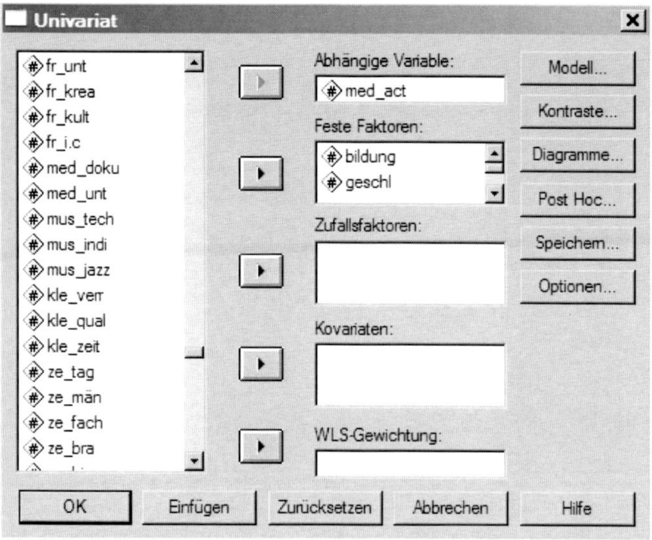

Um die Erklärungskraft der einzelnen unabhängigen Variablen sowie der Interaktionseffekte im Hinblick auf die abhängige Variable abzuschätzen, wird zusätzlich im Dialogfenster Optionen die *Eta-Statistik* („*Schätzer der Effektgröße*") angefordert (s. Abb. 97). Möchte beispielsweise der Levene-Test (vgl. Kap. 7.3.3) zur Überprüfung der Gleichheit der Varianzen durchgeführt werden, so wäre in diesem Fall die Option *Homogenitätstests* anzuklicken.

Abbildung 97: Dialogbox „Univariate Varianzanalyse: Optionen"

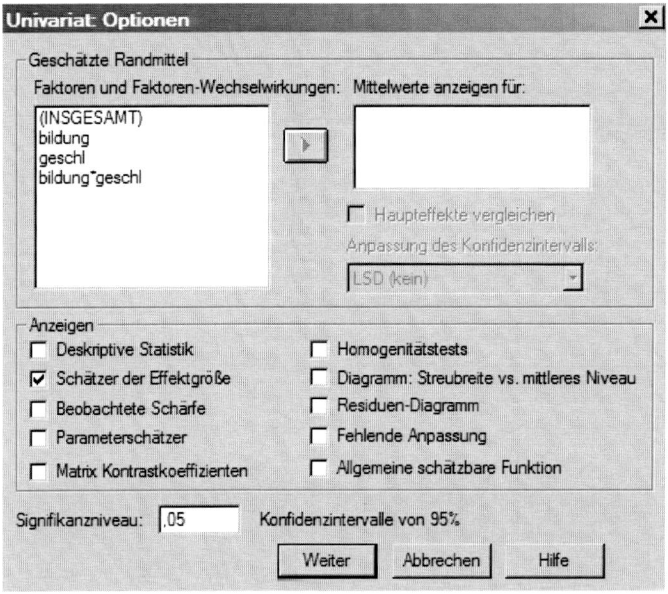

Bei der zweifaktoriellen Varianzanalyse erfolgt die statistische Prüfung auf unterschiedliche Wirkungen der beiden Faktoren durch einen Vergleich der Mittelwerte (in allen Zellen der Matrix). Wenn alle Mittelwerte gleich sind, kann angenommen werden, dass die beiden Faktoren keinen unterschiedlichen Einfluss auf die abhängige Variable haben (Nullhypothese). Andernfalls ist davon auszugehen, dass ein Faktorwert einen anderen Einfluss besitzt als der andere (Alternativhypothese).

Der Aufbau der Ausgabetabelle (s. Abb. 98) spiegelt sehr deutlich das Grundprinzip der Varianzzerlegung wider. In der ersten Spalte findet sich die Gesamtstreuung („Korrigierte Gesamtvariation") und ihre Zerlegung in die erklärte („Korrigiertes Modell") und die nicht erklärte („Fehler") Streuung. Weiterhin wird in der ersten Spalte die erklärte Streuung in die durch die beiden Haupteffekte jeweils einzeln erklärten Streuungen sowie die durch die Interaktionseffekte erklärte Streuung (bildung * geschlecht) aufgegliedert. Die Freiheitsgrade (df) sowie die mittleren quadratischen Abweichungen (Mittel der Quadrate) lassen die Bildung der empirischen F-Statistik nachvollziehen.

Die Prüfung der statistischen Unabhängigkeit erfolgt statistisch anhand der *F-Werte* und der jeweiligen *Signifikanzniveaus*. Das Ergebnis zeigt (s. Abb. 98), dass für beide Faktoren die jeweilige Nullhypothese verworfen werden kann, für die Interaktion zwischen Bildung und Geschlecht dagegen nicht. Bildung und Geschlecht haben also isoliert betrachtet jeweils einen Einfluss auf den Medienkonsum, eine gemeinsame Wirkung zeigt sich allerdings aufgrund des F-Tests als statistisch nicht signifikant. Das korrigierte R^2 = .302 zeigt, dass durch das Modell eine Varianzaufklärung der abhängigen Variable (actionbezogener Medienkonsum) von 30,2% erzielt wurde.

Abbildung 98: Ergebnistabelle der zweifaktoriellen Varianzanalyse

Tests der Zwischensubjekteffekte

Abhängige Variable: med_act

Quelle	Quadratsumme vom Typ III	df	Mittel der Quadrate	F	Signifikanz	Partielles Eta-Quadrat
Korrigiertes Modell	135,069[a]	5	27,014	51,381	,000	,308
Konstanter Term	3944,351	1	3944,351	7502,192	,000	,929
bildung	19,386	2	9,693	18,436	,000	,060
geschl	90,012	1	90,012	171,204	,000	,229
bildung * geschl	1,114	2	,557	1,059	,347	,004
Fehler	302,838	576	,526			
Gesamt	4652,923	582				
Korrigierte Gesamtvariation	437,907	581				

a. R-Quadrat = ,308 (korrigiertes R-Quadrat = ,302)

Die letzte Spalte weist die über die Option „Schätzer der Effektgrößen" angeforderte Eta-Statistik aus, welche die Erklärungskraft der einzelnen Faktoren sowie des Interaktionseffektes im Hinblick auf die abhängige Variable angibt. Es handelt sich hierbei um sogenannte *partielle* Eta^2*-Werte*, d.h. der berechnete Erklärungsanteil wird um die Einflüsse der übrigen Faktoren im Modell bereinigt. Die ermittelten partiellen Eta^2-Werte verdeutlichen, dass der Faktor Geschlecht mit 22,9% einen größeren Varianzerklärungsanteil aufweist als die Bildung. Eine Interpretation der Varianzaufklärung durch den Interaktionseffekt kann aufgrund nicht bestehender Signifikanz nicht erfolgen.

7.4.3.2 Zweifaktorielle Kovarianzanalyse

Die Darstellung einer *zweifaktoriellen Kovarianzanalyse* soll am vorhergehenden Analysebeispiel anschließen, dabei soll neben dem Einfluss von Geschlecht und Bildung als unabhängige (nominale und ordinale) Variablen (= Faktoren) gleichzeitig die Wirkung von einem unternehmungsbezogenen und einem kulturbezogenen Freizeitstil (intervallskalierte unabhängige Variablen = Kovari-aten) auf den Action-Medienkonsum im Jugendalter geprüft werden. Folgendes Vorgehen ist durchzuführen:

SPSS	1. Menüwahl: *Analysieren -> Allgemeines lineares Modell -> Univariat...* (s. Abb. 99) 2. *Abhängige Variable* ins entsprechende Editierfeld übertragen 3. *Unabhängige* nominal-/ordinalsaklierte *Variable* ins Editierfeld „*Feste Faktoren:*“ übertragen 4. *Unabhängige* intervallskalierte *Variable* ins Editierfeld „*Kovariaten:*“ übertragen 5. *Optionen:* **Schätzer der Effektgröße** wählen 6. *OK* bestätigen

Abbildung 99: Dialogbox „Univariate Varianzanalyse“

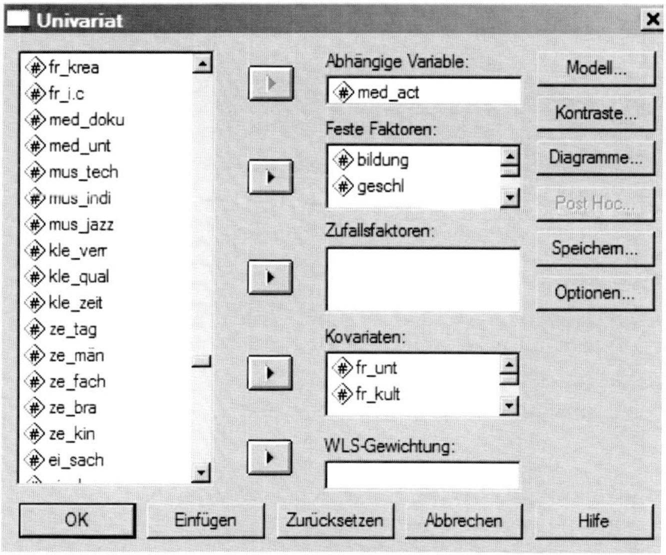

In der ersten Spalte der Ergebnistabelle (s. Abb. 100) findet sich die Zerlegung der Gesamtstreuung (Korrigierte Gesamtvariation) in die erklärte Streuung (Korrigiertes Modell) und die Reststreuung (Fehler). Die mittleren Zeilen zeigen nunmehr in der ersten Spalte eine Aufteilung der durch die Kovariaten und durch die Faktoren erklärten Streuung in ihren jeweiligen Einzelbeiträgen.

Abbildung 100: Ergebnistabelle der zweifaktoriellen Kovarianzanalyse

Tests der Zwischensubjekteffekte

Abhängige Variable: med_act

Quelle	Quadratsumme vom Typ III	df	Mittel der Quadrate	F	Signifikanz	Partielles Eta-Quadrat
Korrigiertes Modell	146,437[a]	7	20,920	41,198	,000	,334
Konstanter Term	132,184	1	132,184	260,31	,000	,312
fr_unt	11,367	1	11,367	22,385	,000	,038
fr_kult	,158	1	,158	,311	,577	,001
bildung	18,248	2	9,124	17,968	,000	,059
geschl	79,426	1	79,426	156,42	,000	,214
bildung * geschl	2,194	2	1,097	2,160	,116	,007
Fehler	291,470	574	,508			
Gesamt	4652,923	582				
Korrigierte Gesamtvariation	437,907	581				

a. R-Quadrat = ,334 (korrigiertes R-Quadrat = ,326)

Für die Ergebnisinterpretation sind besonders die empirischen F-Werte, das Signifikanzniveau der F-Statistik sowie die partiellen Eta^2-Werte von Interesse. Die Ergebnistabelle zeigt, dass (für eine gegebene Vertrauenswahrscheinlichkeit von 95%) der Einfluss des kulturbezogenen Freizeitstils (fr_kult) auf die abhängige Variable als nicht signifikant einzustufen ist. Allerdings wurde ein systematischer Zusammenhang mit dem unternehmungsbezogenen Freizeitstil (fr_unt) bestätigt. Anhand der partiellen Eta^2-Werte lässt sich die Bedeutsamkeit der signifikanten unabhängigen Variablen erkennen. Am bedeutendsten ist das Geschlecht (mit einer Varianzaufklärung von 21,4%), hiernach folgt mit großem Abstand die Bildung (5,9% Varianzaufklärung) und dann der unternehmungsbezogene Freizeitstil (3,8% Varianzaufklärung). Für die Gesamtbeurteilung des Modells bezüglich der Varianzaufklärung sei auf das korrigierte R^2 verwiesen, welches zeigt, dass 32,6% der Gesamtvarianz der abhängigen Variable (actionbezogener Medienkonsum) durch das Modell aufgeklärt werden konnten.

7.4.4 Problemreflektierende Anmerkungen zu multivariaten Verfahren

Bei der Ergebnisinterpretation ist immer im Hinterkopf zu behalten, dass, wenn auch kein statistisch signifikanter Zusammenhang ausgewiesen wird, dies jedoch nicht zwingend heißen muss, dass in der sozialen Realität (Wirklichkeit) kein Zusammenhang vorliegt, sondern nur, dass die Nullhypothese aufgrund der vorliegenden Ergebnisse der Stichprobe nicht verworfen werden kann. Allerdings ist auch in umgekehrter Richtung nicht eine inhaltsleere blinde Suche nach statistischer Signifikanz Sinn sozial-/erziehungswissenschaftlich empirischer Forschung; hier sollte immer die praktische Relevanz im Sinne einer deduktiven Forschungslogik die höhere Dignität besitzen – man könnte es auch als das „Primat der praktischen Relevanz" ausdrücken.

Abschließend sei in kritischer Absicht darauf hingewiesen, dass auch durch die Anwendung multivariater Analyseverfahren prinzipielle Probleme der zu analysierenden Daten nicht gelöst werden können. Bei Fehlern im Studiendesign, der Abwesenheit rigoroser und vergleichbarer Messverfahren, der Verletzung von Verfahrensvoraussetzungen und Unabhängigkeitsannahmen usw. kann mit Hilfe eines statistischen Modells keine Entscheidung über die Gültigkeit einer Theorie getroffen werden – falls dies ohne wiederholte unabhängige Replikation überhaupt möglich sein sollte (vgl. SCHNELL/HILL/ESSER 2005, 473). Erst sehr langsam werden die Probleme der Inferenz und der kausalen Interpretation statistischer Modelle in den Sozialwissenschaften rezipiert und eine bisherige Sorglosigkeit abgelegt (vgl. FREEDMAN 1997; BERK 2004). Wenn man allerdings inhaltliche, verallgemeinerbare Ergebnisse gewinnen möchte, ist die rigorose Einhaltung methodischer Standards und Grenzen bei allen Schritten eines Forschungsprozesses unabdingbare und zwingende Voraussetzung.

8 Ergebnisbericht abfassen

In diesem Kapitel werden Kriterien für das Schreiben eines empirischen Ergebnisberichts benannt und exemplarische Umsetzungen illustriert. Es geht dabei um die Gliederung und Gestaltung eines Berichts mit Beispielen der Ergebnisdarstellung in Anlehnung an die Standards eines wissenschaftlichen Aufsatzes.

Der Aufbau eines solchen Ergebnisberichts sollte dabei der Struktur eines empirischen Fachaufsatzes entsprechen:

(0)	Kurze Zusammenfassung
(1)	Einleitung/Problemaufriss (Forschungsstand, theoretisches Modell
(2)	Fragestellung(en) bzw. Hypothesen
(3)	Methode (Befragungsdurchführung, Stichprobe, Messinstrument, Analyseverfahren)
(4)	Befunde/Ergebnisse
(5)	Diskussion (mit Folgerungen)
(6)	Literatur
(7)	Fragebogen
(8)	Anhang: z.B. Erhebungsdokumentation, Tabellenband (Grundauswertung)

1. Einleitung

In der Einleitung geht es um die *Hinführung und Darstellung des Forschungsproblems*. Zu diesem Zweck muss der Forschungsgegenstand zunächst plausibel dargelegt werden, um dann auf den *Forschungsstand* für die interessierende Forschungsfrage zu kommen. Der relevante Forschungsstand sollte immer in Bezug auf den interessierenden Sachverhalt beschrieben und bewertet werden. Bei dieser Bewertung darf auch das Identifizieren von *Forschungslücken* (Desideraten) nicht fehlen, auf die sich ja der eigene empirische Beitrag bezieht. Forschungslücken müssen allerdings nicht nur „helle Flecken" bzw. bisher nicht erforschte Thematiken sein, sondern können auch die Überprüfung einer Theorie (falls dies nicht schon mehrfach geschehen ist) oder die Spezifizierung einer Theorie beispielsweise speziell auf Jugendliche sein.

Ein wesentlicher Punkt der Einleitung ist natürlich das *theoretische Modell*, das den Rahmen des *Analysemodells* vorgibt. Deshalb dürfen die Ausführungen nicht zu weitschweifig sein, sondern sollen eng am Forschungsthema bleiben und müssen Ansatzpunkte zur Operationalisierung bieten. Es bedarf also des

„Herunterbrechens“ der abstrakten Theorie auf das konkrete empirische Forschungsthema.

Punkte der Einleitung sollten sein:
- Hinführung und Darstellung des Forschungsproblems/-gegenstands
- Berichten des Forschungsstands
- Darstellung der Forschungslücke (Desiderat)
- Anknüpfung und Modellierung des theoretischen Konzepts
- Evtl. Illustration des Analysemodells

2. Fragestellungen bzw. Hypothesen
Die Fragestellungen bzw. Hypothesen sind ebenfalls nicht abstrakt zu formulieren, sondern müssen ganz konkret auf einer operationalisierbaren Ebene beschrieben werden. D.h., eine grundsätzliche Fragestellung bzw. eine Forschungsthese muss auf eine konkrete Ebene transformiert werden. Die ausgeführten Fragestellungen müssen anhand des empirischen Datenmaterials „beantwortet“ werden können.

Wenn sich beispielsweise eine **generelle Forschungsfrage** auf den *Zusammenhang von Erziehungserfahrungen und Medienkonsum* bezieht, so könnte eine daraus abgeleitete **konkret überprüfbare Fragestellung** lauten: „*Inwiefern bzw. in welchem Maße korrelieren sanktionierende Erziehungserfahrungen mit dem actiongenrebezogenen Medienkonsum bei Jugendlichen zwischen 12 und 16 Jahren (in Deutschland)?*“ Die Formulierung dieser Fragestellung setzt allerdings bereits die Dimensionierung der Erziehungserfahrungen und des Medienkonsums voraus, ansonsten müsste man die Adjektive weglassen.

3. Methode
Die Beschreibung der Methodik erfolgt üblicherweise in drei Unterpunkten; diese beziehen sich auf die:

- Befragungsdurchführung und Erhebungsmethode
- Stichprobe
- Operationalisierung (Instrument)

3a) Befragungsdurchführung: Hier ist der Befragungszeitraum und das Befragungssetting zu beschreiben: Wer wurde wo mit was wie befragt! Kamen bei der Durchführung einer schriftlichen Befragung mit standardisierten Erhebungsinstrumenten geschulte Interviewer/innen zum Einsatz? Wie lange dauerte die Bearbeitung der Fragebögen? Wie hoch sind Ausschöpfungs-/Rücklaufquote sowie Verweigerungsquote?

Ein Beispiel zu den angeführten Punkten: „Im Frühjahr 2003 wurden insgesamt 663 Jugendliche mit dem Analysezielalter zwischen 15 und 18 Jahren mit Hilfe eines standardisierten Erhebungsinstrumentes zum schriftlichen Selbstausfüllen im Klassenverband freiwillig und anonym aus einer Hauptschule (3 Klassen), zwei Realschulen (6 Klassen), zwei Berufsschulen (7 Klassen) und drei Gymnasien (9 Klassen) in Bayern der Klassenstufen 9 bis 12 durch geschulte Interviewer/innen befragt. Lediglich 13 Jugendliche verweigerten die Teilnahme und 32 Jugendliche waren während der Befragung nicht anwesend. Somit ergibt sich eine Verweigerungsquote von 1,9% und eine Ausschöpfungs-/Rücklaufquote von 93,6%" (vgl. RAITHEL 2005).

Neben den bisherigen Punkten sollten auch kritische Anmerkungen zur ***Erhebungsmethode*** nicht fehlen. Dies kann beispielsweise in der nachfolgenden Form erfolgen: „Nach der Vergabe der Fragebögen gaben die Interviewer einige mündliche Instruktionen, die unter anderem die Motivation der Schüler/innen erhöhen sollten, das Antwortverhalten in Richtung sozialer Erwünschtheit, Response Set, Simulations- oder Dissimulationstendenzen zu reduzieren. Während der schriftlichen Befragung standen die Interviewer und Interviewerinnen den Jugendlichen für Rückfragen zur Verfügung."

„An dieser Stelle sei das methodische Problem von Selbstberichtverfahren und Befragungen in Gruppen angemerkt, nach welchem Interviewte durch Einwirken des Gruppendrucks die Annahme und Bearbeitung des Fragebogens nicht ablehnen, wenngleich sie es bei einer anderen Zugangsweise (z.B. postalische Befragung) möglicherweise getan hätten. Somit können sich Reaktanzen der Befragten gegenüber der Untersuchung in einer inadäquaten Bearbeitung des Fragebogens ausdrücken. Falsches bzw. nicht-inhaltsorientiertes Antwortverhalten ist eine mögliche Folge, die gerade bei selbstberichtbasierten Klassenbefragungen mit geringer Verweigerungsquote als vergleichsweise hoch einzuschätzen ist. Zur Fehlerbehebung wurde der Datensatz nach Plausibilitätskriterien, Kontrollfragen und ‚Augenscheinvalidität' bereinigt."

3b) Stichprobe: Hier ist es sinnvoll, die resultierende Analysestichprobe zu beschreiben. → Für das genannte Beispiel bietet sich an, für die Variablen „Alter" und „Bildung" eine Kreuztabelle berechnen zu lassen und die absoluten Zahlen dann in eine Tabelle einzutragen (s. Tab. 1). Die absoluten Zahlen können noch durch Prozentangaben der „Randwerte" ergänzt werden. Weiterhin sollte die prozentuale Geschlechtsverteilung und das Durchschnittsalter (SD [*Standardabweichung*] = ?) angegeben werden.

Tabelle 1: Analysestichprobe nach Alter und Schulform (absolute Zahlen)

	Hauptschule	Realschule	**Gymnasium**	**Berufsschule**	***Gesamt***
15 Jahre					
16 Jahre					
17 Jahre					
18 Jahre					
8.1 Gesamt					

3c) Operationalisierung: Unter dem Stichwort Operationalisierung werden die einzelnen verwendeten Messinstrumente ausgeführt. Es ist sinnvoll, bereits eingeführte Instrumente zu benutzen, da diese zum einen schon getestet sind und zum anderen die Möglichkeit eines Ergebnisvergleichs zulassen. Wie eine Skalenbeschreibung aussehen kann, wird am Beispiel des Instruments zur Erfassung von Erziehungserfahrungen illustriert:

„Die Skala zum elterlichen Erziehungsverhalten wurde in Anlehnung an jene von X entwickelt. Auf die Instruktion: „Kreuze bitte an, wie oft das Folgende zu Hause in deiner Familie vorgekommen ist" waren die Items anhand einer fünfstufigen Ratingskala von „nie" bis „sehr oft" zu beantworten. Hauptkomponentenanalytisch lässt sich eine vierdimensionale Struktur finden, die *sanktionierende* (Hausarrest, Fernsehverbot, Taschengeldkürzung, „hart angepackt", Ohrfeige), *empathische* (trösten, lieb haben, beruhigen, loben), *inkonsistente* (ein Elternteil verbietet etwas, was der andere erlaubt hat; weiß nicht, wie ich mich verhalten soll; Mutter sagt: ja und Vater: nein) und *gleichgültige* (ich kann „tun und lassen" was und wie ich es will; den Eltern ist es egal, was ich mache) *Erziehungserfahrungen* umfasst. Mit allen vier Erziehungsdimensionen können 64.6% der Varianz der Ausgangsvariablen erklärt werden."

4. Befunde

Dieser Teil ist sozusagen das „Filetstück" eines empirischen Aufsatzes. Hier werden die relevanten Ergebnisse, die zur Beantwortung der Fragestellungen helfen, dargestellt und beschrieben – allerdings nicht interpretiert (!), dies folgt dann in der Diskussion. Das Kapitel mit den Befunden sollte entsprechend dem „Anspruchsniveau" der statistischen Analyseverfahren aufgebaut sein; d.h. es beginnt mit univariaten Daten (meist Häufigkeiten), dann werden bivariate und möglicherweise abschließend multivariate Zusammenhangsanalysen dargestellt.

4a) Univariate Befunde

Für die Illustration von *Häufigkeiten* diskreter Variablen mit einer „überschaubaren" Ausprägungsanzahl bietet sich das Balkendiagramm an (s. Tab. 2).

Tabelle 2: Erziehungserfahrungen; Angaben für „oft“ und „sehr oft“ in Prozent (n = 608)

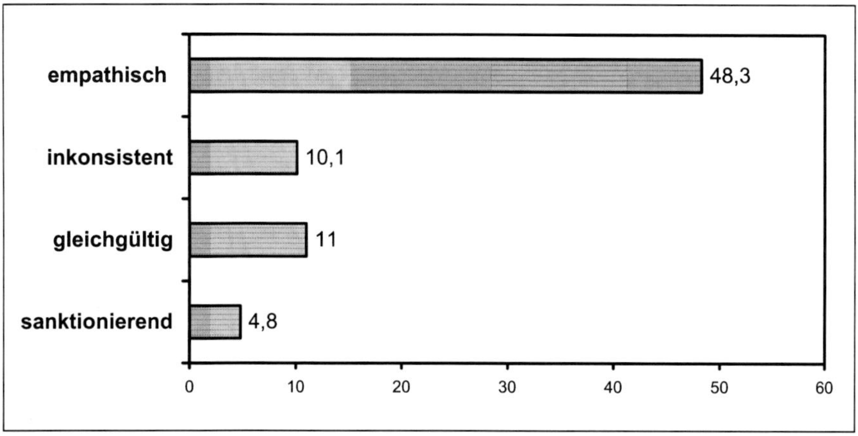

Eine Beispielbeschreibung eines Balkendiagramms findet sich im folgendem Unterpunkt *bivariate Befunde.*

4b) Bivariate Befunde

Eine bivariate Analyseform stellt die *Kreuztabelle* dar, die in Tabelle 3 als Balkendiagramm dargestellt wurde, signifikante Geschlechtsunterschiede sind im Text beschrieben.

Beispielbeschreibung: „Knapp die Hälfte (48%) aller befragten Jugendlichen berichtet davon, dass sie empathisch, also liebevoll und unterstützend erzogen wird (s. Tab. 2). Im Geschlechtervergleich erhielten Mädchen statistisch signifikant öfter Trost, Lob und Unterstützung als die Jungen. Männliche Jugendliche erlebten dagegen als Gegenpol zur Empathie ebenfalls statistisch signifikant häufiger Sanktionen, die auch Gewalt einschließen können (vgl. WETZELS 1997; MANSEL 2001) [*(!) Soweit möglich, sollten Vergleiche zu anderen Studien erfolgen*]. Knapp 6% der Jungen wurden oft bzw. sehr oft durch Fernsehverbot, Hausarrest bzw. Taschengeldkürzungen sanktioniert und mussten darüber hinaus eventuell noch körperliche Übergriffe erleiden. Annähernd 4% der Mädchen berichteten auch von entsprechenden sanktionierenden Erziehungserfahrungen. Von inkonsistenten sowie gleichgültigen Erziehungserfahrungen berichteten 9 bis 13% der befragten Jugendlichen, wobei hier keine systematischen Geschlechtsunterschiede bestehen.“

Tabelle 3: Erziehungserfahrungen nach Geschlecht; Angaben für „oft" und „sehr oft" in Prozent (n = 608)

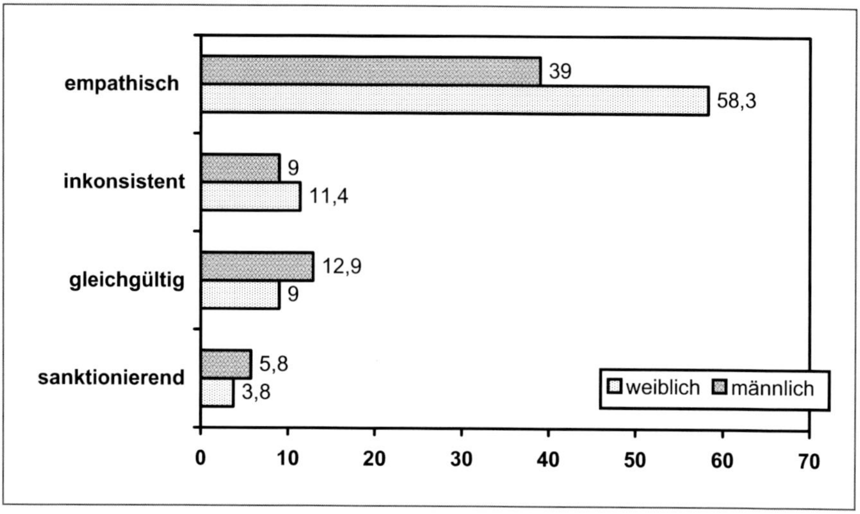

Die Darstellung einer Kreuztabelle in der ursprünglichen Form für den Zusammenhang von Erziehungserfahrungen und Lebensstilen [nominale Variable] Jugendlicher erfolgt in Tabelle 4 (vgl. RAITHEL 2005).

Beispielbeschreibung (auf Basis einer kausalen Grundannahme): „Um die Bedeutung der Erziehungserfahrungen in den unterschiedlichen Lebensstilgruppen Jugendlicher zu ermitteln, wurden Kreuztabellierungen berechnet (s. Tab. 4). Eine hauptsächlich empathische Erziehung ist am stärksten mit dem hochkulturellen Lebensstil assoziiert, gefolgt vom darstellenden Lebensstil. Zwischen den einzelnen Lebensstilen bestehen für die empathische sowie sanktionierende Erziehungserfahrung statistisch hoch signifikante Unterschiede. Eine inkonsistente Erziehung haben die darstellenden und hochkulturellen Jugendlichen am häufigsten erfahren. Eine Gleichgültigkeit der Eltern gegenüber ihren Kindern erfuhren am häufigsten die Jugendlichen mit einem darstellenden und hedonistischen Lebensstil. Eine sanktionierende Erziehungsweise steht ebenfalls mit dem darstellenden und hedonistischen Lebensstil am häufigsten in Verbindung."

Tabelle 4: Kreuztabellierung für Lebensstile (LS) und Erziehungserfahrungen (Angaben in Prozent für „oft“ und „sehr oft“)

	empathisch	inkonsistent	gleichgültig	sanktionierend
Hochkultureller LS	59.6	10.4	10.8	2.2
Darstellender LS	50.6	14.8	15.9	7.6
Zurückhaltender LS	32.0	5.4	3.4	3.4
Hedonistischer LS	39.7	7.9	15.9	9.8
Chi^2 (df)	*45.3 (12)***	*23.6 (12)$^+$*	*28.6 (12)**	*31.8 (12)***
Cramers-V	*.16*	*.11*	*.12*	*.13*

p = $^+$ < .05 * < .01 ** < .001

Eine andere häufige bivariate Analysemethode ist die *Korrelation*. Die Ergebnisse der Korrelationsrechnung zum Zusammenhang zwischen Erziehungserfahrungen und genrespezifischem Medienkonsum unter Jugendlichen sind Tabelle 5 zu entnehmen.

Tabelle 5: Korrelationen (Pearson) zwischen Erziehungserfahrungen und Medienkonsum

	Empathische Erz.	Inkonsistente Erz.	Gleichgültige Erz.	Sanktionierende Erz.
Actionformat	-,12**	,14**	,12**	,23**
Doku-Format	,18**	-,10*	-,05	-,08*
Unterhaltungsformat	,03	,11**	-,06	,01
Signifikanzniveau: * p < 0.05 ** p < 0.01				

Beispielbeschreibung: „Die Korrelationsmatrix für Erziehungserfahrungen und Medienkonsum Jugendlicher zeigt, dass der relativ stärkste Zusammenhang zwischen den sanktionierenden Erziehungserfahrungen und dem Medienkonsum von Actioninhalten mit r = 0,23 liegt (s. Tab. 5). Hierbei handelt es sich um eine positive Beziehung, d.h. mit steigendem Grad sanktionierender Erziehungserfahrungen nimmt auch der Medienkonsum des Actionformats zu bzw. umgekehrt. [*(!) Ein kausaler Zusammenhang kann auf Basis von Korrelationen nicht beschrieben werden!*] Ebenfalls statistisch hoch signifikante positive Zusammenhänge bestehen zwischen gleichgültigen sowie inkonsistenten Erziehungserfahrungen und dem Actionformat. In negativer Beziehung stehen hingegen empathische Erziehungserfahrungen mit r = -0,12; d.h., dass umso mehr Trost, Lob und

Unterstützung durch die Eltern erlebt wurden, das Interesse für actiongenrebezogene Medieninhalte abnimmt bzw. umgekehrt."

4c) Multivariable Befunde

Als ein sehr gängiges multivariables Analyseverfahren gilt die multiple lineare Regressionsanalyse. Zur Zusammenhangsprüfung zwischen dem actionbezogenen Medienkonsum und den erfahrenen Erziehungsweisen bei Jugendlichen eignet sich die Regressionsanalyse, da die zu analysierenden Variablen metrisches Skalenniveau besitzen. Die Ergebnisse sind Tabelle 6 zu entnehmen.

Tabelle 6: Regression zum Medienkonsum des Actiongenres

	B	Beta	T
Sanktionierende Erziehungserfahrungen	.21	.23	5,25**
Empathische Erziehungserfahrungen	-.13	-.15	-3,88**
Gleichgültige Erziehungserfahrungen	.05	.06	1,44
Inkonsistente Erziehungserfahrungen	.02	.03	0,58
Korr. $R^2 = .077$; $F(4,604) = 13.61$; $p < .001$			

Signifikanzniveau: ** $p < 0.01$

Beispielbeschreibung: „Wie das Regressionsmodell zeigt (s. Tab.6), lassen sich die sanktionierenden und empathischen Erziehungserfahrungen als signifikante Prädiktoren bezüglich des Medienkonsums im Jugendalter bestätigen. Eine etwas stärkere Wirkung geht von den sanktionierenden Erziehungserfahrungen aus ($\beta = .23$), wobei hier ein positiver Zusammenhang zu konstatieren ist. Hingegen geht mit einer empathischen Erziehung ein kompensatorischer Effekt einher ($\beta = -.15$); d.h., dass empathische Erziehungsweisen wie Lob, Unterstützung und Trost dem Konsum actionbezogener Medieninhalte entgegenwirken. Anhand der Erziehungserfahrungen können 7,7% der Varianz des actiongenrebezogenen Medienkonsums aufgeklärt werden.

5. Diskussion

Im Zentrum der Diskussion steht eben die Diskussion der Befunde; d.h. die Bewertung und Einschätzung der Ergebnisse vor dem Hintergrund des *Theoriemodells*, der *Fragestellungen bzw. Hypothesen* und anderer *vergleichbarer Studien*, die *Folgerungen* mit eventuellem Ausblick für die Praxis und Forschung sowie auch eine *kritische Stellungsnahme* bezüglich der Interpretationsgrenzen der Methode und Ergebnisse.

Oft wird die Diskussion mit einer *Kurzzusammenfassung* der zentralen Befunde oder mit der allgemeinen Forschungsfrage bzw. These begonnen. Wichtig ist, dass die formulierten expliziten wie auch die impliziten Fragestellungen im Lichte der Befunde beantwortet und diskutiert werden. Es muss ein Anschluss an das theoretische Rahmenmodell aus der Einleitung gefunden und der Erkenntnisgewinn/-fortschritt der Untersuchung herausgestellt werden. [*(!) Auch der Befund, dass unterstellte Zusammenhänge nicht systematisch, also nicht statistisch signifikant sind, kann eine neue Erkenntnis sein*]. Die Diskussion sollte auf jeden Fall auch eine kritische Reflexion der Methode und Befunde, wenn möglich vor dem Hintergrund von Vergleichsstudien, beinhalten. Hier sind Grenzen der eingesetzten statistischen Verfahren und das Einhalten rigoroser Voraussetzungen zu problematisieren. Die Diskussion endet meist mit praxisbezogenen Folgerungen und einem forschungsbezogenen Ausblick bzw. Forderungen.

9 Nützliches im Umgang mit SPSS

Das Programmpaket SPSS bietet derartig vielfältige Möglichkeiten, die hier nur zu einem Bruchteil besprochen werden konnten. Bisher wurden ausschließlich die Analyseverfahren dargestellt, weshalb in diesem Kapitel einige Anwendungen und Aspekte des Programms nachgetragen werden, die hilfreich im Umgang mit SPSS sein dürften.

9.1 Optionen einstellen

Unter „Optionen" können vielfältige Grundeinstellungen von SPSS geändert werden. Als besonders relevant hat sich hierbei herausgestellt, die Voreinstellung von SPSS – die größtenteils sehr sinnvoll ist – bezüglich der *Beschriftung der Ausgabe* zu ändern. Denn mit der Einstellung entsprechend Abbildung 101 ist die Identifikation der Variablen in den Ergebnistabellen deutlich erleichtert.

Abbildung 101: Dialogbox „Optionen"

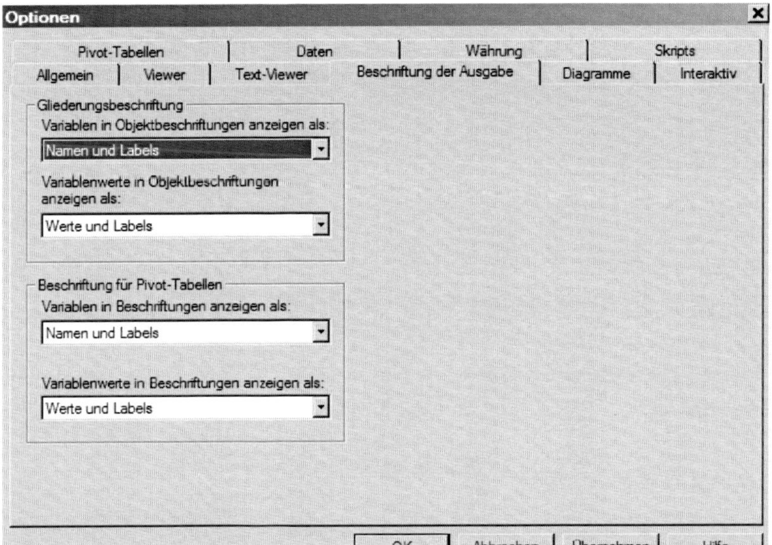

SPSS	1. Menüwahl: *Bearbeiten -> Optionen....* (s. Abb. 101)
	2. *Beschriftung der Ausgabe* wählen
	3. *Gliederungsbeschriftung:* Einstellungen entsprechend Abbildung
	4. *Beschriftung für Pivot-Tabellen:* Einstellungen entsprechend Abb.
	5. *OK* bestätigen

9.2 Abspeichern von Analyseprozeduren

Zu Dokumentationszwecken ist das Abspeichern von Analyseprozeduren sehr sinnvoll. →SPSS Hierfür ist bei der Dialogbox des jeweiligen Analyseverfahrens die Schaltfläche *Einfügen* anzuklicken (s. Abb. 102 am Beispiel der linearen Regressionsanalyse).

Abbildung 102: Dialogbox „Lineare Regression"

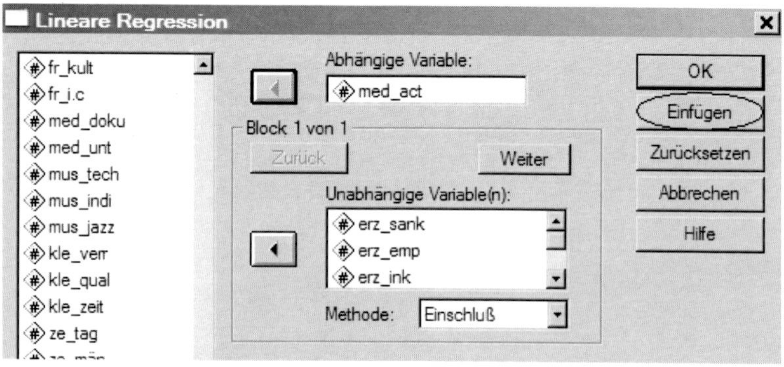

Abbildung 103: Syntax-Fenster

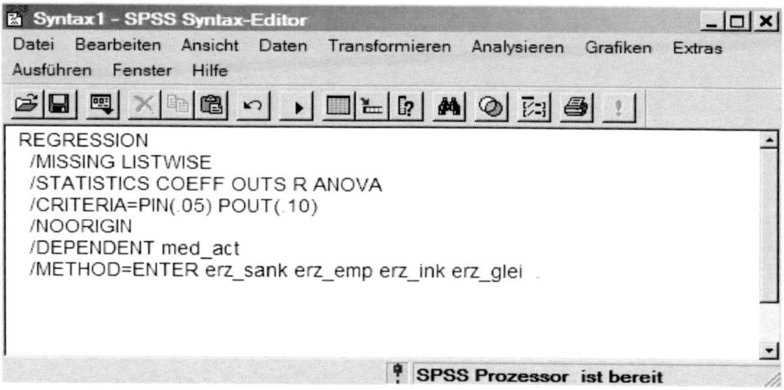

Nach dem Betätigen der Schaltfläche „Einfügen“ öffnet sich ein Syntax-Fenster (s. Abb. 103). Dieses weist die Analyseprozedur als *Syntax* aus und kann durch Vergabe eines Dateinamens mit der Endung „.sps“ abgespeichert werden.

Um zu einem späteren Zeitpunkt die Syntax der Analyseprozedur ausführen zu lassen, muss die entsprechende Prozedur mit der Maustaste markiert werden und anschließend die Funktion „Run“ (Icon: schwarze Dreieckspfeilspitze) angeklickt werden.

9.3 Icon „Zuletzt verwendete Dialogfelder“ 

Mit Hilfe des Icons „Zuletzt verwendete Dialogfelder“ kommt man sofort ohne Umweg zu den letzten Prozeduren und erspart sich so das Betätigen mehrerer Schaltflächen, um eine der vorherigen Aktivitäten nochmals durchzuführen (s. Abb. 104). Mit der Maus kann die gewünschte Prozedur gewählt und angeklickt werden.

Abbildung 104: Funktion „Zuletzt verwendete Dialogfelder“

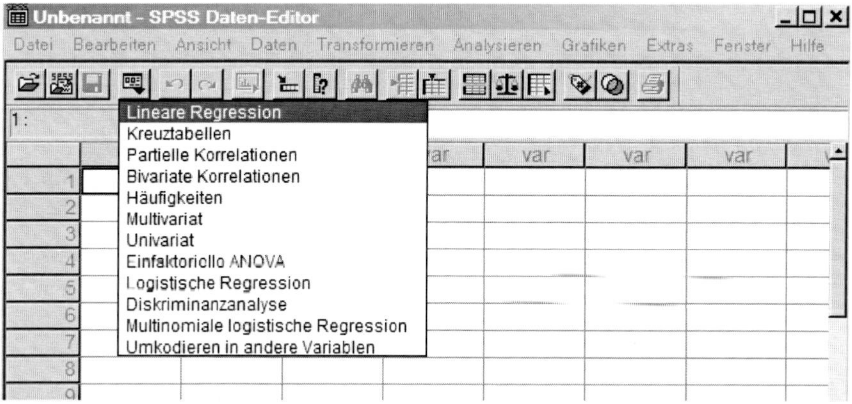

9.4 Icon „Variablen“ 

Möchte man eine Variable suchen oder sich über die Variablenbeschreibung informieren, so ist das Icon „Variablen“ in der Icon-Leiste anzuklicken. Durch scrollen in der Variablenliste und anklicken der gesuchten Variable ist die Variablenbeschreibung auf einen Blick einzusehen (s. Abb. 105) und durch Betätigen der Schaltfläche „Gehe zu“ gelangt man in der Datenansicht zu der entsprechenden Variable.

Abbildung 105: Dialogbox „Variablen“

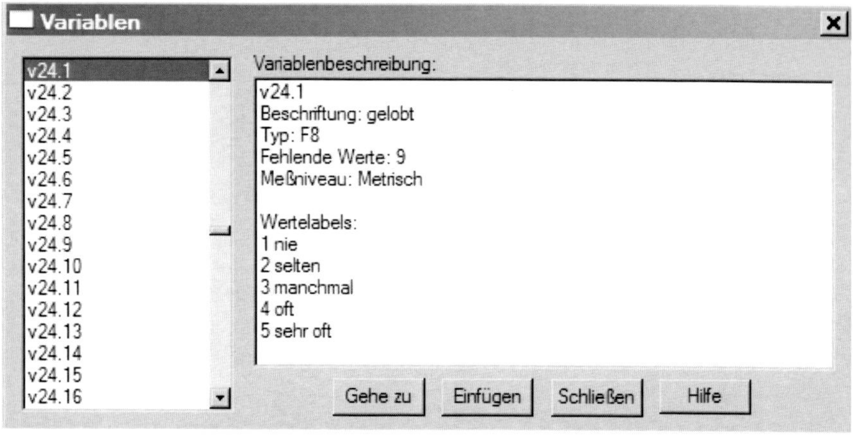

10 Tipps aus der Forschungspraxis

Der erfahrene Empiriker hat im Laufe der Zeit die verschiedenen Arbeitsabläufe der Forschungsphasen optimiert und vermeidet so zum einen bestimmte Fehler bzw. Fallen und zum anderen wird die Studiendurchführung rationeller und präziser. Die Idee, hier einige Tipps schriftlich festzuhalten, die zum Vermeiden von „Anfängerfehlern", Ärgernissen, unnötigem Arbeitsaufwand und nicht mehr behebbaren Fehlern beitragen sollen, gab mir die Arbeit von KIRCHHOFF et al. (2003, 111-112). Nun zu den Tipps:

Weniger ist oft mehr!

Dies ist zwar ein saloppper aber sehr zutreffender und nicht zu unterschätzender Leitspruch. Denn ein *zu langer Fragebogen* führt zum einen dazu, dass er weniger oder unvollständig beantwortet wird und zum anderen erschwert nicht zuletzt die *erzeugte Informationsflut* das Auswerten insgesamt. Deshalb sollte man bzgl. der Fragebogenentwicklung immer möglichst nahe an dem Analysemodell bleiben.

Immer möglichst einfach!

Dies ist ein ebenfalls salopper und gleichfalls sehr zutreffender und wertvoller Tipp. Dieser Aspekt bezieht sich auf die *Frageformulierung*, den *Fragebogenaufbau* und die *Interviewerschulung*. Je einfacher die Formulierungen, der Fragebogen und auch die Interviewerinstruktionen, desto weniger potenzielle Fehlerquellen gibt es. Komplizierte Sachverhalte, Erläuterungen und Arrangements sollten unbedingt vermieden werden.

Möglichst viel dokumentieren!

Dokumentation erspart späteres langwieriges Rekonstruieren, wenn dies dann überhaupt noch möglich ist. Dies bezieht sich zum einen auf die Phase der *Datenauswertung* – Analyseprozeduren sollten immer abgespeichert werden (vgl. Kap. 9) –, zum anderen auf die *Dateneingabephase* und den Umgang mit dem Kodeplan sowie auch auf das Geschehen der *Feldphase* (Besonderheiten, Probleme, Auffälligkeiten...).

Kontrolle ist (doch) besser...!

Der Spruch: „Kontrolle ist besser als Vertrauen." sollte nicht in Richtung Misstrauen fehlinterpretiert werden. Es geht darum, dass ein reibungsloser Ablauf und eine möglichst große Sicherheit in der Erhebungsrealisierung gewährleistet sein sollen. Beim Einsatz von unterschiedlichen Fragebögen (bzw. Fragebögen mit differenten Modulen) muss sichergestellt werden, dass die richtigen Fragebögen die richtigen Befragten erreichen. Beim Einsatz von Interviewern ist dafür zu sorgen, dass diese zur definierten Zeit am definierten Ort mit den entsprechenden Fragebögen anwesend sind. Auch wenn Forschung meist (sinnvollerweise) Teamarbeit ist, so gibt es doch einen Projektverantwortlichen, der vor allem in die Öffentlichkeit wirkt und der nach Außen für alles gerade stehen muss. Dies beginnt schon mit dem nochmaligen durchlesen des Fragebogens vor der Drucklegung, um Fehler jeglicher Art (orthographische Fehler, inhaltliche Logikfehler, Formatierungsfehler...) auszuschließen.

Erstens kommt es anders und zweitens als man denkt!
Egal, wie viel Mühe man sich macht und meint alles unter Kontrolle zu haben – und auch so schön wie sich manche Studienberichte lesen – kommt es dennoch zu unvorhergesehenen Hindernissen und Herausforderungen. Dieser Tatsache Rechnung tragend, kann der nächste Tipp etwas zur Kompensation beitragen.

Wer vorher überlegt, erspart sich späteres Klagen bzw. Gut geplant ist halb gewonnen
Der *zeitliche Rahmen* für die einzelnen Forschungsphasen sollte großzügig bemessen sein; hier sollten auch Regenerations- und Pufferzeiten (für z.B. unvorhergesehene Schwierigkeiten, Krankheit) eingeplant werden. Dinge, die vorher nicht bedacht wurden (beispielsweise im Fragebogen oder in der Forschungsprojektplanung), lassen sich im Nachhinein – wenn überhaupt – nur mit erheblichen Mühen nachholen.

Du kannst nicht alles haben!
Dieses Motto lehrt auch die Praxis. Denn weder lässt sich alles fragen, noch lassen sich alle befragen (selbst bei einer Volkszählung).

Wer nicht fragt, bleibt dumm!
Es kann für das Forschungsprojekt nur von Vorteil sein, wenn bereits bei der Planung erfahrene Forscher beteiligt sind oder zumindest mit Rat zur Seite stehen. Hier sollte keine falsche Zurückhaltung geübt werden. Man sollte alle Möglichkeiten der Unterstützung in Anspruch nehmen und den Forschungskontext gründlich recherchieren und dabei Kontakte aufnehmen.

Geteiltes Leid ist halbes Leid *oder doch lieber* ***Alles aus einer Hand?***
Der Vorteil eines Teams liegt u.a. darin, dass zusätzliche Motivation entsteht, Unterstützung erfolgt, Arbeit aufgeteilt werden kann und der Ideenpool größer ist, doch müssen dafür alle an einem Strang ziehen. Nachteilig können z.B. Unterschiede in Arbeitsstil und -tempo oder Konkurrenzdenken und Hierarchiegerangel sein, was dann gegenteilige Synergieeffekte auslöst.

11 Beispiel-Itembatterien

Nachfolgend werden fünf ausgewählte Itembatterien aus eigenen Untersuchungen (vgl. RAITHEL 2004; 2004a) zur exemplarischen Veranschaulichung dargestellt und dokumentiert. Es handelt sich dabei um die Skalen zur Erfassung von Medienkonsum, Freizeitverhalten, Substanzkonsum, Delinquenz und risikobezogenen Verhaltensweisen.

Medienkonsum (in den Analysebeispielen)

Das optimierte Instrument zur Erfassung des Film- und Fernsehkonsums umfasst 11 Items, besteht aus den drei Subskalen Action-, Informations- und Unterhaltungsformat (vgl. RAITHEL 2004a, s. Tab. 7 und 8) und wurde in Anlehnung an die Skalen von ULBRICH-HERRMANN (1998, 113f.) und GEORG (1992) entwickelt. Die Skalenqualität kann mit Cronbachs Alpha zwischen .53 und .78 als brauchbar bis gut bewertet werden. Auf die Frage: „Wie häufig siehst du folgende Filme (Video/DVD, Kino, Fernsehen) oder Fernsehsendungen“ konnten die Befragten ihre Genrepräferenzen auf einer fünfstufigen Skala von „nie“ [1] über „selten“, „manchmal“ und „oft“ bis „sehr oft“ [5] angeben.

Tabelle 7: Medienkonsum-Skala

	nie	selten	manchmal	oft	sehr oft
1. Horrorfilme	①	②	③	④	⑤
2. Unterhaltungs-/Talkshows	①	②	③	④	⑤
3. Politische Sendungen	①	②	③	④	⑤
4. Action-/Katastrophenfilme	①	②	③	④	⑤
5. Nachrichten	①	②	③	④	⑤
6. Science-Fiction-Filme	①	②	③	④	⑤
7. Musikvideos/-sendungen	①	②	③	④	⑤
8. Kung-Fu-/Karate-/Boxfilme	①	②	③	④	⑤
9. Dokumentarfilme	①	②	③	④	⑤
10. Kriegsfilme	①	②	③	④	⑤
11. Soaps	①	②	③	④	⑤

Tabelle 8: Dimensionen des Medienkonsums

	Faktoren-werte	Kommu-nalitäten	Mittel-werte	SD
Actionformat (25.7%)				
Action-/Katastrophenfilme	.79	.62	3.2	1.1
Kriegsfilme	.74	.59	2.5	1.2
Kung-Fu-/Karate-/Boxfilme	.73	.56	2.2	1.2
Science-Fiction	.73	.53	2.7	1.3
Horrorfilme	.65	.49	2.8	1.2
Informationsformat (15.4%)				
Dokumentarfilme	.76	.58	2.3	1.0
Nachrichten	.75	.61	3.0	1.0
Politische Sendungen	.64	.41	1.9	1.7
Unterhaltungsformat (14.8%)				
Unterhaltungs-/Talkshows	.79	.68	2.6	1.1
Soaps	.70	.60	2.8	1.4
Musikvideos	.63	.51	3.6	1.2

Freizeitverhalten (in den Analysebeispielen)
Die gekürzte und optimierte Skala zum Freizeitverhaltens umfasst 11 Items und untergliedert sich in vier Subskalen (vgl. RAITHEL 2004a, s. Tab. 9 und 10).

Tabelle 9: Freizeitverhaltens-Skala

	nie	selten	manchmal	oft	sehr oft
1. Zeichnen, malen, töpfern	①	②	③	④	⑤
2. In eine Disco gehen	①	②	③	④	⑤
3. Im Internet surfen	①	②	③	④	⑤
4. Auf Feste/Parties gehen	①	②	③	④	⑤
5. Handarbeiten	①	②	③	④	⑤
6. Theater/Museen besuchen	①	②	③	④	⑤
7. In eine Kneipe ausgehen	①	②	③	④	⑤
8. Basteln und werken	①	②	③	④	⑤
9. Klassische Konzerte besuchen	①	②	③	④	⑤
10. Computer spielen	①	②	③	④	⑤
11. Bücher lesen	①	②	③	④	⑤

Die Freizeitverhaltensskala wurde in Anlehnung an GEORG (1992) entwickelt, welcher sich wiederum auf die SHELL-STUDIE 1985 bezieht. Die Itembatterie wurde mit der Frage: „Wenn du an deine Freizeitgestaltung denkst, wie oft tust du etwas von den folgenden Dingen?" eingeführt.

Tabelle 10: Dimensionen des Freizeitverhaltens

	Faktoren-werte	Kommu-nalitäten	Mittel-werte	SD
Ausgehen (16.9%)				
Partys	.85	.74	3.5	1.0
Kneipe	.81	.67	3.0	1.3
Disco	.68	.53	2.7	1.3
Kreative Aktivitäten (16.7%)				
Basteln	.79	.66	1.9	1.0
Zeichnen	.73	.58	1.9	1.1
Handarbeit	.72	.56	1.4	0.7
Kulturelle Aktivitäten (16.5%)				
Theater	.81	.71	1.7	0.8
Klassische Konzerte	.71	.52	1.3	0.9
Bücher	.70	.52	2.8	1.3
Computer-/Internetnutzung (13.0%)				
Internet	.84	.74	3.1	1.5
Computer spielen/arbeiten	.83	.72	2.9	1.3

Substanzkonsum

Die Skala zur Erfassung des Substanzkonsums orientiert sich an jenen von NORDLOHNE (1992) und KOLIP/NORDLOHNE/HURRELMANN (1995) (vgl. RAITHEL 2004, s. Tab. 11). Die Konsumhäufigkeit der einzelnen Substanzarten *Alkohol* (alkoholhaltiges Bier; Wein und Sekt; Schnaps, Likör und Branntweine; Alcopops; starke Cocktails), *Zigaretten, Medikamente* (ohne Pille), *illegale Drogen* (Cannabisprodukte (Marihuana/Haschisch), Heroin, Kokain, Ecstasy, Speed, LSD) und *Schnüffelstoffe* wird anhand der 12-Monats-Prävalenz erfasst. Die Itembatterie wird mit der Frage: „Wie oft hast du in den letzten 12 Monaten Folgendes eingenommen bzw. konsumiert?“ eingeleitet und ist mittels einer fünfstufigen Antwortskala von „nie“ [1] über „selten“, „1 bis 2-mal pro Woche“, „3 bis 5-mal pro Woche“ bis „6 bis 7-mal pro Woche“ [5] zu beantworten.

Tabelle 11: Substanzkonsum-Skala

Wie oft hast du in den letzten 12 Monaten Folgendes eingenommen bzw. konsumiert?	nie	selten	1 – 2-mal pro Woche	3 – 5-mal pro Woche	6 – 7-mal pro Woche
1. Medikamente (nicht die Pille!)	①	②	③	④	⑤
2. Marihuana/Haschisch (Cannabis)	①	②	③	④	⑤
3. Heroin, Kokain, Ecstasy, Speed, LSD	①	②	③	④	⑤
4. Zigaretten	①	②	③	④	⑤
5. Schnüffelstoffe	①	②	③	④	⑤
6. Alkoholhaltiges Bier	①	②	③	④	⑤
7. Wein, Sekt	①	②	③	④	⑤
8. Schnaps/Likör, Whisk(e)y, Wodka...	①	②	③	④	⑤
9. Alcopops	①	②	③	④	⑤
10. Starke (hochprozentige) Cocktails	①	②	③	④	⑤

Delinquenz

Nahezu sämtlichen Untersuchungen zur selbstberichteten Delinquenz liegt das von SHORT/NYE (1968) entwickelte Instrument zugrunde, das jedoch so vielfältig modifiziert wurde, dass kein einheitliches und standardisiertes *Self Report-Instrument* zur Verfügung steht (vgl. ALBRECHT 2003).

Grundlage der hier abgebildeten Delinquenz-Skala ist das Instrument von MANSEL (2001), welches wiederum auf der Delinquenzbelastungsskala von LÖSEL (1975) basiert. Die weiterentwickelte Delinquenz-Skala umfasst 12 Items (vgl. RAITHEL 2004, s. Tab. 12) und erfasst die Deliktbereiche *Gewaltkriminalität* (Körperverletzungen mit und ohne Waffe, Handtaschen-/Raub) und *Eigentumskriminalität* (Diebstahl, Sachbeschädigung, Graffiti, Einbruch/Aufbruch, Hehlerei). Auf den Eingangstext: „Jeder von uns hat schon einmal unerlaubte Dinge getan. Bei dieser Frage sollst du bitte angeben, was du selbst schon getan hast und wie oft das in den letzten 12 Monaten war" kann der Befrage die einzelnen Delikte anhand einer vierstufigen Skala von „nie" [1] über „1-mal" und 2- bis 3-mal" bis „4- oder mehrmals" [4] beantworten.

Tabelle 12: Delinquenz-Skala

Wie oft hast du in den letzten 12 Monaten Folgendes getan?	nie	1-mal	2 – 3-mal	4- oder mehrmals
1. Jemanden absichtlich geschlagen oder verprügelt und dabei verletzt.	①	②	③	④
2. Jemanden absichtlich mit einer Waffe verletzt.	①	②	③	④
3. Jemandem eine Sache mit Gewalt weggenommen (Raub) oder jemanden gezwungen, Geld oder Sachen herauszugeben („Abziehen").	①	②	③	④
4. Jemandem eine Handtasche, Einkaufstasche oder einen Geldbeutel aus der Hand oder vom Arm gerissen.	①	②	③	④
6. Sachen von anderen bzw. fremde Gegenstände absichtlich zerstört oder beschädigt.	①	②	③	④
7. An verbotenen Orten Graffiti gesprayt oder Tags gesetzt.	①	②	③	④
8. Ein Fahrrad gestohlen, um es für dich zu behalten, zu verkaufen oder kaputt zu fahren.	①	②	③	④
9. Irgendwo eingebrochen (Gebäude) bzw. etwas aufgebrochen (Auto, Automat).	①	②	③	④
10. Sachen aus einem Supermarkt, Laden oder Kaufhaus gestohlen.	①	②	③	④
11. An anderen Orten (z.B. Umkleideraum) gestohlen.				
12. Etwas verkauft, gekauft oder getauscht, von dem du wusstest, dass es gestohlen war.	①	②	③	④

Affinität zu risikobezogenem Verhalten (explizit risiko-konnotative Aktivitäten)

Das Instrument wurde in Orientierung an den RSK-Fragebogen von Schubert (1961) und die Thrill and Adventure Seeking-Dimension der deutschsprachigen Fassung(en) der Sensation Seeking Scale, Form V (SSS V) von Zuckerman (1971; 1994, 389-392) (vgl. Gniech 2002; Beaducel/Brocke 2003) entwickelt und erfasst anhand von 12 Items tatsächliches wie hypothetisches risikobezogenes Verhalten (vgl. Raithel 2004). Es können die Dimensionen *waghalsige Aktivitäten* (Items: 1, 3, 4, 6, 7, 9, 11) und *Risk-Fashion Aktivitäten* (Items: 2, 5, 8, 10, 12) unterschieden werden. Die Itembatterie wird mit der Frage: „Würdest du einige der nachstehenden Dinge tun oder hast du etwas davon getan?" eingeleitet und ist anhand einer fünfstufigen Ratingskala von „ganz sicher", „ziemlich sicher", „vielleicht", „eher nicht" bis „nie" zu beantworten (s. Tab. 13).

Tabelle 13: ERKA-S (Explizit risiko-konnotative Aktivitäten-Skala)

Würdest du einige der nachstehenden Dinge tun oder hast du etwas davon getan?	nie	eher nicht	viel-leicht	zieml. sicher	ganz sicher
1. S-/U-Bahn-Surfen	①	②	③	④	⑤
2. Drachen-/Gleitschirmfliegen	①	②	③	④	⑤
3. Strommastklettern	①	②	③	④	⑤
4. Mit geschlossenen Augen über eine stark befahrene Straßenkreuzung gehen	①	②	③	④	⑤
5. Bungee-jumping	①	②	③	④	⑤
6. Über eine stark befahrene Autobahn rennen	①	②	③	④	⑤
7. Von einem mit ca. 50 km/h fahrenden LKW abspringen	①	②	③	④	⑤
8. Aus 10 m Höhe in ein Sprungtuch springen	①	②	③	④	⑤
9. Über einen Baum balancieren, der über einer 12 m hohen Schlucht liegt	①	②	③	④	⑤
10. Fallschirmspringen	①	②	③	④	⑤
11. An der Außenleiter eines Fabrikschorn-steins hochklettern	①	②	③	④	⑤
12. Soloklettern am Fels (ohne Sicherung)	①	②	③	④	⑤

12 Verwendete statistische Symbole

a	=	Ordinatenabschnitt (Regressionsanalyse)
α	=	Cronbachs Alpha (Reliabilitätsanalyse)
b	=	Steigung der linearen Regressionsfunktion
B	=	Regressionskoeffizient (lineare Regression)
β	=	Standardisierter Regressionskoeffizient
C	=	Kontingenzkoeffizient von Pearson
df	=	Freiheitsgrade
e	=	Euler'sche Zahl (e = 2,718...)
F	=	F-Wert (Varianzanalyse)
$\mathbf{h^2}$	=	Kommunalität (Faktorenanalyse)
M	=	Arithmetisches Mittel
n	=	Stichprobengröße (aber auch: n = Zahl der Beobachtungen)
p	=	Irrtumswahrscheinlichkeit
Φ	=	Vier-Felder-Koeffizient (*sprich: Phi*)
r	=	Pearsons Korrelationskoeffizient (Produkt-Moment-Korrelation)
R	=	Partieller Regressionskoeffizient, *multipler Korrelationskoeffizient*
ρ	=	Spearmans Rangkorrelationskoeffizient (*sprich: Rho*)
SD	=	Standardabweichung – auch **s** oder **σ** *(sprich: Sigma)*
σ^2	=	Varianz
t	=	t-Wert
τ	=	Kendalls Tau
χ^2	=	Chi-Quadrat
V	=	Cramers-V (Kreuztabellierung)

Literatur

Abel, J./Möller, R./Treumann, K. (1998): Einführung in die Empirische Pädagogik. Stuttgart: Kohlhammer.

Albrecht, G. (2003): Soziallage jugendlicher Straftäter. Ein Vergleich für selbstberichtete Delinquenz im Dunkel- und Hellfeld und die Sanktionspraxis im Kontrollfeld. In: Raithel, J./Mansel, J. (Hrsg.): Kriminalität und Gewalt im Jugendalter. Hell- und Dunkelfeldbefunde im Vergleich. Weinheim: Juventa, 87-116.

Angleitner, A./Riemann, R. (1996): Selbstberichtdaten: Fragebogen, Erlebnisanalyse. In: Pawlik, K. (Hrsg.): Enzyklopädie der Psychologie, Themenbereich C: Theorie und Forschung, Serie VIII: Differentielle Psychologie und Persönlichkeitspsychologie, Band 1: Grundalgen und Methoden der Differentiellen Psychologie. Göttingen: Hogrefe, 427-462.

Atteslander, P. (2003): Methoden der empirischen Sozialforschung. Berlin: de Gruyter.

Backhaus, K./Erichson, B./Plinke, W./Weiber, R. (2006): Multivariate Analysemethoden. Eine anwendungsorientierte Einführung. Berlin: Springer.

Baur, N./Fromm, S. (2004): Einleitung: Die Rolle von SPSS im Forschungsprozess. In: Baur, N./Fromm, S. (Hrsg.): Datenanalyse mit SPSS für Fortgeschrittene. Ein Arbeitsbuch. Wiesbaden: VS Verlag, 13-15.

Baur, N./Lück, D. (2004): Vom Fragbogen zum Datensatz. In: Baur, N./Fromm, S. (Hrsg.): Datenanalyse mit SPSS für Fortgeschrittene. Ein Arbeitsbuch. Wiesbaden: VS Verlag, 18-51.

Baur, N. (2004): Kontrolle von Drittvariablen für bivariate Beziehungen. In: Baur, N./Fromm, S. (Hrsg.): Datenanalyse mit SPSS für Fortgeschrittene. Ein Arbeitsbuch. Wiesbaden: VS Verlag, 203-225.

Beauducel, A./Brocke, A. (2003): Sensation Seeking Scale – Form V. Roth, M./Hammelstein, P. (Hrsg.): Sensation Seeking – Konzeption, Diagnostik und Anwendung. Göttingen: Hogrefe, 77-99.

Bortz, J. (1993): Statistik für Sozialwissenschaftler. Berlin: Springer.

Berk, R.A. (2004): Regression Analysis. A constructive critique. Thousand Oaks.

Brosius, F. (2004): SPSS 12. Bonn: mitp-Verlag.

Burke, B.G. (1999): Item reversals and response validity in the Job Diagnostic Survey. In: Psychological Reports, 85, 1, 213-219.

Bühl, A./Zöfel, P. (2005): SPSS 12. Einführung in die moderne Datenanalyse unter Windows. München: Pearson.

Bühner, M. (2004): Einführung in die Test- und Fragebogenkonstruktion. München: Pearson.

Converse, J.M./Presser, S. (1986): Survey Questions. Handcrafting the Standarized Questionnaire. London: Sage.

Diekmann, A. (2005): Empirische Sozialforschung. Grundlagen, Methoden, Anwendungen. Reinbek: Rowohlt.

Dillman, D.A. (1978): Mail and Telephone Surveys. The Total Design Method. New York: Wiley.
Dorroch, H. (1994): Meinungsmacher-Report. Wie Umfrageergebnisse entstehen. Göttingen: Steidl.
Fowler, F.J. (1993): Survey Research Methods. London: Sage.
Freedman, D.A. (1987): As others see us: A case study in path analysis. In: Journal of Educational Statistics, 12, 101-128.
Freedman, D.A. (1997): From association to causation via regression. In: McKim, V.R./Turner, S.P. (Eds.): Causality in crisis? Statistical methods and die search for causal knowledge in the social sciences. Notre Dame: University of Notre Dame Press, 177-182.
Fromm, S. (2004): Neue Variablen berechnen. In: Baur, N./Fromm, S. (Hrsg.): Datenanalyse mit SPSS für Fortgeschrittene. Ein Arbeitsbuch. Wiesbaden: VS Verlag, 85-108.
Fromm, S. (2004a): Faktorenanalyse. In: Baur, N./Fromm, S. (Hrsg.): Datenanalyse mit SPSS für Fortgeschrittene. Ein Arbeitsbuch. Wiesbaden: VS Verlag, 226-256.
Fromm, S. (2004b): Multiple lineare Regressionsanalyse. In: Baur, N./Fromm, S. (Hrsg.): Datenanalyse mit SPSS für Fortgeschrittene. Wiesbaden: VS Verlag, 257-281.
Friedrichs, Friedrichs, J. (1990): Methoden empirischer Sozialforschung. Opladen: Westdeutscher Verlag.
Georg, W. (1992): Jugendliche Lebensstile – ein Vergleich. In: Zinnecker, J. (Hrsg.): Jugend ´92. Lebenslagen, Orientierungen und Entwicklungsperspektiven im vereinten Deutschland. Band 2 – Im Spiegel der Wissenschaften. Opladen: Leske + Budrich, 265-286.
Gniech, G. (2002): Der Odysseusfaktor: Sensationslust. Lengerich: Pabst.
Holm, K. (Hrsg.) (1976): Die Befragung. München: Francke (UTB).
König, R. (Hrsg.) (1973): Handbuch der empirischen Sozialforschung. Stuttgart: Enke.
Kirchhoff, S./Kuhnt, S./Lipp, P./Schlawin, S. (2003): Der Fragebogen. Datenbasis, Konstruktion und Auswertung. Opladen: Leske + Budrich.
Kolip, P./Nordlohne, E./Hurrelmann, K. (1995): Der Jugendgesundheitssurvey 1993. In: Kolip, P./Hurrelmann, K./Schnabel, P.-E. (Hrsg.): Jugend und Gesundheit. Interventionsfelder und Präventionsbereiche. Weinheim/München: Juventa, 25-48.
Kriz, J./Lisch, R. (1988): Methodenlexikon für Mediziner, Psychologen, Soziologen. München: Psychologische Verlags Union.
Kromrey, H. (2002): Empirische Sozialforschung. Opladen: Leske + Budrich.
Lienert, G.A. (1969): Testaufbau und Testanalyse. Weinheim: Beltz.
Lienert, G.A./Raatz, U. (1998): Testaufbau und Testanalyse. Weinheim: Beltz.
Lösel, F. (1975): Handlungskontrolle und Jugenddelinquenz. Persönlichkeitspsychologische Erklärungsansätze delinquenten Verhaltens – theoretische Integration und empirische Überprüfung. Stuttgart.
Lück, D. (2004): Mängel im Datensatz bereinigen. In: Baur, N./Fromm, S. (Hrsg.): Datenanalyse mit SPSS für Fortgeschrittene. Wiesbaden: VS Verlag, 72-84.
Mansel, J. (2001): Angst vor Gewalt. Eine Untersuchung zu jugendlichen Opfern und Tätern. Weinheim: Juventa.
Nordlohne, E. (1992): Die Kosten jugendlicher Problembewältigung. Alkohol-, Zigaretten- und Arzneimittelkonsum im Jugendalter. Weinheim: Juventa.

Payne, S. (1951): The Art of Asking Questions. Princeton.
Popper, K.R. (1976): Logik der Forschung. Tübingen: Mohr (1. Aufl. 1934).
Porst, R. (2000): Praxis der Umfrageforschung. Wiesbaden: B.G. Teubner.
Raithel, J. (2004): Jugendliches Risikoverhalten. Eine Einführung. Wiesbaden: VS Verlag.
Raithel, J. (2004a): Gesundheitsrelevantes Verhalten und Lebensstile Jugendlicher. Lengerich: Pabst.
Raithel, J. (2005): Erziehungserfahrungen und Lebensstile Jugendlicher. In: Zeitschrift für Pädagogik, 51, 4, 568-584.
Raithel, J./Dollinger, B./Hörmann, G. (2007): Einführung Pädagogik. Grundbegriffe, Strömungen, Klassiker, Fachrichtungen. Wiesbaden: VS Verlag.
Scharnbacher, K. (1986): Statistik im Betrieb. Wiesbaden: Gabler.
Scheuch, E.K. (1973): Das Interview in der Sozialforschung. In: König, R. (Hrsg.): Handbuch der empirischen Sozialforschung. Stuttgart: Enke, 66-190.
Schnell, R./Hill, P.B./Esser, E. (2005): Methoden der empirischen Sozialforschung. München: Oldenbourg.
Schöneck, N.M./Voß, W. (2005): Das Forschungsprojekt. Planung, Durchführung und Auswertung einer quantitativen Studie. Wiesbaden: VS Verlag.
Schubert, G. (1961): RSK-Fragebogen. In: Wehner, E.G./Durchholz, E. (Hrsg.) (1980): Persönlichkeits- und Einstellungstests. Stuttgart: Kohlhammer, 125-128.
Seiffert, H. (1996): Einführung in die Wissenschaftstheorie 1. München: Beck.
Short, J.F./Nye, F.I. (1968): Erfragtes Verhalten als Indikator für abweichendes Verhalten. In: Sack, F./König, R. (Hrsg.): Kriminalsoziologie. Frankfurt: Akademische Verlagsgesellschaft, 60-70.
Stegmüller, W. (1974): Probleme und Resultate der Wissenschaftstheorie und Analytischen Philosophie: Bd. I: Wissenschaftliche Erklärung und Begründung. Berlin: Springer.
Stouthamer-Loeber, M./Kammen, W.B.v. (1995): Data Collection and Management. Thousand Oaks.
Ulbrich-Herrmann, M. (1998): Lebensstile Jugendlicher und Gewalt. Eine Typologie zur mehrdimensionalen Erklärung eines sozialen Problems. Münster: Lit.
Überla, K. (1977): Faktorenanalyse – Eine systematische Einführung für Psychologen, Mediziner, Wirtschafts- und Sozialwissenschaftler. Berlin: Springer.
Vogel, F. (2005): Beschreibende und schließende Statistik. Formeln, Definitionen, Erläuterungen, Stichwörter und Tabellen. München: Oldenbourg.
Voß, W. (2000): Praktische Statistik mit SPSS. München: Hanser.
Wang, J./Siegal, H.A./Falck, R.S./Carlson, R.G. (2001): Factorial structure of Resoenberg's Self-Esteem Scale crack-cocaine drug users. In: Structual Equation Modeling, 8, 2, 275-286.
Wetzels, P. (1997): Gewalterfahrungen in der Kindheit. Sexueller Mißbrauch, körperliche Misshandlung und deren langfristige Konsequenzen. Baden-Baden: Nomos.
Zuckerman, M. (1971): Dimensions of sensation seeking. In: Journal of Consulting and Clinical Psychology, 36, 45-52.
Zuckerman, M. (1994): Behavioral expressions and biosocial bases of sensation seeking. Cambridge: Cambridge University Press.

Dr. Dr. Jürgen Raithel ist Senior Researcher im ISS (Institut für Sozialarbeit und Sozialpädagogik) in Frankfurt am Main und schwerpunktmäßig im Bereich Praxis-Transfer-Forschung sowie wissenschaftliche Begleitforschung tätig.